U1015538

货币经济的逻辑

理论经济学的重建与应用

阮加　著

中国经济出版社
CHINA ECONOMIC PUBLISHING HOUSE
·北 京·

图书在版编目（CIP）数据

货币经济的逻辑／阮加著．--北京：中国经济出版社，2021.11（2022.9 重印）

ISBN 978－7－5136－6704－3

Ⅰ.①货… Ⅱ.①阮… Ⅲ.①货币主义－研究 Ⅳ.①F091.353

中国版本图书馆 CIP 数据核字（2021）第 211980 号

责任编辑　严　莉
责任印制　马小宾
封面设计　任燕飞

出版发行　中国经济出版社
印 刷 者　北京柏力行彩印有限公司
经 销 者　各地新华书店
开　　本　787mm×1092mm　1/16
印　　张　16
字　　数　329 千字
版　　次　2021 年 11 月第 1 版
印　　次　2022 年 9 月第 4 次
定　　价　98.00 元
广告经营许可证　京西工商广字第 8179 号

中国经济出版社　**网址** www.economyph.com　**社址** 北京市东城区安定门外大街 58 号　**邮编** 100011
本版图书如存在印装质量问题，请与本社销售中心联系调换（联系电话：010－57512564）

‖ 前言 ‖

2020 年人们在书店看到的《经济学》《经济学原理》，也称为新古典综合经济学，即马歇尔理论与凯恩斯理论的综合，这里简称为马－凯经济学。

泰勒在《斯坦福极简经济学》中说，人们卖弄的经济学只有 50% 是正确的。泰勒，太委婉了，本书全面否定马－凯经济学的逻辑。

一方面，马－凯经济学不能兼容制度经济学的研究成果；另一方面，马－凯经济学是商品货币、金本位时代的遗存，无法逻辑性地表述信用货币的存在基础，也无法系统化解决信用货币时代的经济理论、经济政策问题。困难之处在于，经济学家们不能否认内生货币的经济事实，也无力推倒历时数百年基于货币外生、边际分析的马－凯经济学大厦。

在理论基础层面，马歇尔经济学与凯恩斯经济学是不同范畴的思想，不可能进行“综合”。

效用价值论，是一种价值观，是一厢情愿的事情，不能成为科学基础。你认为你的传家宝价值 10 亿美元，别人则可能认为它一文不值，这样一来双方能够交易的价格便永远不会出现。

此外，在资产价格、货币理论、货币政策中，信用货币的效用是什么?

马－凯经济学的基本方法论是边际分析、一般均衡。同质性，是边际分析的基础。如考虑时空因素，则信息、人、财、物等经济资源都是异质的。人与人不同，昨天的 1 元钱与今天的 1 元钱不同，分别位于纽约与香港的两台配置完全相同的电脑是不同的经济资源。异质经济资源，不可能进行边际分析。

当经济学家们无法应用边际、均衡理论去分析、解决实际经济问题时，证实艰难。实证，自然开始流行。

是，不等于应该是。实证，可以证伪，不能证实。没有理论基础的实证结论，只是可能性，任何一个反例即可将其推翻。即使是曾经名噪一时的实证经典，诸如货币数量论、菲利普斯曲线、奥肯定律等，也都经不起时间和空间的考验。

当马－凯经济学不能聚天下豪杰于麾下时，便会群雄并起。新剑桥学派、自由主义、新凯恩斯主义、后凯恩斯主义等，各领风骚三五天。人们在多如牛毛的“经济学原理”中，各取所需，每个人都能找到自己想要的“理论武器”去辩释现实世界。然后，无知无畏，沿着自己的臆想勇往直前。

古典经济学，是市场经济体制的拥护者，也是“货币面纱论”的忠实继承者。在古典经济学那里，政府控制货币发行不仅是通货膨胀之源，也是政府干预之恶的僭越之始。

古典经济学的逻辑基础是商品货币，是物物交易。货币是交易的面纱，是交易的便利物，货币与实际经济无关。面纱论，是古典经济学抵挡由货币带来的全部麻烦的终极武器。有货币的经济是名义经济；无货币的经济是实际经济。名义经济，是将货币经济与古典经济学进行区隔的坚不可摧的防火墙。在面纱论、名义经济论面前，古典经济学形式优美，高枕无忧，而面对现代宏观经济问题则一无用处。

在信用货币时代，不存在商品货币、物物交易。从外生货币到内生货币，几乎所有的马－凯经济学都漏洞百出。

马－凯经济学货币外生的需求理论认为，价格上升，需求下降。内生考虑货币之后，商品价格上升是货币贬值，也是商品升值，人们会减少持币，增加购买。结果与马－凯经济学相反：价格上升，需求上升。

甲乙双方物物交易时，供求同时实现，买卖同时实现，也是萨伊的“供给决定了自己的需求”。货币出现后，买卖在时空上割裂了。甲将自己的商品卖给了乙，但甲没有买乙的商品，于是乙的商品滞销，供给决定不了自己的需求。而且，甲乙都会在某个时期持币不购或抛弃货币猛购，导致经济剧烈波动。这些古典经济学无法解释、刻意回避的现象，恰恰是宏观经济学的起点，也是货币经济的起点。

我们所能看到的马－凯经济学经典论述都认为，利率，是货币价格；贷款，是货币使用权租借，而不是货币所有权转让。因此，贷款利率不可能是货币价格。

无论是古典的储蓄—投资决定利率，还是凯恩斯的货币供—求决定利率，都是商品货币、金本位时代的遗存。在信用货币时代，由中央银行决定基础利率，基础利率影响了市场利率。

现代经济分析，不可能把货币作为外生变量。但是，就货币来源而言，货币应该是经济的内生变量，实际是经济的外生变量。因为信用货币是中央银行发行的，不是经济体自我制造的。

反对政府对货币政策的控制，但不能否定货币政策的极其重要的作用。“二战”之后的相关制度变迁也在逐渐消除古典经济学的担忧，比如在法律上，政府不能直接向中央银行借款，更不能向中央银行透支；中央银行高度独立，货币政策独立于政府的财政政策；等等。

凯恩斯逆转了古典经济学的“供给决定需求”，提出“需求决定供给”之道。道是正道。当通货紧缩时期增加货币供给降息至零仍然不能促进需求时，凯恩斯提出了财政支出政策、政府干预之理。

凯恩斯经济学是对大萧条的反思，是实用主义作品，逻辑并不完整。新古典综合经济学，则是把不相干的古典经济学和凯恩斯经济学“综合”到了一起，并且把这个理论体系延续至今。

2010 年代的马 – 凯经济学如同衰落的宗教。不合常理，就按照教主的逻辑去理解，不能理解，那就背诵教条吧。而此教条，已经与信仰无关，与生活无关，与道理无关，与实际经济无关。

市场规模与劳动分工的形式化“$PT = LE$”是本书的逻辑起点，经济总量的三位一体“$MV = PT = LE$”是全书的分析框架，“基于债权货币、债务货币区分的利率决定货币需求理论”则是全书货币理论、货币政策的分析基础。

基于上述，除在附录部分用“$MV = PT = LE$”对马 – 凯经济学的主要理论进行解释外，全书彻底否定马 – 凯经济学的架构。

产权界定使得交易成为可能，交易促进了分工，分工带来了效率。科技进步是分工效率的一个结果。货币媒介降低了分工的交易成本，扩大了市场范围。更大的市场进一步促进了分工。基于债权货币、债务货币的货币理论是总量经济的基础。“$PT = LE$”解决了劳动分工与市场规模的形式化问题，这也是斯密、杨格、斯蒂格勒、杨小凯都曾经提出过的一个未解问题。“$MV = PT = LE$”建立了经济总量的三位一体、经济增量的三位一体，并且据此创立了货币理论、货币政策的全新架构。

‖ 目录 ‖

1

经济学的方法论

经济体，是有机体，具有生物演进的一般特点。经济体不是一台机械设备。在机械工程师的眼里，缺少一个轮子的汽车不能跑；在生物学家的眼里，失去一条腿的动物可以继续跑。而且，假以时日，动物剩下的健康腿会因为负荷的增加而变得更加粗壮。就像一个作为个体的人，如果他不能从分工交易中获得利益，他自给自足的能力将会加强。

在达尔文的著作中，对环境变化的自我进化型适应就是一种演进。相同的鸟类生存在不同的孤岛上，时间久了以后，会有完全不同的进化。在坚果比较丰富的孤岛上，鸟类的嘴会进化得“短促而结实”。在需要从树洞内取食的孤岛上，鸟类的嘴会进化得“长而细”。在经济社会中，当就业困难时，有条件的人会退回到自给自足的状态，假以时日，其自给自足能力会大大增强；当需要交易而没有交易媒介时，人们会随机找出一个交易双方认可的“货币”来。例如战争期间，战俘营里用香烟充当货币。这一切是个体的自发行为带来的，不是局外人设计的。

机械经济学的极致是瓦尔拉斯一般均衡理论和以此为基础的进一步演绎。瓦尔拉斯一般均衡理论认为，整个市场上过度需求与过剩供给的总额必定相等。既然如此，1929—1933 年的大萧条如何解释?

毫无疑问，瓦尔拉斯一般均衡理论作为“模型”可以成立。但是，瓦尔拉斯一般均衡理论的假定前提在今天的货币经济中几乎都不存在，诸如实物交易而不是货币交易，分工报酬不变，信息充分，等等。那么，瓦尔拉斯一般均衡理论除了用作黑板上的演算外，也就不可能有任何实用的意义。货币经济使得建立在实物交易经济之上的瓦尔拉斯一般均衡轰然坍塌。一方面，出卖商品和服务所得到的货币没有必要立即用于买入商品，人们可以将货币储备起来：单是供给，但没有创造自己的需求；另一方面，贷款购买商品无须以出售自己的商品为前提：确有需求，但无须提供供给。

实证经济学分析范式是“假定、建立模型、验证”，是一个近似工程师的角色。即使模型正确，并且通过了局部数据验证，依然不等于“证实”。

至 2010 年代，因为方法论问题，经济理论与实际经济研究已经被割裂了。实证分析充斥于经济学期刊，而在《经济学原理》之类的教科书中，基本分析方法则是边际分析。

边际分析的基础，是假定经济资源为同质品。加入时空因素后，任何两个经济资源都是异质的。信息、人、财、物之间是异质的。信息之间是异质的，人与人、财与财、物与物之间也是异质的。也就是说，边际分析无法应用于实际经济分析，从而导致实证分析的盛行。

就人力资源而言，任何两个人都是异质的。人与人之间互相享受的，是人与人之间相互的差异，或者说是异质性。若地球上的人完全同质，连性别差异都不存在，同性繁衍，那么这个人类世界一定与丰富多彩无关。水的落差，蕴含动能。在公平的竞争社会中，人与人之间由于异质性表现出来的经济差别、政治差别是经济发展、社会竞争的动力。

同一条生产线相隔 1 分钟生产出来的两辆福特汽车，外观、配置完全相同。此后，一辆卖到纽约成为出租车，另一辆卖到洛杉矶成为家庭轿车，再以后，这两辆车在经济资源、经济分析意义上完全成了异质品；更不用说 1917 年与 2017 年生产的福特汽车异质度有多大。

在钢铁厂，前 1 秒钟与后 1 秒钟投入的看似相同的原料，因为时间差异，实际上是异质的。同一工厂的两条钢铁生产线在空间上的位差意味着在相同时间里投入的原料也是异质的。

同样是 100 美元，在不同地区、国家，因为稀缺性不同，利率可能不同；在不同时间，如在 1950 年和 2018 年，其购买力差距巨大。因此，时空不同的货币是地道的异质品，当然也就不能用边际理论进行分析。这也是加入货币因素后，在全世界找不到一篇有价值的边际分析经济学论文的根本原因。

基于边际分析的均衡理论在讨论供给 S、需求 D、价格 P 时，货币 M 是外生变量。在现实货币经济中，无视货币，便无法讨论价格、供给和需求。更准确地说，没有货币，就无法表达价格。凯恩斯早在 1936 年就形象地指出了其中存在的问题。凯恩斯说，经济学家们在讨论价值论时，说物价取决于供求、边际成本、供给弹性等，但当他们讨论货币与物价论时（$MV = PT$），恍若进入了另一世界，说决定物价 P 的，是货币数量 M、货币流通速度 V、交易量 T 等①。

边际、均衡理论这些致命缺陷不仅引起凯恩斯的质疑，并且使经济学家们在分析实际经济问题时，无法应用边际、均衡理论，从而导致实证分析的盛行。在 2010 年代的现实经济研究中，主流分析方法是实证分析，几乎找不到边际分析的应景文章。边际、均衡理论对货币视而不见，而实证分析中的价格、需求、供给、工资、GDP 等经济数据都是货币单位。

实证，不是证实。没有理论基础的实证归纳结论，可以轻易被一个反例推翻。实证分析，只是提供了一种可能性，但不是必然结果，也不能成为推论未来和其他的依据。基于此，米塞斯认为，经济理论应该建立在不言而喻的公理（self - evident axioms）之上。②

1.1 资本异质性否定边际分析

边际，即额外的、追加的意思。边际值，指“追加下一个自变量单位”时因变量的变化值。

边际分析不能将异质品作为分析对象，分析对象的“同质性”是边际分析的前提。在经济学研究中，边际分析理论首先用于对效用的分析，由此建立了它的理论基础——边际效用价值论。在马 - 凯经济学中，边际分析覆盖了经济学的诸多领域，如效用、成本、产量、收益、利润、消费、储蓄、投资、要素、效率等。

不同的人是同质的吗？这不仅是一个经济学问题，也是一个生物学问题、哲学问题。在经济意义上，人与人不是同质的，全部具体的资本（人力、财力、物力）也都不是同质的。

以政治学中的权力与经济学中可交易的权利为例，在任何一个民主国家，人们会自动承认总统的行政权力与一个普通公民的行政权力不同，即不同的人在行政权力上的不

① 凯恩斯. 就业、利息和货币通论(第 21 章)[M]. 北京：商务印书馆，1988.

② Mises，L. V. The ultimate foundation of economic science[Z]. Van Nostrand，New York，1962.

平等。与之相对，在经济财富上，首富比你的“钱多”则不公平，应该被谴责。这实际上表明，人们观念上认为不同的人在政治上是“异质的”，认同政治权力差别；而在经济上是“同质的”，反对财富数量差别。

在选票意义上，总统的权力是公民用选票授予的。2010 年代的全球富豪榜不是用钞票计算出来的，是用股票市值计算出来的。也就是说，首富是人们用货币选票在股市中选出来的。

因为人的异质性，存在经济差别，也存在政治差别。获得总统权力、管理政府是一门技术，获得财富、管理财富也是一门技术，人与人之间在这些问题上是“异质的”，不承认这一点，等于不承认生物竞争的本质，不承认自由竞争的市场机制。

刚出生的婴幼儿都不识字，即使没有法律规定，多数父母也会自费把自己的孩子送去学习，最后还要尽可能上最好的大学，目的就是要创造自己孩子的优势异质性，制造优于其他孩子的不平等。

不同的天赋、经历，使得任何两个人都是异质的，人与人之间是有差别的。按照边际理论，企业每增加一个人力资本的投入，其边际效率是递减的，这是无视人的差异得出的结论。在真实的环境中，增加一个优秀人才有可能使一个企业获得突飞猛进的发展，增加一个无能当权者则有可能导致一个企业迅速破产。原因在于，在经济学意义上，任何两个人都不是同质的，边际分析结果不可靠。

用经济效率去衡量劳动力时，劳动力相互都是异质的。在具体分析中，不可能将一个自给自足的劳动力与一个分工经济中的劳动力放在一个用货币衡量总量的分析框架中进行分析，也不可能将一个月工资要求 1000 美元和一个月工资要求 10000 美元的两个人作为同质分析对象。

在经济学意义上，不仅具体的人与人不是同质的，即使计量单位相同，因为时空的不同，所有具体的资本（人力、财力、物力）也都不是同质的。因为位置不同，任何两块土地都是异质的，这也是地租存在差别的原因。同样是汽车，质量、价格差距非常大，即使不加入时空因素，汽车也都是异质的。因为时间、区域的不同，同量资本的资金价值不同，此 10 美元与彼 10 美元也是异质的。

在边际理论中，人群，是没有大脑的个体堆积，如同分子、石块、按重量计算的钢铁。仅仅因为有大脑，任何两个人完全不同，也就不可能用边际理论去分析人类的行为以及行为结果。你的任何一次装聋卖傻、一念之差、大公无私、言而无信，都意味着无法用边际理论去分析你的行为。无论一个人去做好事（做义工、给陌生人提供帮助），还是做坏事（杀人越货、拦路抢劫），其结果都会让边际理论出丑。

在马－凯经济学那里，生产函数是由劳动、资本、土地和企业家才能决定的，与货币无关。经济总量，是递减的边际效用与递增的规模收益博弈的结果。

经济总量、市场规模，与土地面积无关，与劳动力无关，但是与参与分工的人数有关。土地私有时，把土地投入交易（自己耕种出售农产品，或者出租土地）是相关人在参与社会分工。另外，沙漠中央的一户完全自给自足的家庭与周边人群的距离在500千米以上，没有公路，冒着生命危险走出来需要20天；这个家庭没有参与所在国家的经济分工，不使用货币，其家庭的产出当然与这个国家用货币计量的经济总量（GDP）、市场规模无关。

而且，马－凯经济学没有交代生产函数中的劳动、资本、土地和企业家能力为什么会参与到经济中，以及在什么条件下参与到分工中。在边际利润最大化的前提下，马－凯经济学用生产函数导出了供给函数；在边际效用最大化的前提下，马－凯经济学用消费函数导出了需求函数。假定没有天灾也没有人祸，生产函数机械地反映了投入产出关系，但是，生产函数不能反映现实经济中的专业化和分工。马－凯经济学在将经济理论形式化过程中，分工，也是外生变量。

新古典经济学的生产函数是个数学极值问题。在现实中，生产理论的中心是生产率、成本与经济组织的关系。资源相同，为什么A企业比B企业产出高?

事实是，国民收入核算体系中，以货币表示的统计数据与生产函数中的技术因素（劳动、资本、土地和企业家能力）是难以关联的。以货币表示的统计数据是经济关系，是货币关系。没有货币因素的参与，实物的总量生产函数不可能成为货币经济的宏观经济学基础。

归根到底，建立在边际理论之上的马－凯经济学始终没有摆脱古典二分法的局限。在将“实物”抽象为“物品”后，边际效用理论所研究的是“物品”互相交易的经济理论，是古典经济学二分法的一个应用。二分法无视货币在现代经济中的核心地位，将货币当作覆盖在交易经济上的一层面纱，使得经济学分裂为宏观经济学与微观经济学。马歇尔微观经济学没有货币，凯恩斯宏观经济学中的货币则是用来敷衍的。

交易方程式和剑桥方程式，则是非边际分析经济学的经典之作。

1.2 实证，不是证实

实证经济学，是讨论“是什么”的问题，而不是讨论“应该是什么”的问题。实证经济学用数据去证明假定、逻辑结论，只能用既有数据证伪，无法穷尽数据证实。从这个意义上看，“实证”，是在玩弄文字游戏。实证，不是证实。就既有数据的实证，也不可能回答“是什么”的问题。是，不等于应该是；事实，更不可能是推论的依据。

实证分析、因果检验等分析手段是数学技术，不仅应用于经济领域，还应用于任何数据分析领域，如企业管理、工业设计、生态系统、生物、医学、天文学、物理学、化学等。

实证分析，是通过观察、实验和调查，从而归纳出规律的一种研究方法。实证研究，不是一个证明过程，是对假定条件的观察结果的归纳，提供的只是一个可能性。被实证的，只是既往。

对于归纳结论，休谟（1740）在《人性论》中定下了“不能从是中推论出应该是”的命题①，他认为，纯事实的、描述性的归纳只能赋予所描述的事实，而不能成为推论未来和其他的依据。这个休谟命题被称为休谟铡刀，休谟在事实和归纳判断之间做了“一刀切”的逻辑区分。

在经济学领域，弗里德曼当属实证研究的大师，众多的实证研究成果都曾经名噪一时。几十年过后再看，弗里德曼的实证结论几乎全部经不起时间的考验。

最近50年，是实证主义在经济学研究中泛滥的50年，尽管实证研究文献汗牛充栋，但没有证实一个有价值的经济理论。

漂亮，不可计量，没有标准，纯属个人价值判断而无法进行逻辑分析。漂亮与收入有什么样的相关性？数学对这个问题实证分析的结果，是数学的一个应用？还是经济学的一个里程碑？

收入与多种因素有关，恰恰与美丑的关联不大。

遗传性高血压，只能用高血压的原因、病理技术、基因技术“证实”，不可能用家族中高血压人数“实证”。比如，一个家族中高血压病人众多，是因为这个家族的成员吃了太多的高脂肪食物，是家族性饮食习惯所致，与“遗传性”无关。数学实证出来的“遗传性高血压”的一个家族成员看破红尘出家做了和尚，在寺庙吃素半年后，高血压没有了。

是，不等于应该是。

一个人连续5天在上午11：09上厕所，不等于他上午11：09“应该”上厕所，也不等于他第6天上午11：09“还会”上厕所。

实证结论即使经过因果关系检验也不是真理，只是一种可能性，可以被任一反例推翻。如奥肯定律、菲利普斯曲线等。

数据实证，不是理论证实。未来，可以进行基于公理的推理，不能用既有数据证实、推理。股市连续上涨365天，不能依此数据实证、推理第366天还将上涨。经济学、金融学的乐趣与极端的复杂性，也在于此。

应用经济学

你是个好人，但全无用处

对于其他学科来说，数学，是工具。

A、B、C三人为大学同窗好友，因为工作性质的不同走上了不同的人生路。

① 休谟.人性论[M].北京：中国社会科学出版社，2009.

A 用数据实证研究了头发长度与肝炎的相关性，B 则研究出头发直径与肝炎的相关性更大。医学专家可能瞟一眼 A、B 的研究成果，留点也许有用的印象，但不会有任何人把没有学过医学的 A、B 当作医学专家。A、B 如果自称是医学专家，将触犯法律。

但是，当 C 把企业规模与企业家头发的长度进行相关分析的结果发表在顶级经济学期刊后，人们会把 C 归类为“著名经济学家”，尽管 C 不知道经济学为何物。

剃头匠看了这些研究成果心里窃笑，因为头发长度是自己的功劳，与肝炎、企业规模牵连到一起不符合事实。

马－凯经济学，早已没有思辨的哲理和乐趣。杰出研究成果多是“内裤颜色与收入水平的相关性研究——来自爪哇国的证据”之类的高深实证话题。目的导向的假定，程序性数学论证，其结果当然是无可辩驳的。

即使是曾经名噪一时的实证经典，诸如货币数量论、菲利普斯曲线、奥肯定律等，也都经不起时间的考验。

“你是个好人，但全无用处。”（钱钟书《围城》）

1.3 公理演绎与实证分析

“休谟铡刀”认为，归纳结论不能成为推论未来与其他的依据。就现象而言，一个已经“是”的东西未必是一个“应该是”的东西。兔子撞树，不等于应该撞树。连续 10 天有兔子撞树，可以建立因果关系，得出实证结论，但是，实证结论没有理论价值，也不能推论“第 11 天必然（或仍然）有兔子撞树”。否则，就不会有“守株待兔”的千古笑谈。

找到 3000 个样本证明，12 岁到 15 岁之间的少年平均每年身高增长 10 厘米，这是一个抽样的平均事实。但是，既不能由此推断 14 岁的少年张三当年将长高 10 厘米（具体），也不能推断全部 12 岁到 15 岁的少年每年身高增长 10 厘米（一般）。

基于公理的推论无须检验，除非推论错误。而且，基于公理的理论是标准，是尺度，是检验事实数据是否正确以及在什么条件下正确的基础。你长高了，尺子没有变。你长胖了，质量单位没有错。

米塞斯进一步发展了休谟的观点。米塞斯认为，经济理论应该建立在不言而喻的公理（self－evident axioms）之上，而实证结论，可以被任一反例推翻①。米塞斯驳斥了实证主义，尤其驳斥了实证主义方法论。实证主义用物理学的方法观察人，把人当作石头或原子、分子。在实证主义者看来，经济学理论的作用就是观察人类行为中可计量、可统计的数据，并且依靠这些数据反推出所谓的“规律”。然后，用这些“规律”进行预测。实证主义方法只能切合那种认为经济可以由社会工程师支配并进行计划的理念。在

① Mises L. V. The ultimate foundation of economic science[Z]. Van Nostrand, New York, 1962.

这些理念里，人，是没有生命、没有思维的物体。因此，实证研究是用牛顿物理学研究质量和运动的方法来研究人类的行为。根据这种“实证”方法，他们发展出“社会工程学”，使得计划经济中的“经济沙皇”能够以工程师处理机械的方式来处理人的行为。①

如果“休谟铡刀”已经存在，对于实证研究，就需要没有止境地去验证一个已经“是”的东西是否是一个“应该是”的东西，即穷尽证实，这是不可能的。在这个意义上，公理之上的演绎结论才是有价值的。

历史，不能预示未来，更不能决定未来。统计资料得出的经济规律未必是一个可重复的规律。统计资料得出的货币流通规律、物价变动规律以及失业规律等，也是抽象掉若干重要因素的规律。当环境发生变化时，货币经济本身也将发生变化。例如，尽管菲利普斯曲线统计资料翔实（1861—1957 年，英国长达 97 年的历史数据），但我们不可能就此归纳出一个可以推理未来的真理，这也是菲利普斯曲线始终存在争议的本质原因。

另外，斯密、休谟等经济学先哲对经济的分析是一种生物演进的思想，经济学家的自我定位是一个近似医生或生物学家的角色。一个事物发生变化，相关事物不是绝对走向灭亡，而是也发生变化，使得一个有机体依然存在。社会的物质生产力发展到一定阶段，随着经济基础的变更，经济政治结构也会或慢或快地发生变更。不仅个人参与或退出分工经济，我们不可能用机械的方式分析个人参与或退出分工经济。对于制度的演进、王朝的更迭的影响，我们同样不能用机械的方式进行分析。一个极其不合理的政治经济制度会因为交易成本的庞大而崩溃。一个暂时勉强维持的失败的政治经济制度被更迭只是迟早的问题。在信息能够自由流动的前提下，无疑，交易与分工互为前提的市场经济体制演进是符合哈耶克“自发秩序、试错演进”思想的。这个演进的制度既让个体能够特立独行，也能够确保社会秩序井然，能够自我纠错则进化，不能自我纠错则被淘汰。

1.4 流量、存量、财富总量

经济数据的三个思维角度：流量、存量、财富总量。

流量，是指一定时期（时间。一年、一个月、一天，如 2017 年 8 月）的经济数值，其大小有时间维度，如国内生产总值、工资、投资总额、流动资金增加额等。

存量，是指某一时点（时刻。如 2017 年 8 月 17 日 6 点 23 分 47 秒。时点，可以无限精确，直至瞬间必逝）的经济数值，严格的时点没有时间维度。例如资产负债表中的期初、期末资产，以及流动资金、存款、黄金储备、外汇储备等都是存量。

对于存量与流量的区分，有助于理解经济活动中经济变量的关系及其特征。例如在财富与收入这两个经济变量中，财富是存量，是某一时刻所持有的财产，股价在变动，

① 米塞斯. 经济学的认识论问题[M]. 北京：经济科学出版社，2001.

全球首富的资产每一秒钟都在变动；收入是流量，是期间收入，去年 9 月的工资数额已定。对于极限的时点，如工作百亿分之一秒，很难给工资定量。

存量与流量之间有密切的联系。没有存量，不可能有流量；没有流量，存量将静止不变。

1.4.1 流量分析与存量分析

流量分析的杰出代表：$MV=PT$。

费雪在 1911 年出版的《货币的购买力》一书中，提出了交易方程式：$MV=PT$①。方程式中，M 是一定时期流通货币的平均数量，V 是一定时期货币的平均周转次数即货币流通速度，P 是平均交易价格，T 是交易数量。

1917 年，庇古在《经济学季刊》发表《货币的价值》一文，把马歇尔的观点形式化，提出 $K=M/PT$，即剑桥方程式。

$K=M/PT$ 与 $MV=PT$，都是经济学的经典和里程碑。

与 $MV=PT$ 的流量分析不同，$K=M/PT$ 是存量分析。

马歇尔认为，费雪的恒等式（$MV=PT$）“没有说清楚决定货币流通速度的原因”，并指出“货币流通速度是随着一国人民认为手头应该保有的购买力数额的变动而变动的”②。货币流通速度取决于人们的持币时间和持币量，而人们的持币时间和持币量又取决于人们的财产和收入中有多大一部分以货币形态贮存起来。人们以货币形态贮存起来的财产和收入是“人们愿意保持的备用购买力”，这部分购买力的高低取决于以货币形态保持的实物价值。

马歇尔、庇古当时对 $K=M/PT$ 的解释有诸多的局限性。今天看来，其中，M 表示货币存量，P 表示存量资产价格、存货价格，T 表示存量资产数量、存货数量，K 表示人们持有的货币 M 与持有的非货币资产、存货价值 PT 的比率。

1.4.2 财富总量

M 是持币总量，P 是非货币资产价格，T 是非货币资产量时，全社会可交易的财富总量 $=M+PT$。

个人财富总量，则是个人持币 M_1 和持物价值 P_1T_1 的总和为 $M_1+P_1T_1$。

股市财富总量也是 $M_s+P_sT_s$。其中，M_s 是股市货币量，P_s 是股票均价，T_s 是股票数量。

无论是全社会的财富总量、个人财富总量，还是股市财富总量，都是 $M+PT$。

在全社会财富总量 $M+PT$ 中，如果没有增量货币 m 的进入（M 不变），价格 P 上

---

① Fisher I. The purchase power of money[M]. New York: Macmillan,1911.

② 马歇尔. 货币、信用与商业[M]. 北京：商务印书馆，1986：46.

升带来的财富再分配总额是上升的，价格 P 下降带来的财富再分配总额是下降的。除非价格 P 上升幅度过大，导致人们抛弃货币退回到以物易物状态。通俗地讲，在适度范围内，通货膨胀率大于零带来的全社会财富再分配总额是上升的，通货膨胀率小于零带来的全社会财富再分配总额是下降的。尤其重要的是，对于参与商品和服务的提供者（非持币者）来说，财富再分配总额是上升的。

个人财富总量、股市财富总量亦是如此。

在个人财富总量 $M_1+P_1T_1$ 中，如果货币资产 M_1 不变（货币收入 m_1 为0），非货币资产价格 P_1 上升则财富总额 $M_1+P_1T_1$ 上升，非货币资产价格 P_1 下降则财富总额 $M_1+P_1T_1$ 下降。例如张三过去一年的货币收入增量 m_1 为0（没有收入），但张三的一套房子价格 P_1 升值30万元，则张三的财富总额 $M_1+P_1T_1$ 上升30万元；若张三的一套房子的价格下降30万元，则张三的财富总额 $P_1M_1+P_1T_1$ 下降30万元。

在股市财富总量 $M_s+P_sT_s$ 中，如果股市货币量 M_s 不变（投入股市的货币增量为0），股票价格 P_s 上升，则股市财富总额上升；股票价格 P_s 下降，则股市财富总额下降。例如纳斯达克，过去一年投入股市的货币增量为0，股价均价下降20%，则股市财富总量下降20%；若股价均价上升30%，则股市财富总量上升30%。

1.4.3 存量分析与流量分析不能并存

剑桥方程式 $K=M/PT$ 中的 K 值与交易方程式 $MV=PT$ 中的 V 值有 $KV=1$ 的反向关系①。

$KV=1$ 意味着，如果 M 和 T 不变，在消费者减持货币资产 M 增持非货币资产 T 时（购买），用剑桥方程式 $K=M/PT$ 解释，是 K 下降，用费雪的交易方程式 $MV=PT$ 解释，是货币流通速度 V 提高。这时，价格水平 P 将升高作适应性调整。另外，当价格水平 P 上升时，剑桥方程式中的 K 下降，交易方程式中的货币流通速度 V 提高。

货币交易媒介职能与通货膨胀率适度互为前提。农民出售大米得到了货币。货币只是交易媒介，获得货币，绝对不是这个农民的最终目的。若这个农民永久地把货币占为己有，储藏下去，货币对其他商品和服务的需求就会出问题，货币的流通速度就会下降。当全部货币的流通速度下降为零时，市场经济就灭亡了。适度通货膨胀率，是迫使人们维持适度的货币流通速度的第一工具，名义利率是第二工具。前者是在控制货币所有权的价格，后者是在控制货币使用权的租金；二者同时存在则是在控制货币的实际利率，也是货币的收益率。

需要适度通货膨胀率是因为，过低的通货膨胀率是在鼓励人们储藏货币，过高的通货膨胀率则是在鼓励人们拒绝货币，尽快用掉货币。作为交易媒介的1美元今天可以买

① 曼昆. 宏观经济学[M]. 北京：中国人民大学出版社，2013：233.

10 千克大米，如果众所周知这 1 美元明天将成为废纸，贬值为零，那么它今天要实现交易媒介的职能是困难的。同时，货币的必要性也要以货币的交易媒介职能为前提，鲁滨逊在孤岛上储藏黄金远不如储藏粮食重要。此时此地，纸币，则纯属废纸。

当商品价格 P 上升时，在 $MV=PT$ 框架中思考，人们的理性对策是把货币买成商品，货币流通速度 V 则上升，财富结构中（$K=M/PT$）货币与实物的比例 K 则下降，这也是通过货币的交易媒介职能达到自己的财富总量 $M+PT$ 最大化。

当商品价格 P 下降时，则反其道而行之。

在剑桥方程式 $K=M/PT$ 中，提高货币资产 M 与非货币资产 PT 比值 K，是因为价格 P 下降使得货币升值，降低货币资产 M 与非货币资产 PT 比值 K，是因为价格 P 上升使得货币贬值。通过调整货币资产 M 与非货币资产 PT 的比值 K 保证资产总量 $M+PT$ 的最大化，就是通货膨胀时增加储物、减少储币，通货紧缩时增加储币、减少储物。

为了保证资产总量最大化，通货膨胀时增加储物、减少持币（$K\downarrow$），通货紧缩时则颠倒过来（$K\uparrow$）。交易方程式角度的通俗解释就是，商品价格 P 上升时增加购买（$V\uparrow$），商品价格 P 下降时减少购买（$V\downarrow$）。继续通俗化，价格上升需求上升，价格下降需求下降。而这个最通俗化的解释，似乎与古典经济学的供求价格理论逻辑是颠倒的。原因在于，古典供求价格理论中货币是外生变量，而在这里，货币是内生变量。

速度，是行为的结果，是计算值，无论是汽车速度还是货币流通速度都是如此。

只能在内生货币意义上讨论 $MV=PT$，动因上、本质上，是价格 P 变化导致货币流通速度 V 的变化；现象上，是货币流通速度 V 的变化导致价格 P 的变化。斯蒂格利茨在这个问题上的阐述并不完整，① 而且也没有考虑中央银行对货币量 M 的影响。

假定货币量 M 不变，也许结合存量分析、流量分析才能够更清晰。当价格 P 趋于上升，人们会减少持币、增加持物自保，则剑桥方程式 $K=M/PT$ 中的 K 下降；反映到交易方程式 $MV=PT$ 中则 V 上升，而 V 上升又会导致价格 P 进一步上升。反之亦然。

流量分析 $MV=PT$ 对应的是时间，存量分析 $K=M/PT$ 对应的是时点。二者的时空完全不同。虽然 $KV=1$ 的分析方式简明通俗，但从严格意义上讲，流量分析与存量分析不能并存于一个分析架构之中，也就是说，在时空上 $KV=1$ 不成立。

应用经济学

货币流通速度长期不变？

即使严格意义上 $KV=1$ 不成立，KV 的这种反向相关性还是存在的。

人们为了达到资产最大化，物价上升通货膨胀时增加储物、减少持币（在 $K=M/$

---

① 但是在 20 世纪 80 年代，货币流通速度（V）开始降低。……如果物价（P）不下降，产出（T）就必须下降。——斯蒂格利茨. 经济学（下）[M]. 北京：中国人民大学出版社，1997：353.

PT 中，$K\downarrow$），物价下降通货紧缩时则颠倒过来（在 $K=M/PT$ 中，$K\uparrow$）。另外，物价上升通货膨胀时增加储物、减少持币，也是增加购买（在 $MV=PT$ 中，$V\uparrow$），物价下降通货紧缩时则减少购买（在 $MV=PT$ 中，$V\downarrow$）。也就是说，货币流通速度主要与通货膨胀率有关。

上述过程也在阐述一个马－凯经济学不能解释的道理：有效需求不足，多是因为通货膨胀率偏低，尤其低于0时，如美国大萧条时期；总需求过旺，多是因为通货膨胀率过高，如1988年中国CPI高达18.8%，人们把百货公司的商品抢购一空。

弗里德曼等的《1867—1960年美国货币史》以及其他的实证研究认为：在长期，货币流通速度基本不变。弗里德曼实证成果的大的时代背景是金本位的中后期。在这一时期，英国1939年的物价水平和1739年差不多，美国1939年的物价水平和1800年大致相当①。

依据弗里德曼的归纳，很多研究者把货币流通速度假定为“不变”。弗里德曼引用的数据多来自金本位时代。在“二战”之后的信用货币时代，在中国、美国、欧盟、日本、英国等，因为通货膨胀率的波动，货币流通速度都不是“不变”，无论长期还是短期。

长期货币流通速度相对稳定与短期货币流通速度波动的关系，类似人体终生平均体温不变与短期可能发烧的关系。人的终生平均体温大约是36.8℃，也是长期“不变”。终生平均体温不变，不等于一个人在短期不会发烧，更不等于说这个发烧无须处理。要知道，发烧超过40℃会有生命危险。

从月度、季度、年度统计资料看，货币数量论假定的“货币流通速度基本不变”纯属虚构。货币流通速度多数时间都在变动。经济繁荣或经济萧条时期，货币流通速度则波动剧烈。

高速公路距离1000千米，开车12小时到达，平均速度是83千米/小时。在这12小时里不可能是按照83千米/小时匀速前进，偶尔超车速度可达150千米/小时，堵车速度只有30千米/小时，在服务区速度则是0千米/小时。

高速公路上的汽车临近服务区可以在1分钟内将速度从83千米/小时降为0，人、车都可以休息。在 $MV=PT$ 中，如果日本货币流通速度 V 在1分钟内降为0，所有的经济活动都将立即处于停止状态。这种状况即使持续1小时，对于2018年的日本来说，也是严重的灾难。反之，当货币流通速度 V 在1分钟内提高83倍，即使持续1小时，也会导致严重的社会慌乱。

① 弗里德曼.论通货膨胀[M].北京:中国社会科学出版社,1982:2.

2

企业的本质

一个人在使用手机过程中，因为手机质量问题受到了伤害。这个人维护自己权利的诉讼对象是持有手机品牌的法人，而不是自然人，也不是手机的设计人、制造者或销售员。

为什么?

法人制度、有限责任制度等制度设计，是市场经济的重要里程碑。

在企业理论中，古典生产函数考虑的，是最大限度运用劳动力、资本、技术的情况下的生产能力，是象牙塔中的“供给”，是数学的极值问题。

分工经济中的供给，是为他人生产的，不是自给。分工经济中的供给，是用户感受、用户选择，是如何提高质量，降低价格。

市场经济中的供给，首先要考虑他人需求，其次要考虑成本（古典生产函数中实际上是“不惜一切成本”的极值生产量）。A公司产品的生产成本是3000元，而该产品的市场需求价格是2000元，继续生产在生产函数意义上能够成立，在市场经济中难以成立，亏损终究会让企业难以为继。市场经济中的供给，是为他人而生产，而不是生产者不惜一切代价运用古典经济学的生产函数将产量扩大到极值的自娱自乐。

因此，这里的企业理论主要是讨论制度性问题。古典企业理论中生产函数讨论的是无关市场需求、无关成本的极值问题，它更应该归类于企业管理中的生产管理。

2.1 从古典到科斯

在马-凯经济学那里，企业，是无须研究的“黑匣子”。对这个黑匣子进行的研究，科斯的《企业的性质》是开创性的①。科斯理论中的企业是市场机制的替代物，企业的存在，是用内部契约代替外部市场契约，是为了节约市场交易成本。

古典经济学认为，在企业外部，是市场交易协调价格，决定生产。在企业内部，市场交易被取消，是企业家指挥生产，市场协调被企业家管理替代。

科斯认为古典经济学没有说清楚。既然企业内部的生产、管理也可以通过市场价格机制来实现，(企业) 组织为什么还要存在?

科斯认为，市场交易是有成本的。在企业内部，如普通企业或国家托拉斯，允许企业家（某个权威）来支配资源，能节约市场交易成本。当存在企业时，某一生产要素(或它的所有者) 与企业内部其他生产要素签订的契约数量大大减少，大量契约被一个契约替代了，节约了交易成本。

关于企业规模，科斯认为，企业的扩大必须考虑一个点，即在企业内部组织一笔额外交易的成本，等于在市场上完成这笔交易所需的成本，或者等于由另一个企业家来组织这笔交易的成本。企业内部没有价格信号，资源配置由企业家的感觉、经验来决定。随着规模的扩大，各种生产要素的调配更加复杂，判断失误也会增多，会使资源的使用效率逐渐降低。这样也就决定了企业不可能无限制地扩大，以至于完全替代市场的作用。

科斯开创了一种思考方式，但没有解决企业的性质问题。

除交易成本外，企业内部契约与外部（市场）契约没有本质不同，即不买某个商店的东西就是对店主的解雇（外部契约)，与在公司内部解雇一个会计（内部契约）没有质的区别。也就是说，在支付工资的前提下命令企业内部的会计投入工作，和在已付款的前提下要求食品店主交付方便面，以及在挂号后要求医生看病等，并没有质的区别。这等于说企业的内部契约同样是一个市场契约，即企业对内部资源的经济计划不是通过“计划经济”方式配置的。

在注册资本意义上，因为企业法人的存在，企业总裁就是投资人、法人代表时，只

① R. H. Coase. The nature of the firm[J]. Economica,1937,4 (16): 386-405.

有注册资本量是事前约定的，除此之外的信息、人、财、物运用仍然依赖于（企业内部的）市场契约。如工资约定、资金核算、物品核算等。

在宏观意义上，企业在内部停止支付工资就是解雇员工，企业在外部停止购买任何市场商品和服务，就是解雇经济社会。当全社会都这样做时，个人就回到自给自足状态，靠采野果生存。至此企业消失，政府消失，分工经济也就轰然坍塌了。

企业家能力，是将信息、人、财、物资源组织起来进行分工，要获得分工效率，还要让分工收益大于分工成本。创立企业不是研究一个前沿的学术问题。企业创始人不需要很高的学历。企业家要有能力将人力资本、货币资本进行组合、分工。当分工收益大于分工成本时，即盈利，企业就成功了。

一个终身工薪阶层，没有投资过，没有经营过企业，工资收入可能高也可能低，但劳动付出一般不会亏损。因为在现代法律体系中，企业债务、企业破产的第一清偿顺序都是雇员工资。与之相反，任何一个首富，任何一个投资者，或者任何一个高收入的企业家都有亏损的经历。一方面，工资是预先契约，是雇员的确定性收入，也是企业的预先成本，企业分工收益小于分工成本时必然亏损。另一方面，常在河边走，必然会湿鞋，投资会盈也会亏。首富与资不抵债可能在一日之内完成一个轮回，昨天的首富，成为今天的资不抵债者。

科斯认为，企业内部要设置若干部门，诸如财务、设计、加工车间、销售等，这样可以减少交易成本。在科斯那里，企业都会有“生产部门”，科斯的解释是，把生产部门委托出去会增加交易成本。

由于交通条件、信息条件的持续改善，此后几十年的发展超出了科斯的预判。

分工降低了生产成本，信息技术降低了交易成本。到 2010 年代，科斯的观点受到了前所未有的挑战。苹果手机、华为手机、三星手机、耐克运动鞋等，都没有自己的生产部门。甚至，尽管美国苹果手机、中国华为手机、韩国三星手机互为竞争对手，但是它们的生产厂商是共享的，也是由外部市场契约实现的。如，源于中国台湾的“富士康”，同时是诸多互为竞争对手的手机品牌商的“生产部门”。不仅如此，富士康还是多家互为竞争对手的电脑商共享的生产车间。

随着信息技术、空运等的发展，到 2010 年代，虽然全球市值最大的手机制造商苹果公司总部在美国，但是苹果手机的组装加工则都是在地球另一面的中国富士康公司完成的。

企业内部设置若干部门，曾经是为了节约交易成本。当交易成本极度降低时，在美国加工苹果手机反而会增加成本。于是，科斯认为应该把设置于企业内部的加工部门分工给其他企业，甚至其他国家的企业。

2.2 所有权与使用权

原始人是直接向自然获取（采掘、狩猎）资源以满足自己的能量需要。当人组成社会之后，为了减少人与人之间的冲突，用制度（所有制）、法律（所有权）对土地等资源进行了界定。产权界定后，便有了交易的基础，也有了分工的基础。

交易是不同所有者之间的行为。一个人没有必要用自己的电视机交换自己的电脑。交易可能是所有权让渡，也可能是所有权派生权利让渡。就物品而言，前者如出卖物品，后者如出租物品。交易品如果没有更换所有者，或者所有者没有将自己的所有权让渡出去，那便是在交易所有权的派生权利。

无论土地资本、货币资本，还是人力资本，都需要让渡所有权或派生权利（如经营权、使用权）而存在于社会分工之中。土地所有者不愿意出租土地，只能自己耕种；货币资本所有者不愿意把钱借给别人，只能自己当小业主；人力资本所有者不愿意受雇，只能自己当个体户。

人，是人力资本的主体，在人权社会，人不能被交易。人力资本要存在于社会的分工交换之中，它的派生权利，即人力资本的使用权，必须是可以交易的，如让渡人力资本的使用权成为雇员。

资本使用权让渡给了他人（如将自己的房子出租），所有者就失去了使用权，未经承租人允许，所有者进入所有权属于自己但已经出租的房子就是侵犯承租人的权利。劳动力与资本使用者签订就业契约后，在上班时间内劳动力的使用权就属于雇主，上班时间干私活则属于侵犯雇主权利。

因此，在让渡使用权上，建立在货币资本上的契约与建立在劳动资本上的契约没有本质的不同。

所有权是一个法律概念。奴隶的体力、经验、技能等都属于奴隶，但是，它们的所有权都是奴隶主的（恰恰不是奴隶的）。奴隶对自身的生物性质的拥有，不是权利。人力能够成为资本，是因为人力资本的主体有权将自己所拥有的人力进行交易性质的缔约。奴隶没有这种权力。奴隶的劳动力是奴隶主的人力资本，不是奴隶的人力资本。

所有权与所有者是不可分的。奴隶主与奴隶所有权同样不可分，当奴隶主与拥有的奴隶所有权分离之后，奴隶制度也就消亡了。至于货币资本所有权可以转让而人力资本所有权不能转让，是因为今天的法律否定了所有权包括他人的人权。

所有权的派生权利（如使用权）与所有者则是可分的。

A 的一笔货币资本有如下选择：①自己经营店铺，自己拥有货币资本的使用权；②雇人经营，他人拥有货币资本的使用权，但 A 仍然拥有货币资本的所有权（以物权的形式)；③将货币资本存入银行或借给他人，他人拥有货币资本的使用权，A 仍然有货币资本的所有权（以债权的形式)；④将货币资本所有权出让，让渡所有权，如用 1 万元去换一顿大餐。现代社会的人力资本除了没有第④项（法律不允许交易人力资本所有权）选择外，其他 3 项都可以。传统意义上的“你受雇于人”的本质意义是“你雇人经营你的人力资本”。当然，这个“人”可能是一个法人。

人力资本使用权与自身的分离，与非人力资本（如土地或货币资本）所有权与派生权利的分离有异曲同工之妙。例如跳槽的性质和特征，几乎完全等同于地主更换土地的承租对象或者股票资本用脚投票的性质和特征。

人力资本有可能表里不一，即表面上在工作，实际上脑子里在考虑其他问题。任何资产的相关契约内容都不可能绝对表里如一。被出租的房子有可能电源插座有问题，天气问题是土地资本永远面临的风险，币值变化使得货币资本因为时间而具有不同的价值。

完备契约，是社会契约永远不可能达到的奢望。

已让渡的所有权派生权利不属于所有者，人力资本同样也不例外。货币出现后，当社会资本同时表现为实物形态和价值形态时，一物二主甚至一物多主的情况也就发生了。

就上市股份公司而言，股票是在公司清偿时和进行股票交易时才有意义的所有权凭证。在公司正常运行期间，如果上市公司在工作场地立一个“闲人免进”的牌子，在公司没有工作岗位的股东属于“闲人”之列。即使是公司的最大股东，其白白拿走公司的一针一线同样属于偷窃行为。因此，在股份公司里，股东是公司资产价值形态（清偿意义和股票交易意义）的所有者，公司法人是公司资产实物形态的所有者，法人代表也可能不是股东。

A 用个人名义向 B 借钱，以债务形式获得货币资本，设立一个属于 A 的公司。在 A 承诺债务、义务的前提下（公司的外部契约)，公司的所有权、使用权都属于 A（公司的内部契约)。在契约期间，该公司货币资本所有权和使用权可以完全独立于货币资本的最初所有者 B，即债权人（是否完全独立取决于契约内容)。

对土地使用权出租而言，特别是长期契约，转租，是一项未必需要经过土地所有者批准的权利，如中国历史上的永佃权、田面权等。在某些契约条件下，所有权、使用权是互通的。无须租金的永久使用权几乎就是所有权，有租金但是租金永久不变的使用权（永佃权）也具有部分所有权的特征，使用权无条件旁落的所有权实际上没有所有权也没有使用权。就房子居住而言，租旅馆住 1 天与租民房住 30 天都是所有权租借问题，租民房住 50 年同样是所有权租借问题。当契约约定租住民房 50 年租金始终不变时，使用权（租住权）有部分所有权的特征，使用权人甚至可以出租、转租、转让使用权盈利；当契约约定租住民房 50 年无须支付租金时，使用权（租住权）几乎就是所有权，使用权人同样可以出租、转租、转让使用权盈利。

人力资本方面，在俱乐部体制下的足球运动员加入某一个俱乐部后，该运动员的人力资本使用权属于俱乐部。因此，如果运动员不想违约，俱乐部之间“买卖运动员”是常有的事情。当然，“买卖”运动员实际上是“转租”运动员的使用权。

2.3 工资的竞争决定

除科斯意义的交易成本不同外，企业内部契约与外部（市场）契约没有市场性不同，即不买某种商品就是对生产企业的解雇（外部契约），这与在公司内部解雇一个会计或取消生产部门（内部契约）没有质的区别。

一个濒临亏损的企业，将经营者的工资降低一些，企业就盈利；反之，企业就亏损。表面上，所有者的利润与经营者工资是零和博弈。实际上，是具体的人力资本工资与货币资本利润的竞争性决定，是竞争条件下的双向选择。

奴隶对于奴隶主而言，没有选择性，解雇奴隶等于给予奴隶人身自由。奴隶的死亡，对奴隶是生命丧失，对奴隶主则是财产损失。不能被解雇的奴隶没有失业的压力，也不可能有其他与之竞争“奴隶”职位的人。于是，奴隶的“积极性”只能来源于鞭打或“激励”。委托—代理理论认为，一个现代公司的职业经理人，因为人权的存在，不能鞭打，只能“激励”。在委托—代理分析框架里，因为没有了“竞争”这个最基本的市场经济因素，平等的所有者和经营者双方变得不平等。“激励”是个模糊概念。对职业经理人的监督，只需要控制利润增长指标即可。利润，包含了企业的成长、衰落、收入、支出等指标。有了利润增长的衡量，作为所有者，已经足够。正常运行的企业管理层不敢偷懒的原因是完成利润前提下面临市场竞争压力。

在竞争环境中，是否雇佣一个管理者，不仅看要他的管理水平，还要看是否有比他能力更强的人选。决定管理者工资不仅要看企业的经营状况，还要看是否有人既能经营好企业同时要价（工资）又低廉。

在竞争环境中，雇员不仅要看目前职位，还要看是否有其他职位可选择；如果雇员（包括总经理）有更佳选择，即使雇主将利润全部用作管理者工资，也难以留住这些雇员。这就是小公司难以留住“盖世英才”的竞争性原因。

没有竞争，所有的激励都是无效的。

没有竞争，就没有了激励的标准。而在竞争条件下，竞争定价之上的“激励”没有必要，它增加了雇主的成本而使得“激励”近似于施舍。不仅人力资本，而且非人力资本乃至任何一种商品的定价，都是双向竞争性定价而非单向激励性定价。不同手机，价差百倍，一部高价手机成交，意味着买主对低价手机生产商的淘汰，也意味着卖主对低购买力顾客的淘汰。

竞争的前提是双方的选择性。奴隶制度不能成为竞争体制的分析对象是因为奴隶主、奴隶都没有选择权。竞争是双向的，有经营者之间的竞争，还有所有者之间的竞争。后者，是能力强大的人力资本个体在具体企业里有较高工资的市场原因。一个普通人进入一个企业工作，10 年后他是这个企业的总裁并且拥有该企业多数股权，这是竞争得到的，是与所有者合法博弈的结果，是个人实力的证明。原投资人有其他选择，选择这种结果是因为原投资人得到了最大利益。

人力资本的社会价值是由业绩决定的。一个管理者被几个企业连续解雇，每被解雇一次，其人力资本价值就下降一次。一个被公司重用的员工，同时被其他公司看好，并且在岗位上被挖走，其人力资本价值会大幅度增加。竞争机制，将普通人升华为著名企业家，也将著名企业家变成普通人。

在所有权和经营权高度分离的现代公众公司，对于股东来说，因为控制权旁落，其已经不能（或很难）直接决定职业经理人的收入水平；而对于职业经理人来说，其完全拥有公司的控制权，又无须承担公司最后的（破产清算）损失，就有可能尽力提高自己的工资或其他收入。这不等于说在所有权、经营权高度分离的公司里，职业经理人可以随意决定自己的工资。所有权、经营权高度分离的公司肯定是股东承担有限责任的公众公司（家庭作坊、夫妻店不可能实现所有权、经营权高度分离），公司业绩和公司职业经理人的工资属于公开信息，因此职业经理人必须靠成绩证明自己的价值。

职业经理在权利增加的同时，责任也在增加。透明的公众公司信息使得人们时刻在衡量一个职业经理人的工资是否恰当。公司面临的竞争、经理人个人面临的竞争，以及每天都能见到的被淘汰的职业经理人的处境等，都使得职业经理人不敢懈怠。而规则的限制、法律的约束则预示着职业经理人越雷池一步的后果。优胜劣汰，是对企业说的，也是对企业家说的。

在竞争条件下，人力资本将得到能力、知识的垄断收益，普通雇员如此，超级富豪亦是如此。个人能力，具有天然垄断性和不可替代性。在全球富豪排行榜中，十几年就更新半数，新富豪们几乎都是白手起家。

现代人类的基础学习和专业学习过程，都是为了增强自己的不可替代性。

如果不想被淘汰，竞争机制能够使得地球上的任何一个生物（当然也包括人）都不敢“偷懒”。比如教师、学生、运动员、公务员、职业经理人、公司职员，乃至自然界的一只老虎或一只老鼠。所以，在产权明确、市场竞争机制正常运行的条件下，“企业管理不善”“懒惰”等现象是管理学问题，而不是经济学问题。

市场经济的本质特征是竞争性的资源配置。在高度分工的情况下，投资者的目标是单一的，即利润。因此，在所有者和经营者的博弈中，所有者对经营者的业绩计量和监督并不复杂。对于公众公司来说，法律层面的制度安排和信息的透明是重要的。如果舆论能够有效地对管理者进行监督，法律能够对管理者的违法行为进行惩罚，管理者工资便是一个普通的竞争性定价。

2.4 资本权利

2.4.1 租金与利润

租金，是让渡资本使用权的报酬。

利润，是雇主承担支付资本租金责任的权利。

交易，可能是所有权让渡，也可能是所有权派生权利让渡。就物品而言，前者如出卖物品，后者如出租物品。资本都是以让渡所有权或者让渡所有权的派生权利（如经营权、使用权）存在于经济分工之中。资本使用权的让渡形成了权利主体之间的责权关系。雇佣，是雇主承担支付资本租金的责任从而获得（土地、货币、人力）资本使用权的契约过程。

租金是资本让渡使用权的报酬。一般情况下，租金量的多少是一个提前约定的契约内容。资本租金包括土地资本租金、货币资本租金和人力资本租金等，即地租、利息和工资。企业收入不可能正好等于资本租金，企业收入扣除资本租金等成本之后，可能盈利，也可能亏损。当地租、利息和工资都是预先以契约约定的时候，谁承担企业的盈利或亏损？企业任何一项成本的高低，或者销售收入的高低，都会导致企业亏损或盈利。必须有人对这个最后的结果（盈或亏）负责。这个结果，可能是剩余，也可能是剩亏。我们将这个结果称为企业的责任后果。

资本租金（地租、利息、工资）可以预先契约，企业利润不可能预先契约。

在一个由出资人承担盈亏的企业里，企业管理职能有可能独立于企业的资本所有者（如所有权、经营权分离）。这时，经营者收入不是参与利润的分享，而是成为企业的成本，这个成本降低了企业利润在总收入中的比重。

雇主必须承担支付资本租金的责任。在支付资本租金后，企业有可能是亏损的，雇主的利润也是承担可能亏损责任的权利。有无利润，以及利润的多少，是不能提前进行契约约定的。能否提前进行契约约定，体现了资本租金与经营利润的本质区别。获得利润的“权利”是以承担企业有可能亏损这个“责任”为前提的。在一个由出资人承担盈亏的企业里，利润，是承担亏损责任的货币资本所有者的权利范围，工资，是人力资本所有者（包括经营者）的权利范围。

从个人业主制企业里的所有权与派生权利（经营权、使用权等）的合一，到现代企业中所有权与派生权利的分离，其中可以得到证明的是所有者责任与权利的对等减少，例如从无限责任到有限责任。个人业主制企业多是无限责任公司，一旦企业资不抵债，将用家庭个人资产支付企业债务。

货币资本雇佣人力资本是一个承诺工资、获得人力资本使用权并且承担经营后果的过程。企业可能亏损，但是，不付工资是违约的，即使动用原始投入的注册资本也要支付工资。

在一个由货币资本提供者承担盈亏的企业里，若企业破产清偿，企业的货币资本提供者要为企业相关人的契约权利承担责任。在企业法人的清偿顺序中，第一顺序是工资，第二顺序是债务，剩下的归投资人所有。当有限责任公司资不抵债时，“剩下的”是0。企业净收益是指企业在偿付了债务、工资、利息以及原材料价款之后剩下的净收益。因此，这个净收益未必是利润，也有可能是亏损。

2.4.2 所有权与控制权

同样的逻辑，如果企业经营者贷款同时雇工经营，货币资本提供者的角色则转变为货币资本使用权的出租者，不承担企业盈亏。这时，企业经营者在支付货币资本利息和雇员工资前提下，同样有权获得企业利润，尽管该企业经营者不是企业真正的货币资本所有者。在这种情况下，货币资本所有权的收益是利息性质而不是利润性质，是货币资本的租金，相当于土地出租给佃户后，土地资本所有权的收益是地租而不是土地经营的利润。

获得企业利润的责任是保证偿付契约各方的权利。这也就意味着，一个能够用契约保证投资人和其他相关利益人收益的经营者，甚至与企业无关者同样有权享有企业利润。利润是雇主承担支付资本租金责任的权利。契约条件下，利润获得者与货币资本提供者不是一一对应的关系。

在一个所有权和经营权充分分离的企业里，企业的职业经理人基本上完全掌握了企业资产的控制权，甚至买卖资产。但是，在财务上，如果出卖资产，企业法人将得到货币；如果购买资产，企业法人将得到实物。这个公认的财务规则表明，职业经理人的行为没有改变企业的法人所有权和终极的自然人所有权的本质。

企业的控制权是一个内在于所有权的权利（所有者与经营者合一），或者是一个可以和所有权进行分工收益谈判的权利（所有者与经营者分离）。经营者收入是企业全部契约中的一个内容。在一个由出资人承担盈亏的企业里，经营者收入的多少涉及的是企业的成本总量，不是参与企业利润的分配。

如果张三同时是一个企业的货币资本所有者、经营者和企业责任人，张三的收益则包括三部分，即货币资本的租金、经营者的人力资本租金和企业责任人的利润。

所有权、经营权分离之后，因为经营权的让渡，张三的收益减少为两部分，即货币资本的租金和企业责任人的利润，而职业经理人则获得经营者的人力资本租金。此时，张三对货币资本所有权的权利是物权。

再进一步，如果张三与职业经理人签订一个保证货币资本租金的契约而不再承担企业的任何责任，这已经相当于张三出租（出借）了货币资本的使用权。此时，张三对货币资本所有权的权利是债权，他的收益也减少为一个内容，即货币资本的租金（利息）；这样一来职业经理人的收入便增加为两部分：经营者的人力资本租金和企业责任人的利润。

在上述例子中，在企业经营者没有将张三对货币资本的物权（承担企业亏损的责任，有权获得利润）变成法律和契约认定的债权（不承担企业亏损的责任，有权获得资本租金）之前，企业经营者无权完全地控制企业和获得企业的责任收益（利润或亏损）。

2.5　企业本质

在企业中，无论所有制形式如何，都是资本雇佣劳动。为什么不是劳动雇佣资本？劳动，可以雇佣资本吗？劳动雇佣资本需要哪些契约要件？

企业法人，是以最后责任人为核心的契约集合。

契约的首要内容是责权关系界定，责权关系明确也是企业存在的基础。可选择交易成本是机会成本，也是一种成本，是决定企业盈利或亏损的一个因素。这里做一个极端的假设：如果一个企业的产品和服务不能被市场接受，即使它的内部、外部交易成本为零，同样难以生存。

企业家能力，是将信息、人、财、物资源组织起来，进行分工，让分工收益大于分工成本。企业是以最后责任人为核心的契约集合，要么以盈利承担责任，要么以原始投入的注册资金承担责任。不能以盈利、注册资金承担责任的公司将破产（法人死亡）。现代企业制度的上述规则是人类历史上伟大的创举之一，它保证了规模经济竞争，保证了对入不敷出企业法人的淘汰，将法人与自然人进行区隔，也减少了企业法人行为对自然人投资者的影响。

企业制度保证了经济体“器官”层级的安全后，契约集合的国家更注重人、法人之间的权利与责任。这里的契约指的是社会契约，是全体社会成员民主制定、共同遵守的契约，要明确全体自然人、法人的权利与责任。

社会人有自身的人力资本所有权，也可以有货币资本的所有权。企业法人要为出售给用户的产品和服务负责，还要为人力资本的租金（工资）、借入资本的租金（利息）负责。因为企业是一个涉及他人资本所有权的契约集合。也就是说，借款需要还本付息，雇工需要支付工资，最初的资本投入者（注册资本提供人）是最后责任者，负责（承担）亏损，也负责（获得）盈利。注册资本与经营期间借入资本的区别表明，最后责任人对企业的权利不是所有权的权利，而是责任的权利。

2.5.1 可交易权利的演进

用“民富”衡量，王位与最佳王权运用有很大的距离。因此，昏君很多，明君稀少。与之对应，财富可以法律继承，盈利能力则未必遗传。所有权、经营权不可分离，是“富不过三代”的直接原因。

在现代，一个无股权却获得全球最高工资的管理者实际上是在出租自己的人力资本使用权。假如由他管理自有资金的公司（自雇），它则未必能获得这么高的收入。

从动物本能意义上的领地，到制度上的所有制，再到法律上的所有权，在所有权及其相关权利可交易的基础上，所有权同时表现为实物形态和价值形态。从某种意义上说，权利边界的清晰界定以及可交易性才使得现代经济社会不同的权利通过交易融合在一起。这些权利的分解、融合是逐步实现的。

（1）领地。领地权力无法律认可，不能交易。欲望、矛盾、冲突靠体力解决。例如动物间一亩地的领地物权，是不会有价格的。

（2）所有制。相互认可的制度是不确定的权利，仍然没有法律认可。

（3）所有权。法律意义上排他的所有权，也是可交易的所有权，使得经济学意义上的价格出现。例如，一亩地＝10000 元。

（4）有了价格，就有了各种所有权、使用权的比价标准，注册资本、公司法人等制度得以发展。例如，用一亩地作价 10000 元构成一个公司法人的最初注册资本。有限责任、法人制度等，是基于可交易产权、价格的富有想象力的制度创造。此后，一系列的金融行为就可以参与其中：抵押、贷款、利率等。

（5）一亩地＝10000 元可以分成 10000 份，每份 1 元，可转让，股份制出现。

（6）股权高度分散，所有权与派生权利高度分离的现代企业法人，实际上是三重权利构架相互制约、相互融合。自然人股东，有价值所有权；虚拟的公司法人，有实物所有权；管理者，有控制权。

2.5.2 分工生产中的责任

电脑发烧友买电脑一般有两种选择：买品牌电脑，或攒机（DIY：Do It Yourself）。这两种方式之间的重要区别在于责任的不同。

攒机，是自己买零件组装。商家只为单个的零件承担质量责任。

但问题并不那么简单。作为核心的昂贵部件，处理器可能因为散热风扇的质量问题被烧毁，这样处理器的生产者不可能承担责任，风扇的生产者也难以承担责任。风扇的生产者可以为客户更换新风扇，但很难赔偿因为风扇质量问题导致的处理器损坏。难以界定的责任导致售后服务的责任虚置，就会出现“带风扇的处理器”，其品牌的所有者承担处理器和风扇的集成质量责任。在计算机散件市场上，所谓“配备英特尔原装风扇的处理器”的真正含义是由英特尔承担处理器、风扇的集合责任，而不是英特尔自己生产的风扇。风扇来源于 OEM（Original Equipment Manufacture）厂商，由 OEM 厂商对英特尔负责，再由英特尔对用户（计算机品牌厂商或者个人攒机者）负责。

同样的道理，计算机主板、处理器、内存、硬盘、电源、显示器等部件之间都存在着责任关联问题。购买整机，意味着商家为计算机的任何质量问题承担责任；攒机，则意味着某一个商家仅仅为自己出售的零件承担责任。

对于用户来说，只有集合责任增加的成本相对于所获得的权利划算时，用户才会选择这种产品或服务。也只有如此，提供集合产品责任的企业才会存在。责任的不同，也是电脑的现场集成商（只收取组装费用，不承担零件的质量保证）与品牌集成商（对整机质量进行保证）的区别。后者有可能提供上门服务，而前者不可能。对于出卖零件的商家来说，为了一颗价值一分钱的螺丝而上门服务的成本是不能接受的；而一个价值连城的品牌（苹果、联想等）在对购买者进行质量和售后服务的承诺后，必须为一颗价值一分钱的螺丝钉导致的质量问题上门服务。在这个意义上，购买电脑整机节约的是购买者的交易成本而不是出卖者的交易成本。

在 2018 年，全球主要手机品牌商多数没有自己的生产厂，其产品来源于 OEM 厂商。如果自然人有契约签约权力，也就意味着一个没有任何工厂设备的自然人委托波音或空客生产后，同样可以出售当今世界最先进的飞机。在科斯理论中，资源配置是在企业内部契约实现还是在企业外部契约实现，是一个交易成本的权衡问题，但企业提供的产品、服务能否被认可，则是市场选择问题。OEM 方式使得一个普通自然人不需要工厂就可以出售飞机，但是，以个人名义出售与波音、空客一样的“张三”飞机，即使比波音、空客便宜，航空公司未必敢买，因为人们不会相信一个自然人有能力承担由此产生的后续责任。

如果企业内部契约与外部市场契约具有一致性，那么，在外部市场上，企业有权获得经营收入的前提是必须承担相应的责任；在企业内部，获得资金、劳动力使用权的前提是必须承担利息支付、工资支付等责任。在有限责任公司里，自然人的有限责任是以法人的无限责任为前提的，即意味着企业法人有可能以死亡（破产）为代价去承担法人应该承担的责任。法律确认的注册资本所有者承担着最后责任，用注册资本为企业收入产生的义务、员工工资、借款本息等承担责任。

在自然人组成的社会里，法人的社会功能之一是集合责任并承担责任。打开苹果电脑的壳子，里面几乎没有一个零件是苹果自己生产的。苹果电脑的用户只需要和苹果公司打交道，而不必同时与处理器生产商、硬盘生产商、内存生产商、主板生产商打交道。这种集合的法人责任不会因为某个自然人（政府总统或企业总经理）的死亡而出现责任虚置问题。

2.5.3 企业的最后责任人

表面上看，作为法人的企业雇佣着劳动，同时也可能雇佣着资本。如果土地资本使用权、货币资本使用权和人力资本使用权都是可交易的所有权的派生权利，那么，为什么说是地主雇佣农民、老板雇佣工人？为什么不说是农民雇佣地主、工人雇佣老板？

作为企业的所有者，其所有权有可能是承担契约责任的权利，因为他可能不是企业资本的原始所有者。如张三以个人名义通过贷款或借款等方式获得资金而设立公司，公司的注册资本人就是张三。在这里，法律承认的企业资本所有者是张三，而企业之外的契约（张三和借贷者之间）才能够约定张三为货币资本所有者承担的责任（本金和利息）。

高度分工的情况下，注册资本的角色收入不构成企业必须支付的成本（若不支付将可能被诉讼）。法定的注册资本提供者是企业的最后责任人，他承担企业的责任收益——利润或亏损。契约，决定着谁有最后责任人的雇主地位，最后责任人可以是企业的货币资本所有者、人力资本所有者，乃至一个不为企业提供任何资本的局外人（政府、其他公司或公司外的自然人）。

例如，张三提供货币资本、李四提供人力资本组建一个企业。如果契约约定，李四必须保证张三的本、息（货币资本使用权的租金），然后才能够获得自己的工资和其他收益，那么，李四是雇主，张三是雇员。如果契约约定，张三必须保证李四的工资（人力资本使用权的租金），然后才能够保全自己的货币资本及收益，那么，张三是雇主，李四是雇员。再进一步，不提供资本的王五加入其中，用契约保证张三的本息和李四的工资，那么，王五是这三个人组成的企业的雇主。

与土地资本相关的契约主要有以下两种。

第一种，地主与租用土地的佃户达成契约，佃户必须向地主支付土地使用权租金，即地租。这是佃户雇佣地主的土地资本，佃户要为地主的地租承担责任，地主的土地资本收益（地租）是契约约定的，地主不承担土地经营的盈亏。

第二种，地主与领工资的农业工人达成契约，地主自己雇人经营土地而不是出租土地，地主必须向农业工人支付人力资本使用权租金，即工资。这是地主雇佣农业工人的人力资本，地主要为农业工人的工资承担责任，在扣除经营成本后的盈、亏都由地主自己承担。

企业法人所承担的责任，可以横向分工（OEM 式的贴牌或采购散件），也可以纵向分工（雇人组织生产）。

企业规模不同的原因是对外部环境、内部条件的选择和被选择。当市场规模很大（例如计算机需求很大），而市场分工又很低（例如没有任何厂家为苹果电脑配套生产显示器、处理器、内存、硬盘等）的时候，企业只能进行内部纵向分工，自己投资生产这些零部件，企业规模必然很大。当市场规模很大而市场分工又很高（所有的零部件、成品生产可以外包）的时候，企业规模可以相对比较小。横向外包分工有更广泛的选择性，有利于降低成本。当分工具备可选择性时（如苹果可以自己生产硬盘，也可以外包采购硬盘），企业的自给分工和外包分工可以基于成本考量互换。

在借款成为企业注册资本的案例中，借款约定属于企业法人的外部契约。张三借款开办公司，对于企业注册管理机构而言，只认定张三拿出的注册资金并且认定该企业属于张三所有，不去探究张三从什么地方获得这些资金。

如果一个不为企业提供任何资本的局外人成为企业的最后责任人（张三个人通过银行借贷获得货币资本，企业成立后，通过招聘获得人力资本），在这个企业中，法人的自然人所有者是内生的，而货币资本的真正提供者是外生的。银行不是企业的所有者，银行的存款人更不是企业的所有者。

地主退出土地出租契约与股东用脚投票（卖 A 股票，买 B 股票，也是退出 A 企业的契约）并不完全相同。原因在于，土地佃户对土地行使经营权不可能导致土地所有权的破产、灭失，而企业经营者对企业行使经营权则有可能导致企业破产。即使是所有权、经营权高度分离的上市企业，也是企业的所有者（股东）而不是经营者承担着企业的最后责任。

上市股份公司是以股东为最后责任人的公众公司。在证券市场，“恶意收购”如果是指高价收购公司股票并且由此获得公司控制权，那么，“恶意收购”的本质是对股权的肯定，对经营权的否定。因此，在股东作为公司最后责任人的公司里，有控制权的经营者对所谓“恶意收购”的任何抵抗行为都是对股权的侵犯。

企业是以最后责任人为核心的契约集合，用注册资金对分支公司承担有限责任的总公司与分公司不是一个企业，法律上的约定也是如此。独立法人总公司（集团）与其说是一个大企业，还不如说是一个大家庭。前者是用资金和合作契约组成的，后者是用血缘关系和婚姻契约组成的。家庭内部自然人之间并不必然承担相互之间的民事责任和刑事责任。有限责任的前提下，大公司内部企业法人之间同样并不必然承担相互的法律责任。

当货币资本在承担着企业的最后责任的时候，利润率（资本收益率）或者负的利润率（亏损）也就成为投资增长、下降的主要动因。

3

货币理论

马克思曾经引用过格莱斯顿的这句话：“被恋爱愚弄的人，甚至还没有因钻研货币本质而受愚弄的人多。”①

2010年代的货币理论，已经远远落后于货币实践。

中央银行，是现代经济社会的必需品吗？在2010年，答案是肯定的。有意思的是，中国历史上的汉、唐、赵宋、康乾等经济盛世，并没有规范的中央银行存在。美国1894年成为世界第一经济大国时，同样没有中央银行，而美国历史上最严重的经济萧条是设立中央银行（美联储）15年后发生的。弗里德曼甚至认为，“自1914年成立后的70年里，设立美联储得不偿失。它无奈地目睹了两次世界大战期间的通货膨胀，让一次轻度衰退演变成大萧条，后来在20世纪70年代制造了美国历史上和平时期最严重的一次通货膨胀。如果美国从未设立美联储这样一种机构，美国人在那70年里肯定会过得更好。”② 弗里德曼在写完这篇短文不久就去世了。在这篇短文里，他也否定了自己创立的“现代货币数量论”的一些主要观点。

① 马克思. 政治经济学批判[M]. 北京：人民出版社，1976：48.

② Friedman M. He has set a standard[N]. The Wall Street Journal, 2006－01－31.

货币调控，一般有货币量调控和利率水平调控两种。因为货币流通速度不稳定，调控货币量的效果容易出现偏差，所以主要市场经济国家的货币调控倾向于运用利率杠杆、利率政策。这已成为各国中央银行调控货币需求、调节宏观经济的主要手段。

2009 年 8 月是货币理论、货币政策史上的一个里程碑，瑞典中央银行对商业银行存款实施负利率，首次突破“零利率下限”。在全球范围内，这只是负利率的开始，之后，瑞士、丹麦、欧元区、日本相继实施负利率。至 2016 年，负利率货币区占全球 GDP 的 24%。

就像新古典经济学的价格理论不能决定出负价格一样，新古典经济学的利率理论也不可能决定出负利率。利率理论落后于利率实践的结果让我们看到，在经典的经济学、金融学教科书中，找不到负利率的理论阐释和逻辑描述。

不仅新古典经济学的利率理论落后于实际经济的需要，利率理论最基本的问题的答案也是不确定的。例如，在利率理论中，是货币的供求决定了利率，还是中央银行决定利率后影响了货币供求？

在古典利率理论中，无论是庞巴维克的时差论与迂回生产利率理论、马歇尔的等待说与资本收益利率理论、威克塞尔的自然利率学说，还是费雪的时间偏好与投资机会学说，都不可能推论出“负利率”这个结果。在古典利率理论的鼎盛时期，连美国都没有设立中央银行。古典利率理论的背景是商品货币或商品本位货币（金本位、银本位）；中央银行在货币供给、利率决定中的作用远不如黄金、白银的储备重要。

新古典经济学的利率理论主要有凯恩斯的利率决定论和可贷资金利率决定论。凯恩斯认为，货币供求决定利率，继而影响投资、总需求与国民收入。通货紧缩时，利率下降到零也不能逆转有效需求不足，“利率不能为负”①，经济进入凯恩斯陷阱。可贷资金理论同时考虑了储蓄投资理论和凯恩斯的流动性偏好理论，认为利率由可贷资金的需求与供给决定。凯恩斯利率理论、可贷资金利率理论诞生于商品本位货币后期，也有诸多古典利率理论的影子。而且，像凯恩斯的利率决定理论一样，可贷资金利率理论同样不可能决定出“负利率”。

在通货紧缩时期，企业、个人只想储备货币而不愿意消费和投资，结果是总需求不振，价格下降，经济停滞，失业增加。而这些结果又会让通货紧缩更加恶化。扩张性的货币政策通常用来应对通货紧缩。然而，发生严重通货紧缩时，即使中央银行增加货币

① 凯恩斯. 就业、利息和货币通论[M]. 北京：商务印书馆，1988：143。

供给把利率降低为零，利率不可能再降，进入凯恩斯陷阱，仍然不能刺激消费需求与投资需求。如何消除公众的储币行为？古典、新古典利率理论不能解释负利率实践，相关对策研究则是摸着石头过河分四步走过来的：对持币征税、零利率、负利率、负利率下限。

对持币征税。通货紧缩时期，为了防止储币行为导致总需求不足、经济衰退，Gesell 在 19 世纪就提出了“对持币征税”刺激消费与投资的思路。凯恩斯对 Gesell 的观点很赞赏，但认为存在技术上的困难①。

零利率。如果一种商品可以无成本地持有，那么以这种商品计价的利息就不能为负，这就意味着，如果持有货币没有成本，负利息将导致没有人愿意将货币借出，而是持有现金。零利率下限，与“利率不能为负”的凯恩斯观点一致。进入凯恩斯陷阱后，零利率时期大量注入流动性是无效的，这也否定了零利率时期量化宽松政策的有效性。另一种思维方式认为，“零利率下限”问题意味着不能通过降低名义利率来刺激消费和投资，但如果能提高预期通胀率，间接降低实际利率，同样可以刺激消费与投资，因此，中央银行需要宣布正的、较高的通胀目标来引导公众产生通胀预期。

负利率。通货紧缩严重（或持续）时，即使中央银行增加货币供给，把利率降低为零，仍然不能刺激需求。负利率政策（Negative Interest Rate Policy，NIRP）就是这种背景的产物。新古典经济学的利率理论不能解释负利率。在理论不能突破的情况下，对负利率的研究多以实证的方式进行。因为涉及负利率政策的力度问题，既有数据实证研究的结果，常常有悖于负利率理论的逻辑，也会误导对负利率政策的理解。

负利率下限。在已经实施负利率政策的国家、经济体，对负利率下限的意见是有分歧的。有的认为需要设定下限，有的认为不宜设定下限，以消除通货紧缩为最终目的、唯一目的。

3.1 货币性质、货币价格与货币租金

马克思生活的 19 世纪是金本位的巅峰时期，21 世纪普遍使用的信用货币在马克思时代尚不存在。从 17 世纪古典经济学产生至今的 300 多年里，“货币”名称没变，内涵已经有天壤之别。

在英国金本位时代，黄金是英镑（英国货币）的基础，英镑发行量与黄金储备直接相关。英国法律曾经规定 1 英镑能够兑换的纯金克数。信用货币时代，黄金是被英镑（还是英国货币）买卖的对象，如同铁、铜、服装、汽车等是被英镑买卖的对象一样。英镑发行量与黄金储备没有丝毫关系。

① 凯恩斯. 就业、利息和货币通论[M]. 北京：商务印书馆，1988：159.

3.1.1 总需求管理中的货币

20世纪初，费雪提出了交易方程式，也被称为费雪方程式。费雪认为，假设 M 为一定时期流通货币的平均数量，也是交易、流通中的货币数量（费雪的交易方程式亦因此被称为现金交易说），V 为货币流通速度，P 为商品、服务交易价格均值，T 为交易数量，则 $MV=PT$。

总需求是经济增长的动力。在商品实现上，总需求由消费、投资、出口组成。在货币意义上，$MV=PT$ 还表明，总需求 MV 是货币量 M 和货币流通速度 V 的乘积。二者并不矛盾，因为 $MV=PT$ 中的 PT 可以分解为 $P_cT_c+P_iT_i+P_eT_e$，其中，P_cT_c、P_iT_i、P_eT_e 分别代表消费、投资、出口。

货币主义与凯恩斯主义都认可宏观经济管理是总需求管理，但对如何管理总需求则意见不一。

货币主义认为，应该通过货币量 M 控制总需求 MV。货币数量下降全部伴随着经济萧条[①]，美国历年的经济衰退多与货币供给增长率下降有关。因此，弗里德曼的单一规则是货币供给量每年增长3%～5%。单一规则没有在任何一个国家持续实践过。经济过热时，单一规则是火上浇油，经济萧条时，3%～5%可能远远不够。

凯恩斯陷阱，亦称流动性陷阱，是凯恩斯提出的一种假说。凯恩斯认为，货币供求决定利率，利率降低某一程度后，无论中央银行通过正常途径增加多少货币供给，货币都会被公众储备起来，不消费也不投资。此时，增加货币量对总需求、价格水平、就业、物价均不产生影响。

在希克斯－汉森形式化凯恩斯理论的IS－LM模型中，货币供求决定利率，继而影响投资、总需求与国民收入。凯恩斯认为，利率不能为负[②]，通货紧缩时，大量增加货币供给后，即使利率下降到零也不能逆转有效需求不足，利率不能为负，经济进入凯恩斯陷阱，货币政策无效。弗里德曼也认为，在货币经济中，市场利率不可能为负[③]。基于此，凯恩斯主义倾向于通过政府的财政支出影响货币流通速度 V 进而影响总需求 MV。

管理总需求是货币理论的基本问题，也是货币政策的基本问题。价格水平，则是货币政策的首要管理目标。

价格水平管理，常被等同为控制通货膨胀。但是，日本的通货紧缩从1980年代开始持续超过30年。进入2010年代，通货紧缩也是主要市场经济国家频繁面临的问题。经济效率来自分工，不同的价格水平容纳不同的分工水平。价格下降、通货紧缩导致的失业，降低了分工水平，也降低了分工效率。价格持续下降只有一个结果：价格为零，

---

① 弗里德曼．资本主义与自由［M］．北京：商务印书馆，1982：50．

② 凯恩斯．就业、利息和货币通论［M］．北京：商务印书馆，1988：143．

③ 弗里德曼．价格理论［M］．北京：华夏出版社，2011：343．

经济分工消失，人类重新回到自然经济状态。

凯恩斯和弗里德曼的总需求理论都有古典货币理论的影子。古典货币理论中的货币是金本位、银本位货币，而当今世界各国使用的是信用货币。基于金本位的古典货币理论未必能完整解释信用货币的运行逻辑。对于信用货币来说，职能是什么？利率是什么？利率是中央银行决定的，还是市场决定的？

新古典经济学教科书认为，货币有价值储藏职能。货币基于保值、增值的价值储藏职能是金本位、银本位时代的遗迹。英国 1939 年的物价水平和 1739 年差不多，美国 1939 年的物价水平和 1800 年大致相当①。时至 2010 年代，信用货币的价值储藏职能已不复存在。“二战”结束至今，是人类经济发展最快的 70 年，也是各国货币大幅度贬值的 70 年，且无一货币例外。

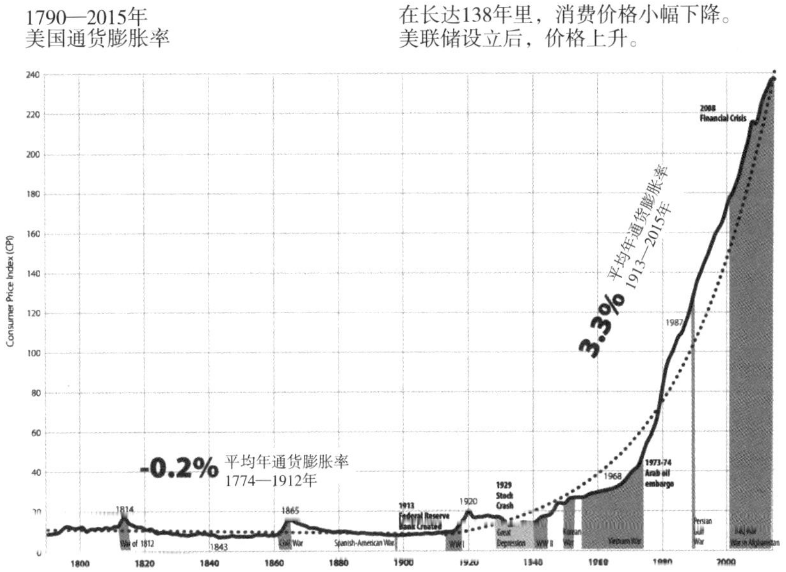

图 3－1　美国 1774—2015 年的通货膨胀率

图 3－1 是美国 1774—2015 年的通货膨胀率。1774—1912 年年均通货膨胀率为－0. 2%，1913—2015 年年均通货膨胀率为 3. 3%。

新古典经济学教科书还认为，利率是贷款的价格②。价格，是所有权转让的比价。贷款，是货币使用权租借，不是货币所有权转让。因此，利率不可能是贷款的价格。

在因果关系上，是中央银行的货币供给决定了利率，还是中央银行决定的利率影响

① 弗里德曼. 论通货膨胀[M]. 北京：中国社会科学出版社，1982：2.

② Mankiw N. G. Principles of economics[Z]. South－Western, Division of Thomson Learning, 6th Revised edition, 2012：564.

了货币需求？

费雪提出，在 $MV=PT$ 中，V、T 是比较稳定的值。弗里德曼也认为，在长期，V 基本稳定。在 V 和 T 稳定的假定下，交易方程式转化为货币数量论：物价 P 波动是货币量 M 变动的结果。今天看来，“V 和 T 稳定”的假定不可能成立。

本书中，总需求与利率政策的关系见图 3－2。影响总需求 MV 的因素是两个：货币量 M 和货币流通速度 V。利率调整就是货币租金的调整，利率还将影响货币价格，也就是一般价格水平。因此，利率调整将影响消费、投资、出口与货币量 M。同时，也影响货币流通速度 V。

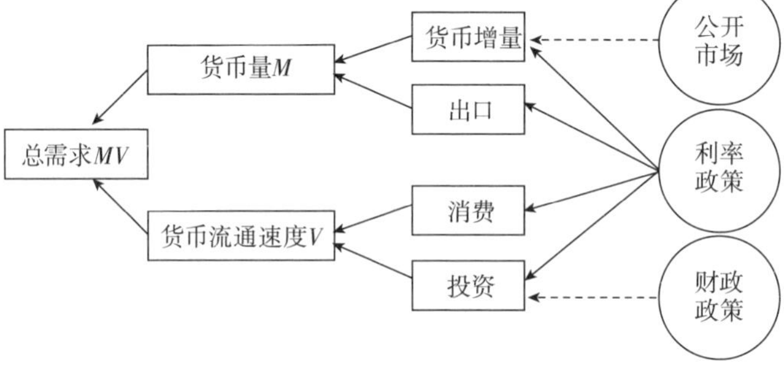

图 3－2　总需求与利率政策之间的关系

3.1.2　信用货币的职能

（1）货币的演进

产权界定，是交易的基础。货币，是低交易成本的基本制度安排。在形式上，货币演进大致经历了“实物货币—金属货币—信用货币”几个阶段。

偶然交换，是交易双方用自己的所有物进行偶然的、一次性的交换。买和卖必须在时空上同时进行。无货币条件下，斯密论述过以物易物时交易成本之高昂①。没有货币时，物物交易规模小，分工亦不完善。市场上虽有交易品，但任意两个人的商品未必能够成交。要完成自己的交换意愿，需要进行多次交易才能达到目的。如屠夫想用肉交换衣服，裁缝想用衣服换谷物，农民想用谷物换锄头，铁匠却坚持要用锄头换鱼。

扩大交换。由于缺乏统一的交易媒介，初始物物交易不能适应经济发展的需要，交换无法顺畅进行。于是一种被多方认可的商品逐渐分离出来，充当交易媒介，用于商品之间的交易，以不同价格与一系列商品进行交换，使得各种商品之间的交易价格可以互相比较。

货币形式的交易媒介。商品交易者共同认可某种商品，这种商品在买卖过程中已经

① 亚当·斯密．国民财富的性质和原因研究（上卷）[M]．北京：商务印书馆，1972：20.

不再被认为是普通商品，而被认为是交易媒介。如贝壳、毛皮、金、银等，在历史上都充当过交易媒介。

初始实物货币都有稀缺性特征。只有在远离大海的内陆，人们才会接受贝壳货币；只有在寒冷的区域，毛皮才会被当作货币使用；只有在有限的香烟与无限的烟瘾煎熬之中，战俘营才会把香烟当作货币使用。

不便利，是贝壳、毛皮等实物货币的缺陷，如不便携带、难以分割、不易储存、大小不一。与初始实物货币比较，金、银基本上克服了这些缺陷。

从商品货币到信用货币。黄金、白银有稀缺性。金银本位时代，金银开采、冶炼出来就是货币供给，而无需中央银行。在 $MV = PT$ 中，若货币流通速度（V）相对稳定，经济增长的必要条件是增量货币（m）的配合。经济发展后，黄金、白银的稀缺性导致货币量不足，通货紧缩频繁发生，发生通货紧缩后（$P\downarrow$），货币升值，储币是公众的最佳投资策略，则货币流通速度下降（$V\downarrow$），总需求下降（$MV\downarrow$），经济危机出现。

“二战”后世界各国发行的货币，多属于信用货币，特征是依托国家信用发行。理论上，信用货币供给量由中央银行根据经济需要确定，不再受制于金银货币的自然储量、开采、冶炼条件。电子货币，是信用货币的一种形式。

（2）信用货币的职能是交易媒介

在古典经济学那里，货币是交易的面纱、交易的便利物，与实际经济无关。面纱论，是古典经济学抵挡由货币带来的全部麻烦的终极武器。有货币的经济是名义经济，无货币的经济是实际经济。名义经济，是将货币经济与古典经济学进行区隔的防火墙。在面纱论、名义经济论面前，古典经济学与世无争，姿态优美，高枕无忧。

货币的出现，使买和卖在时空上割裂了，买、卖不必同时进行。在带来了经济效率和经济财富的同时，新的问题也随之而来。

实物货币本身是商品，需要交易双方认同。信用货币是凭证，依法律存在，随法律消亡。信用货币依靠的是国家力量的强制，无限法偿。以储藏手段为例，黄金永恒，纸币可以是凭证，也可能是废纸。

关于货币职能，早期标准答案是交易媒介、价值尺度、延期支付、价值储藏等。后期标准答案是交易媒介、价格表现。交易媒介职能是货币的基础职能，为货币所独有。而价值尺度、延期支付和价值储藏等职能则为货币与商品兼有，即全部商品都有价值尺度（相互比价）、延期支付（欠你 3 颗土豆的钱，后天支付）和价值储藏职能。

商品有价值储藏职能，而信用货币的价值储藏职能已不复存在。以“二战”至今的 70 年作为观察区间，各市场经济国家的共同特征是，货币大幅度贬值，经济大幅度增长。甚至，在适度范围内，货币贬值幅度较小，经济增长缓慢；货币贬值幅度较大，经济高速增长。例如 1990—2010 年，中国的通货膨胀率年均值高于日本近 6 倍。同期，中国经济高速增长被称为“中国奇迹”，日本经济停滞不前被称为“日本病”。

有很多文献探讨始于1978年中国经济改革取得的空前成功。成功的原因，一是恢复保护产权，二是恢复市场配置资源，三是相对宽松的货币政策、财政政策。

价值储藏职能多体现在金银本位货币上。英国、美国在1939年之前近200年的物价水平几乎不变。在此期间，金银本位货币使得英国、美国等国家经常处于通货紧缩状态，导致“商品过剩”为特征的经济危机一再出现。

货币的交易媒介职能与通货膨胀率适度互为前提。货币是媒介，获得货币，是手段，绝对不是目的。任何人永久地把货币占为己有，持币不消费、不投资，充当“守钱奴”，货币对其他商品、服务的需求就会出问题，货币的流通速度就会下降。当全部货币的流通速度下降为零时，市场经济就灭亡了。适度通货膨胀率，是迫使人们维持适度的货币流通速度的第一工具，名义利率是第二工具。前者是在控制货币所有权的价格，后者是在控制货币使用权的租金，二者同时存在，则是在控制货币的实际利率，也是货币的收益率。适度通货膨胀率还意味着，过低的通货膨胀率是在鼓励人们储藏货币，过高的通货膨胀率则是在鼓励人们拒绝货币，尽快用掉货币。

3.1.3 债权货币与债务货币

3.1.3.1 中央银行扩大货币供给的两个途径

一般认为中央银行有三大货币政策工具，存款准备金率的调整虽然会影响商业银行的货币创造，但是，对中央银行的基础货币供给量却没有影响。因此，中央银行增加基础货币量主要有两种方式，运用的是两种货币政策，即公开市场政策和利率政策。

（1）在公开市场购买债券增加货币供给

通过公开市场操作增加货币供给，是中央银行从商业银行、券商那里买入证券增加基础货币。例如中央银行从公开市场购入1000亿元证券，基础货币也增加1000亿元。马－凯经济学认为，中央银行在公开市场操作中处于主动地位，可以控制增量货币规模，时效性也很强。

（2）以降息增加货币需求

实施利率政策，即降息，以利诱商业银行从中央银行贷出更多的货币。例如中央银行降息，商业银行向中央银行增加贷款1000亿元，基础货币也增加1000亿元。中央银行的利率政策是中央银行在发挥最后贷款者的职能，并且能产生宣示效果。中央银行在公开市场买入证券即增加货币供给。与公开市场操作不同，中央银行降息时，是否向中央银行增加贷款的决定权在商业银行，不在中央银行。

3.1.3.2 债权货币与债务货币

在理论上，中央银行发行的货币通过再贴现、贷款、购买有价证券和收购黄金、外汇投入市场，成为流通中货币，最终成为中央银行对公众的负债。即中央银行发行的货币是公众的债权、中央银行的债务。

但是，中央银行与指定商业银行、券商之间的货币交易，对于商业银行、券商来说，可能增加债权，也可能增加债务。

除中央银行外，任何个人或者组织正在使用的货币可以分为两类：债权货币和债务货币。债权货币，是自己拥有所有权的货币，如自己的工资收入、经营收入等。债务货币，则是自己只有使用权的货币，如企业、个人从银行借来的贷款。

中央银行通过两种方式增加货币供给，即公开市场政策和利率政策。货币需求者则得到了两种不同性质的货币，即债权货币和债务货币。见图3－3。

（1）中央银行在公开市场购买证券，是出卖货币。对于商业银行、券商来说，在公开市场出售证券得到的货币是债权货币，拥有该货币的所有权，无利息负担。

（2）中央银行降息，利诱商业银行向中央银行增加贷款，是出租货币。商业银行从中央银行得到的货币是债务货币，拥有该货币的使用权，没有该货币的所有权，而且要支付利息。

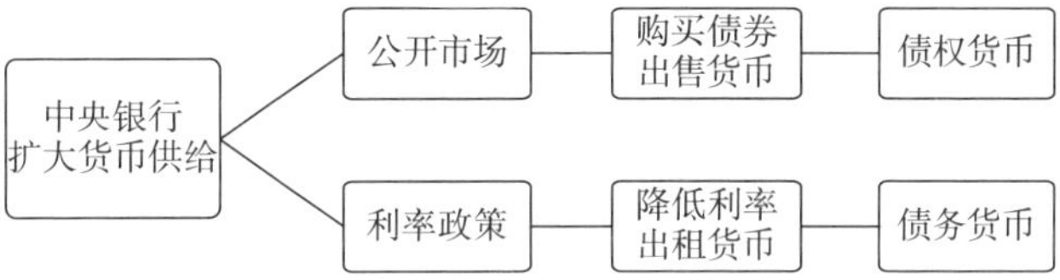

图3－3　中央银行通过两种方式增加货币供给，货币需求者得到了两种不同性质的货币

在货币贷入、贷出过程中，同一个组织，同一笔货币，会因为契约对象和契约内容不同而同时呈现债权货币性质和债务货币性质。例如商业银行从中央银行借来1亿元贷款，在商业银行与中央银行的契约关系上，这是商业银行的债务货币。商业银行再将这些货币贷给企业，在商业银行与企业的契约关系上，这又是商业银行的债权货币。

3.1.4　货币租金与货币价格

很多著作都认为，利率是货币的价格。例如，凯恩斯认为，利率是一种价格①，曼昆认为，利率是贷款的价格②。

这种观点统治了世界，也是世界性错误。

在物物交易“张三的1头牛，交换李四的3匹马”中，①何谓张三的货币？何谓李四的货币？②何谓牛的价格？何谓马的价格？

3.1.4.1　货币租金

贷款，是货币使用权租借，不是货币所有权转让。出卖商品得到的货币，拥有货币的所有权，是债权货币，是不用还的。借到的货币，得到的不是货币所有权，是有期限

① 凯恩斯. 就业、利息和货币通论［M］. 北京：商务印书馆，1988：143.

② Mankiw N. G. Principles of economics［Z］. South－Western，Division of Thomson Learning，6th Revised edition，2012：564.

的使用权，是债务货币，是要还的。因此，利息，是货币使用权的租金；利率，则是货币使用权的租金率。

3.1.4.2　货币价格

价格，是所有权转让的比价。用货币购买商品时，货币与商品的所有权必须易位，通俗表达就是“一手交钱，一手交货”。货币价格，就是被交易的商品价格。准确地说，货币价格是商品价格倒数。

例如，商品均价是5元/单位，相应的，货币价格是0.2单位/元，计算上互为倒数：

5元/单位 = 1/(0.2单位/元)

汇率，更能说明“货币价格，就是被交易的商品价格”。如2017年2月11日人民币、美元的价格分别是：

0.1453美元/1元人民币 = 1/(6.8774元人民币/1美元)

这表明，一般价格变动就是货币价格变动，商品升值就是货币贬值，商品价格上升就是货币价格下降。反之亦然。

下面用持币、持物在一个周期的升值率来对比说明。

如果P是商品价格，A是货币价格，商品价格P与货币价格A互为倒数。即：

$P = 1/A$

则

$A \times P = 1$，或者，$AP = 1$

当货币升值率是a，商品升值率是p时，货币升值率就是商品贬值率。反之亦然。

$a + p = 0$

或者

$a = -p$

例如表3－1中，商品价格从5元/单位上升到5.5元/单位，商品价格上升10%，货币价格同时下降10%。

表3－1　货币升值率与商品升值率是逆向关系

	商品价格＝货币价格（$P = 1/A$）	商品升值率＝货币贬值率（$p = -a$）	
		商品价格P	货币价格A
基期	5元/单位＝1/（0.2单位/元）	5元/单位	0.2单位/元
现期	5.5元/单位＝1/（0.18单位/元）	5.5元/单位	0.18单位/元
升值率		$p = 10\%$	$a = -10\%$

用$a = -p$表达货币升值率与商品升值率的关系，与表3－1中的表达一致。

同样是中央银行增加货币供给，通过公开市场购买债券是出售货币，通过降息是出租货币。就货币而言，利率变化是货币租金在变化，通货膨胀率变化则是货币价格在变化。

例如，房子的收益，一是房子的升值，二是房子的租金。一套价值1000万元的房子，当年升值150万元，出租获得租金20万元，总收益是170万元，收益率是170/1000=17%。

实际利率，是扣除通货膨胀率后货币的收益率。实际利率考虑了货币的租金率（名义利率），也考虑了货币的贬值率（即商品升值率，通常用通货膨胀率表示）。用“货币租金率”表示“名义利率”时，便是：

实际利率=名义利率-通货膨胀率

也可以改写为：

货币收益率=实际利率=货币租金率（名义利率）-通货膨胀率

3.2 利率决定与总量经济

古典经济学认为，一个自由竞争的市场可以达到充分就业的状态。此时，储蓄和投资共同决定均衡利率。在马歇尔的理论中，利息是人们延期消费的报酬，延期消费构成了储蓄。利率越高，延期消费、节欲动力越强，资本供给就越多。投资决定资本的需求，投资会随着利率的升高而下降，资本供给等于资本需求时，形成均衡利率。费雪认为，利率是现在财货与将来财货进行交换时的一种贴水，一部分是时间偏好决定的，即偏好“现在购买”还是“将来购买”；决定利率的另一部分是客观投资机会，时间偏好和投资机会共同决定了利率水平。而且，时间偏好起核心作用。

与古典经济学不同，凯恩斯主义认为利率是由货币供给量与货币需求量决定的。人们持有货币的动机，包括交易动机、谨慎动机和投机动机。相应的，人们持币的需求包括交易需求、谨慎需求和投机需求。

上述的目前教科书中的利率决定论都不成立，也就是说，既不是古典经济学的储蓄、投资决定利率，也不是凯恩斯主义的货币供、求决定利率。

至2018年，主要经济体（美国、欧元区、日本、英国、加拿大等）的基础利率是中央银行决定的，是利率影响了货币需求，继而基础利率影响了市场利率。中国人民银行用得较多的是常备借贷便利（Standing Lending Facility，SLF），SLF预定基础利率时，也是利率决定货币需求；SLF预定货币供给量、不定基础利率时，则是货币供求决定利率。2018年中国尚未实现利率市场化，中国的市场利率由中央银行确定一个基数，同时给商业银行一点浮动权限。

利率，不是简单化的货币时间价值，尤其不是信用货币的时间价值。货币复利，是基于被交易对象存量的增量，是基于存量的继续增长，增量又转化为存量。作为媒介货币，复利的根源是货币标的物（被交易对象）的成长、增长，或者说是非货币资产的成长、增长。如果货币的标的物（非货币资产）没有成长、增长，甚至在负增长，不仅货币复利难以存在，货币的单利也难以持续，负利率则成为顺理成章的事情。1929—1933 年美国经济在大幅度负增长，而美联储和美国商业银行却仍然维持大于零的利率和复利，于是，大萧条就是必然结果。

3.2.1 双重利率决定与 IS－LM 模型之否定

古典经济学认为，利率是由储蓄、投资决定的。古典经济学中的货币，是金本位货币。到 21 世纪，全世界已经不存在金本位货币。

凯恩斯则认为，货币供、求决定利率。

在信用货币经济中，中央银行的货币政策有调整利率影响货币需求（出租货币）以及调整货币量（出卖货币）影响利率两种逻辑。

在调整利率影响货币需求的货币政策中，中央银行直接决定基础利率。基础利率决定货币需求。市场利率则由基础利率间接决定。中央银行提高、降低基础利率的依据，主要是考虑通货膨胀率状况，也会考虑就业率与工资增长率。

3.2.1.1 双重利率决定

基础利率，是中央银行与商业银行之间的利率。

市场利率，是商业银行与工商企业、个人之间的利率。

利率市场化，是指商业银行与工商企业、个人之间的存贷利率由市场决定，即市场利率的形成过程。中央银行不是追求利润最大化的工商企业，中央银行与商业银行之间的基础利率由中央银行根据经济状况决定，不由市场决定，否则，中央银行将失去利率政策这个货币政策工具。例如，2016 年 12 月 14 日美联储决定加息 0.25%。中央银行基于经济形势的决策直接决定了基础利率，间接决定了货币存量和市场利率。如图 3－4 所示。

图 3－4　中央银行决定基础利率，借贷决定市场利率

至 2018 年，中国尚未实现利率市场化。中国管制的就是商业银行的存贷利率，即图 3－4 中的市场利率，而中国的基础利率多是通过货币供给量的增加或减少来调节的。当看到“中国、美国中央银行同时下调利率”这种新闻标题时，人们会感觉两国中央银行在做相同的事情。实际上，中国人民银行下调的多是商业银行与工商企业、个人之间的利率（图 3－4 中的市场利率），而美联储下调的是中央银行与商业银行之间的利率（图 3－4 中的基础利率）。

中央银行决定基础利率后，市场利率则由信贷供求决定。

图 3－5 左：中央银行决定基础利率 $i_b=0.5\%$ 这个利率点时，中央银行对商业银行的货币供给 M_s 是无限的，M_s 是一条横线。这个过程也是基于利率工具（区别于货币量

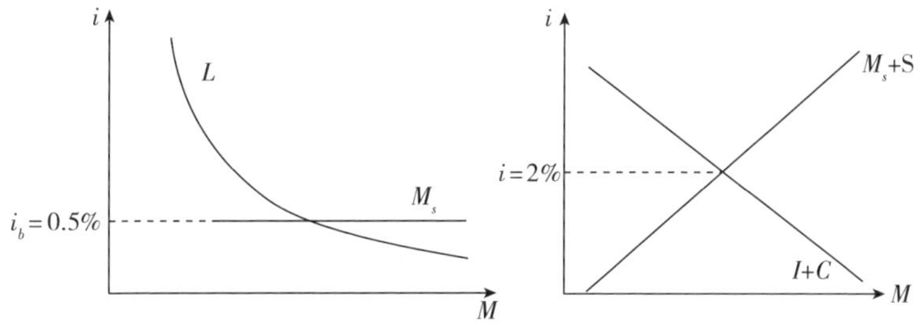

图 3－5 中央银行决定的基础利率 i_b 直接影响货币增量 Ms（左），间接影响市场利率 i（右）

工具）的中央银行货币政策。

图 3－5 右：中央银行决定的基础利率 i_b 将影响商业银行从中央银行借款量 M_s 和市场利率 i。在竞争市场中，存贷利差是比较稳定的，例如，商业银行从中央银行的借款利率是 0.5% 时，若借贷利差是 1.5%，市场利率大约是 2%。商业银行从中央银行借款 M_s 和储蓄 S 组成货币供给（M_s+S），贷款投资 I 和贷款消费 C 组成货币需求（$I+C$），供、求决定市场利率 $i=2\%$。这个过程也是利率市场化的内涵。

货币之间有完全的可替代性。在美国商场、超市，此 100 美元与彼 100 美元完全同质，互相替代。对于商业银行，通过企业、居民存款获得的货币与向中央银行借来的货币完全同质，互相替代。无论是货币供求决定利率，还是利率决定货币供求，替代效应始终存在。

3.2.1.2 IS－LM 模型之否定

在希克斯－汉森形式化凯恩斯理论的 IS－LM 模型中，$I(r)=S(Y)$，即储蓄、投资（I、S），与 $M/P=L_1(Y)+L_2(r)$，即货币供给、货币需求（L、M），可以有共同的交点决定所谓的均衡利率。

IS－LM 模型不能成立，原因如下：

对象不同。在信用货币条件下，中央银行提供货币供给决定的基础利率，是中央银行与商业银行之间的关系；储蓄、投资决定的市场利率，是商业银行与企业、个人之间的关系。对象不同，利率不同，不可能在一个统一的分析架构中进行分析。更重要的是，基础利率是中央银行决定的，是中央银行决定的基础利率决定了货币需求，而不是货币供求决定了基础利率。

时空不同。在凯恩斯分析框架中，储蓄、投资（I、S）相关的利率是时间分析，是流量分析；而货币供给、货币需求（L、M）决定的利率是时点分析，是存量分析。因为时空不同，*IS* 与 *LM* 曲线不可能有交点。

即使不谈 $M/P=L_1(Y)+L_2(r)$ 的可能性，在信用货币条件下，也可以看出 IS－LM模型纯属虚构。

3.2.2 降低利率对货币量的影响

利率对货币量的影响，是货币主义与凯恩斯主义争论已久的问题。凯恩斯主义认为，利率对货币需求的影响较大。弗里德曼则认为，利率对货币需求的影响较小。

货币收益率 = 实际利率 = 货币租金率（名义利率） - 通货膨胀率

对于债务货币来说，真正的成本是实际利率，不是名义利率。对于货币债权人而言，实际利率是货币收益率，其中包括了名义利率收益，也扣除了通货膨胀损失。有意思的是，通货膨胀率降为负值时，实际上是增加了货币收益而不是减少了货币收益，是增加了债务人成本而不是减少了债务人成本。

正值通货膨胀率，是货币资产的损失，也是非货币资产的获利；负值通货膨胀率，是货币资产的获利，也是非货币资产的损失。名义利率不变时，通货膨胀率上升，实际利率将下降，意味着货币实际在贬值，商品实际在升值，尤其是非货币资产（如房产、股票）在升值。此时，借钱消费，尤其借钱投资是合算的。于是，社会的货币需求将增加。

表 3 -2 中的 3 种货币政策都是在降息。通货膨胀率由 0 下降到 -1% 时，3 种降息幅度对应 3 种实际利率下降幅度，对货币需求的影响也不同。可能支持凯恩斯主义，也可能支持货币主义，还可能都不支持。因此，凯恩斯主义、货币主义都没能在这个问题上说服对方。

表 3 -2　考虑通货膨胀率后，降息对货币增量的影响与降息幅度有关

初始			3 种降息幅度			结果
名义利率	通货膨胀率	实际利率	名义利率降息至	通货膨胀率	实际利率	货币量
3%	0	3%	0	-1%	1%	增加较多
			1.9%		2.9%	增加较少
			2.5%		3.5%	下降

通货膨胀率由 0 下降到 -1% 时：

情况 1：名义利率由 3% 下调到 0，实际利率则由 3% 大幅下降到 1%，货币需求将增加较多，符合凯恩斯主义观点。

情况 2：名义利率由 3% 下调到 1.9%，实际利率则由 3% 小幅下降到 2.9%，货币需求将增加较少，符合货币主义观点。

情况 3：名义利率由 3% 下调到 2.5%，实际利率反而由 3% 上升到 3.5%，货币需求非但不会增加反而会下降。政策结果与政策目标逆向，也同时与凯恩斯主义、货币主义的逻辑逆向。

决定债务货币需求的是实际利率，不是名义利率。实际利率与名义利率有关，还与通货膨胀率有关。假定表 3 -2 中的名义利率始终不变，通货膨胀率上升、不变、下降，实际利率则会下降、不变、上升，继而会影响货币需求。也就是说，通货膨胀率也会影响货币需求，继而影响社会总需求 MV。

3.2.3 降低利率对价格水平的影响

古典价格理论看上去很美，但不能建立利率与价格之间的相关性。

经济学家们在讨论古典价值论时，说物价取决于供求、边际成本、供给弹性等。当他们讨论货币与物价论时（$MV=PT$），恍若进入了另一世界，说决定物价 P 的，是货币数量 M、货币流通速度 V、交易量 T 等①。

在交易方程式 $MV=PT$ 中，价格 $P=MV/T$。

$P=MV/T$，即凯恩斯所说的“货币与物价论”，也是货币内生的价格理论，价格 P 由货币量 M、货币流通速度 V 和交易量 T 共同决定。

货币收益率 = 实际利率 = 货币租金率（名义利率） - 通货膨胀率

中央银行降低利率，并且降低了实际利率时，降低利率对价格的影响通过以下 3 条路径实现。

（1）债务货币，使用成本将下降。更多债务货币从中央银行贷出来，货币存量 M 上升，在 $P=MV/T$ 中，若 V/T 不变，则价格 P 上升。

（2）债权货币，持币收益将下降。按照剑桥方程式的逻辑，人们会将债权货币替换为商品，降低持币、增加持物（购买）的结果是货币流通速度 V 上升，在 $P=MV/T$ 中，若 M/T 不变，则价格 P 上升。

（3）货币量 M、货币流通速度 V 会同时上升，在 $P=MV/T$ 中，若 T 不变，则价格 P 上升。

一般而言，中央银行降低利率并且降低了实际利率，价格将上升。反之亦然。

3.2.4 降低利率对总需求的影响

总需求 MV 是货币量 M 和货币流通速度 V 的乘积。货币政策要提高总需求，措施一，是增加货币量 M；措施二，是提高货币流通速度 V。

在财富总量意义上，一个人增加持物（即购买）必将减少持币，反之亦然。增加持物，就是增加消费、投资，增加国内总需求。按照剑桥方程式，人们增加持币还是增加持物，主要取决于持币与持物的比价变化、收益变化。实际利率是考虑通货膨胀率后的货币收益率。因此，实际利率是控制国内总需求的重要变量。实际利率趋高，人们会增加持币、减少持物，货币流通速度 V 下降，总需求 MV 下降；实际利率趋低，人们会减少持币、增加持物，货币流通速度 V 上升，总需求 MV 上升。

实际利率决定货币流通速度。既不是弗里德曼认为的名义利率决定货币流通速度，也不是凯恩斯认为的收入水平和名义利率共同决定货币流通速度。

---

① 凯恩斯. 就业、利息和货币通论（第 21 章）[M]. 北京：商务印书馆，1988.

在实施降低利率扩大总需求的货币政策时，若名义利率 i 下降的幅度小于通货膨胀率 p 的下降幅度，即，$i\downarrow < p\downarrow$，实际利率反而在上升。例如表 3 - 2 中的第 3 种情况，名义利率由 3% 下降到 2.5%，通货膨胀率由 0 下降到 -1%。虽然名义利率在下降，但因为通货膨胀率下降更快，实际利率反而由 3% 上升到 3.5%。

下面，通过区分两种情况，比较降低利率扩大总需求的效果。

（1）降低名义利率，因为通货膨胀率下降更快，实际利率上升。

债权货币收益提高，持币不购是上策，债权货币的流通速度 V 下降。

债务货币成本提高，继续持币是下策，债务货币将退出流通回到商业银行，商业银行再归还到中央银行，货币存量 M 将下降。

M、V 同时下降，总需求 MV 必然下降，表明货币政策无效。

（2）降低名义利率的幅度大于通货膨胀率下降的幅度，实际利率下降。

债权货币收益降低，减少持币，增加投资、消费是上策，债权货币的流通速度 V 上升。

债务货币成本降低，货币需求上升，更多的货币从中央银行贷出用于消费或投资，货币存量 M 将提高。

M、V 同时上升，总需求 MV 必然上升，表明货币政策有效。

因此，通货紧缩时，降息扩大总需求可能有效，也可能无效。而决定利率政策是否有效的关键因素是实际利率。如表 3 - 3 所示。

表 3 - 3　利率政策有效、无效的关键因素是实际利率

条件	操作	如果	实际利率	货币性质	结果		总需求
通货紧缩	降息				货币流通速度		货币量
$p\downarrow$	$i\downarrow$	$i\downarrow < p\downarrow$	上升	债权货币	$V\downarrow$		$MV\downarrow$
				债务货币		$M\downarrow$	
		$i\downarrow > p\downarrow$	下降	债权货币	$V\uparrow$		$MV\uparrow$
				债务货币		$M\uparrow$	

3.3　价格水平上升，总需求上升

CPI 是居民消费价格指数（Consumer Price Index），是指一篮子消费品的价格变动情况。价格，包括消费品价格和投资品价格，二者的变动也被称为一般价格变动或价格水平变动。投资品（资本品）价格变动目前没有统一的价格指数体系。因此，人们常用 CPI 表示一般价格的变化。

3.3.1　新古典综合派的供求价格理论

在萨伊定律看来，交易的本质是物物交易。货币，是可有可无的一层面纱。供给创造自己的需求，供求不可能不均衡，或者说，不得不均衡。

在古典经济学的“面纱论”观点中，货币理论基本上是空白。当新古典经济学需要讨论价格与货币之间的关系时，只好将费雪的交易方程式拿出来应付一下。但是，古典经济学和费雪方程式根本就不是一个范畴内的东西，勉强将二者“综合”到一起，必然漏洞百出。价格是如何决定的？在萨缪尔森之前，凯恩斯就指出了古典经济学与交易方程式之间的矛盾：“经济学家在讨论所谓价值论时，总说物价决定于供需情况……但当他们……讨论所谓货币与物价论时……代之而起的，是说决定物价者乃货币之数量。”①

马歇尔的价格与供求曲线是古典经济学的巅峰，而且沿用至今。其供、求量都是实物单位，货币是外生变量。问题是，没有货币，用什么衡量“价格”？

在货币经济中，货币已经融入价格、融入经济，分不开了。没有货币，马歇尔供求曲线中的价格一定是物物之间的相对价格，而不是用货币衡量的一般价格，“价格上升、需求下降”也一定是物物之间替代效应的结果。即 A、B 完全相互替代，A 价格上升、需求下降，因为人们去买 B 了。

马－凯经济学的常识“价格上升需求下降，反之亦然”没有考虑货币因素，或者说，货币是马－凯经济学的外生变量。黑板上的马－凯经济学对货币视若不见，但是，货币，不可能是经济学的外生变量。考虑货币因素后，实际情况与马－凯经济学的常识相反。

3.3.2 价格水平上升，总需求上升

在价格与总需求的关系上，本书的逻辑与马－凯经济学相反。本书的逻辑是：价格水平上升，总需求上升，反之亦然。

当货币出现之后，尤其是考虑了货币流通速度之后，物价水平大幅度上升，货币严重贬值，逻辑走向了古典经济学的反面：人们不愿持有货币，需求将吞噬供给，持币的人们会抢购商品。与此同时，商品持有者则拒绝出售商品获得货币。

当价格水平大幅度上升时，所有商品、服务的价格都在上升，商品之间的替代效应没有了。价格水平上升是货币贬值，持币是吃亏的，人们会迫不及待地购买，需求也将上升，而厂商则会减少商品供给，倾向持物，囤积居奇，供给反而下降。

物价水平大幅度下降，则货币严重升值，逻辑还是走向了古典经济学的反面：持币的人们不愿意购买商品，需求不足，商品滞销。

因此，货币因素导致的一般价格变动也就不可能进入马歇尔供求模型（D－S）以及后来的马－凯经济学总供求模型（AD－AS）的分析架构。

马－凯经济理论的常识是，价格下降、需求上升，反之亦然。毫无疑问，通货膨胀

---

① 凯恩斯. 就业、利息和货币通论[M]. 北京：商务印书馆，1988：252.

是一个总量价格水平的上升过程，通货紧缩则是一个总量价格水平的下降过程。但是实际经济过程与马－凯经济理论的常识相反：通货膨胀、价格上升大多伴随着总需求上升，而通货紧缩、价格下降大多伴随着总需求下降。

内在意义上，通货紧缩是商品价格下降，也是货币价格上升，货币升值；通货膨胀是商品价格上升，也是货币价格下降，货币贬值。

剑桥方程式和交易方程式从存量、流量两个方面演绎了这个逻辑。在剑桥方程式 $K = M/PT$ 中，增加消费、投资，货币替换为商品表现为 K 值下降；减少消费和投资，商品替换为货币表现为 K 值上升。

价格水平 P 上升，是通货膨胀率升高，也是货币贬值，弃币买物，在剑桥方程式 $K = M/PT$ 中是 K 值下降，在交易方程式 $MV = PT$ 中是货币流通速度 V 上升，则总需求 MV 上升。简单表达就是：价格水平上升，总需求上升；价格水平下降，总需求下降。见图 3－6。

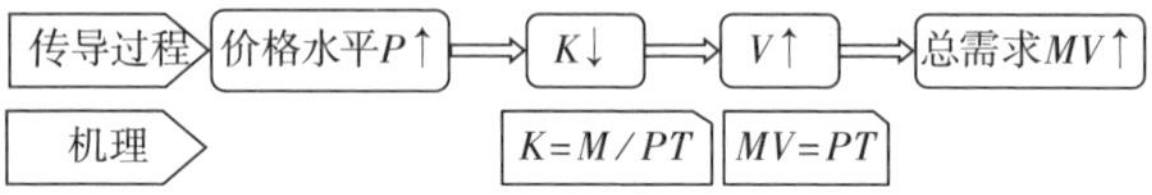

图 3－6　在宏观经济中，价格水平上升，总需求上升

3.3.3　价格与投资需求

在市场投资需求方面，所有的投资在进行投资决策时都有一个利润的预期。在通货紧缩时期，因为商品价格呈下降趋势，对利润的期望是暗淡的，很难增加投资需求。甚至为了降低亏损，还要削减现有的生产能力，减少既有投资。而在适度通货膨胀时期这个逻辑则颠倒过来。

价格水平下降的通货紧缩，会给投资人带来悲观的未来预期。在投资成本方面，因为通货紧缩，通货膨胀率趋低甚至为负数，货币资本的实际利率会提高，投资人大多是债务人，实际利率的提高增加了投资人的成本。投资过程、投资回收过程都需要一个较长的时间周期，即使是预期的通货紧缩，同样会导致投资需求的萎缩。

物价下降、通货紧缩会降低企业收益，给企业的经营带来困难。在凯恩斯的理论体系中，需求决定生产，生产决定就业。需求主要由消费需求和投资需求决定。进而论之，是消费需求和投资需求决定了生产和就业。企业的成本多是前置契约（既定），未来预期的本企业商品或服务的需求量和需求价格决定了预期利润。预期价格不足以弥补前置成本时，停业是最佳策略。在这一判断过程中，待出售商品的预期价格充当了极其重要的角色。

在特定时期，财政性的巨量投资虽然使得总需求上升，但这种投资带来的经济增长并非基于价格的市场动力，所以将随着财政投资的下降而下降。

3.3.4 价格与消费需求

物价 P 下降是货币升值，持币比持物更合算，除非迫不得已，购买消费品的行为（将货币换成商品的过程）是得不偿失的。减少消费、推迟消费、持币待购、持币不购等都是通货紧缩时期的最佳消费策略。策略行为的结果是提高了剑桥方程式中的 K 值（$K = M/PT$），降低了交易方程式 $MV = PT$ 中的货币流通速度 V，在货币量 M 不变的条件下，需求 MV 降低。因此，通货紧缩大多伴随着消费需求的下降。

通货紧缩时期物价下降、货币升值。持币不买最合算，于是货币对商品的需求下降，就业机会减少，工资水平下降，非自愿失业者增加。1929—1933 年美国大萧条时期，CPI 下降 27%，消费与投资均衰退，GDP 下降近 50%。失业率由 3.2% 上升到 25.2%。①

通货膨胀时期物价上升、货币贬值。持币不合算，于是货币对商品的需求上升。例如 1988 年中国的 CPI 上升 18.8%，需求猛增，人们将百货公司的商品抢购一空。

3.3.5 极端通货膨胀、通货紧缩与总需求

极端的恶性通货膨胀或恶性通货紧缩情况，更能表明通货膨胀（价格上升）、通货紧缩（价格下降）与总需求之间的关系。

恶性通货膨胀是货币严重贬值，货币烫手，人们抛弃货币挤兑商品，货币流通速度 V 猛增，货币对商品的需求极大化，人们甚至将货币全部买成商品而退出流通。公众博弈通货膨胀，加剧了通货膨胀。

与恶性通货膨胀相反，恶性通货紧缩是货币严重升值。如果 1 美元今天可以买 1 千克大米，明天可以买 2 千克大米，后天可以买 3 千克大米，并且预期还会上升，相当于美元每天都在大幅度升值，作为媒介货币的美元就成为“财宝”，人们会尽可能地保有美元货币，退出流通，确保自己获得货币的升值收益。人们拒绝将货币买成商品，保存甚至窖藏货币导致货币失踪，货币也就退出了流通，货币流通速度 V 巨降，货币对商品的需求极小化。公众博弈通货紧缩，加剧了通货紧缩。

加入货币因素后，马－凯经济学的“价格上升、需求下降，反之反是”不仅不成立，而且反向成立。比如，股价上升时（牛市），对股票的需求上升，成交量上升；股价下降时（熊市），对股票的需求下降，成交量也下降。再比如，房价上升时，对房子的需求上升，房屋成交量上升；房价下降时，对房子的需求量下降，房屋成交量也下降。

综上所述，货币量 M 不变时，需求 MV 决定供给 PT，价格 P 影响了货币流通速度 V，也影响了需求 MV。

---

① 曼昆. 宏观经济学[M]. 北京：中国人民大学出版社，2000：269.

此外，也会有总需求 MV 上升而价格水平 P 下降的情况出现。当供（PT）求（MV）双方对未来价格出现意见分歧，供方（PT）愿意低价 P 抛售，求方（MV）也愿意低价接手时，总需求 MV 上升而价格水平 P 下降的情况就会出现。在 $MV=PT$ 中则要求交易量 T 上升。现实中的例子就是，股价（P）大跌时，交易量（PT）在上升，而不是下降。价格上升（下降）而交易有量、无量，是复杂的经济问题，也是复杂的金融问题。

应用经济学

如何在价格波动中自我保护？

货币收益率 = 实际利率 = 货币租金率（名义利率）- 通货膨胀率

货币租金率（名义利率）既定时，通货膨胀率变动是决定货币收益率（实际利率）变动的唯一因素。

假定你对通货膨胀率的容忍区间是 -1% ~5%。

物价上升，通货膨胀，是货币贬值，也是非货币资产升值，持币不合算。当通货膨胀率大于5%时，自我保护策略是减少持币，将货币资产尽可能买为非货币资产，诸如贵金属、股票、房产之类，甚至负债购买非货币资产。

通货膨胀率偏高时，实际利率负担则低，是负债投资机会，可预期的未来会出现长期高通货膨胀。如果可能，就多借钱投资。因为在这样的环境下，“负债”是最好的“资产”。

当发生 1949 年中国的这种恶性通货膨胀时（见图 3 -7），把 10000 元货币资产从这一年的 4 月 21 日上午保持到下午就是吃亏的。若在这一年的 1 月 4 日把所有的货币资产买成非货币资产，到这一年的 4 月 21 日下午不会有任何损失。实际上，发生恶性通货膨胀时，人们拒绝接受货币，宁愿以物易物，宁愿接受大米等实物作为工资，其本质就是拒绝货币，拒绝货币资产。

图 3 -7　1949 年 1 月 4 日至 4 月 21 日下午，中国的通货膨胀情况

物价下降，通货紧缩，是货币升值，也是非货币资产贬值，持币合算。当通货膨胀率小于 -1% 时，自我保护策略是增加持币，“现金为王”，将股票之类的非货币资产尽可能卖掉。通货膨胀率为负值时，实际利率负担可能会成倍增长，负债投资是大忌。1929—1933 年美国大萧条时期，CPI 下降 27%（通货膨胀率为 -27%），“现金为王”者的货币资产在升值，投资非货币资产（如股票）损失惨重，负债投资者迅速破产。

3.4 债权货币：货币供求决定利率

在经济理论中，是供求决定价格，还是价格决定供求？

这个问题也存在于货币理论中：是货币供求决定利率，还是利率决定货币供求？

理论与政策南辕北辙。凯恩斯和弗里德曼的利率理论中都是中央银行决定货币存量，市场决定利率；但是，他们的利率政策都是中央银行决定利率。

不可否认，中央银行是基础货币的唯一供给者，但在货币理论中，货币供求决定利率与利率决定货币供求有着完全不同的逻辑。

3.4.1 凯恩斯的利率决定论

货币供求决定利率，是凯恩斯的利率决定论。在公开市场买入债券增加货币供给是为了降低利率，卖出债券减少货币供给是为了提高利率。

在公开市场，中央银行购买债券会增加货币供给，而其他机构、个人购买债券不会增加货币供给。

基础货币供给 M_s 是中央银行通过公开市场购买债券卖出货币，需要卖出债券的商业银行不可能拒绝，商业银行出售债券买进债权货币，中央银行的货币供给就是商业银行的货币需求，货币供给曲线 M_s 呈垂直状态，弹性无限小，M_s 与货币需求曲线 L 交点决定的基础利率是 i_b。见图 3－8。

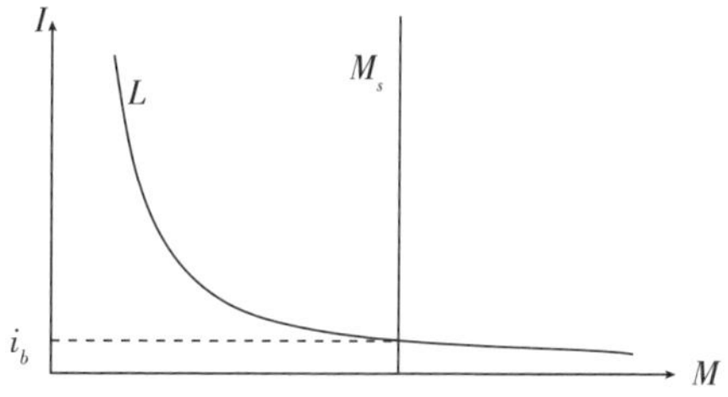

图 3－8 凯恩斯的基础利率决定论。货币供给方是中央银行，债权货币需求方是商业银行、券商

中央银行真正的利率政策，是通过改变利率去改变货币量，而不是通过改变货币量去改变利率。可以看出，凯恩斯主义的利率政策是“伪利率政策”。因为，凯恩斯主义利率政策是通过改变货币量去改变利率。

3.4.2 债权货币与凯恩斯陷阱的必然性

在凯恩斯的观点中，中央银行可以通过增加货币供应量降低利率，即假定货币需求曲线不变，增加货币供应利率必然下降。当利率很低并且增加货币供给无法继续降低利率，导致货币政策无效时，凯恩斯提出两个假定来解释自己的思想：假定 1：利率不能是负数；假定 2：流动性偏好。①

利率极低时（趋于 0，甚至等于 0），货币供给被流动性偏好吸收，货币需求弹性变

① 凯恩斯. 就业、利息和货币通论（第 13 章）[M]. 北京：商务印书馆，1988.

得无限大，对于增加的货币供给，人们没有用于投资、消费，而是储存起来。宽松货币量政策无法改变利率，货币政策失效，进入凯恩斯陷阱。

凯恩斯用“利率不能是负数”和“流动性偏好”两个假定去解释人们为什么要储存货币，回避了假定的依据。

本书从货币性质和货币价格角度对这两个问题的解释如下：

第一，利率不能是负数的原因。在债权货币意义上，中央银行通过公开市场购买债券卖出货币，增加了全社会的货币量。在这个过程中，中央银行没有参与货币借贷市场，中央银行的货币是卖出去的，不是租出去的。商业银行、券商出售债券给中央银行，买到的是债权货币。之后，这些债权货币成为借贷市场上的货币供给。利率不能是负数，是因为商业银行、券商不可能以负利率出借资金。“利率不能是负数”是商业银行、券商的本能行为，中央银行不能控制。

第二，储存货币（流动性偏好）的原因。凯恩斯的《就业、利息和货币通论》出版于1936年，1929—1933年的大萧条是其重要的思想来源。

货币收益率 = 实际利率 = 货币租金率（名义利率） - 通货膨胀率

实际利率，也是扣除通货膨胀率后的货币收益率。大萧条时期严重的通货紧缩导致实际利率奇高（见表3－4，美国1932年的实际利率是14.8%），货币“财宝化”了，即储存货币像储存财宝一样收益非常好，人们不愿意用货币去消费、投资，总需求则处于停滞、衰退状态。即使美国1932年的名义利率为－1%，实际利率仍然高达9.8%，人们仍然会储存（窖藏）货币。这是人们对自身利益的本能反应，凯恩斯却解释为“偏好”。

“偏好”论不攻自破。在通货膨胀率较高时期，人们为什么没有这种“偏好”？

表3－4　美国大萧条时期的主要数据

指标	1929年	1930年	1931年	1932年	1933年
名义利率	5.3%	4.4%	3.1%	4.0%	2.6%
通货膨胀率	0	－2.5%	－9.2%	－10.8%	－5.2%
实际利率	5.3%	6.9%	12.3%	14.8%	7.8%
M1货币流通速度 V_1 变动	－5.8%	－5.8%	－18.1%	－0.8%	0

恶性通货紧缩（1932年的通货膨胀率为－10.8%）时期，即使实施名义负利率（－5%），也难以彻底逆转储币不购现象。为了回避负利率，租用银行保险箱，或者购买保险柜保存“财宝化”的货币仍然是合算的。在名义负利率较高（假定－5%）的高实际利率面前（1932年的通货膨胀率为－10.8%，即使名义利率为－5%，实际利率仍然高达5.8%），商业银行的保险箱、家用保险柜就会成为吸收货币的“黑洞”。货币，成为最佳投资品；储币，是最佳投资策略。

如图3－9所示，通货紧缩时，中央银行在公开市场购买债券扩大货币供给，用货币供给影响利率，可能间接地把利率降低到趋近0的状态。商业银行、券商把从中央银行买来的债权货币投入借贷市场，成为借贷市场的货币供给，0利率是债权货币持有人出借货币的底线。中央银行货币供给增加到 M_{s0}、基础利率 i_0 接近0后，继续扩大货币供给不能降低名义利率，也不能降低实际利率。增加货币供给政策落入凯恩斯陷阱，货币政策无效。

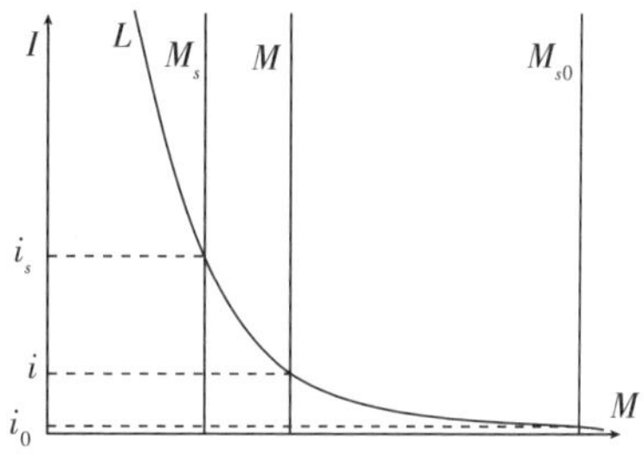

图3－9　凯恩斯陷阱中的市场利率决定论

进入凯恩斯陷阱后，名义利率难以降低。若通货膨胀率继续下降，实际利率则上升，债权货币持有人持币不购买、不投资是上策，货币流通速度 V 将下降（见表3－4）。凯恩斯把这种现象称为“流动性偏好”。这时，货币供给量上升（$M\uparrow$）没有带来总需求 MV 上升，而是被货币流通速度下降（$V\downarrow$）抵销了。甚至，若 V 下降幅度更大，总需求反而在下降（$MV\downarrow$）。因此，在通货紧缩时期，若进入凯恩斯陷阱，增加货币供给量未必能提升总需求。

进入凯恩斯陷阱后，增加债权货币供给不能降低名义利率，也不能降低实际利率，增加货币供给的货币量政策无效，也成就了主张财政政策的凯恩斯主义。在财政政策中，政府发行债券把公众的钱借过来不会提高全社会货币存量 M。但是，政府提高财政支出则会提高货币流通速度 V，并且进而提高总需求 MV。

很多著作把凯恩斯的经济学观点概括为动用财政政策的政府干预，这是误解。凯恩斯最重要的学术贡献是逆转了古典经济学的“供给决定需求”理论，提出了“需求决定供给”的思想。动用财政政策的政府干预，是在债权货币的工具框架内出现凯恩斯陷阱后的不得已而为之。

在凯恩斯的理论体系中，有效需求不足是指有支付能力的需求不足，是公众储币不购导致的，而“储币不购”就是“流动性偏好”。在这个意义上，凯恩斯的“有效需求不足”与“流动性偏好”是在用两种表达方式表述同一现象。或者说，是微观的“流动性偏好”导致宏观的“有效需求不足”。

3.4.3　量化宽松绕不开凯恩斯陷阱

货币收益率＝实际利率＝货币租金率（名义利率）－通货膨胀率

通货紧缩时期，要想通过公开市场扩大货币供给降低实际利率，名义利率下降幅度必须大于通货膨胀率下降幅度。但是，公开市场业务不能控制这个过程。通货紧缩加剧时，通过公开市场增加货币供给，名义利率难以下降，实际利率不降反升。

量化宽松（Quantitative Easing，QE）是扩大版的公开市场业务，指中央银行购买长期国债或其他证券来增加货币供给。当市场利率趋近于0时，量化宽松增加了货币供给，但同样不能降低利率，如图3－9所示。因此，QE不能逃脱凯恩斯陷阱。

公开市场业务，直接的政策效果是控制货币量，间接的才是影响利率。弗里德曼非常推崇公开市场业务，甚至认为应该放弃准备金政策和利率政策，让公开市场业务单独发挥作用。弗里德曼假定货币流通速度较稳定，在此假定基础上，逻辑重归货币数量论，货币量与价格水平直接相关，也与总需求直接相关。

今天看来，弗里德曼的名言“通货膨胀无论如何都是货币现象”“要控制物价，货币供应就提供杠杆”都未必成立。在 $MV = PT$ 中，经济萧条时，若货币流通速度 V 下降，即使提高货币总量 M，未必带来通货膨胀，甚至通货紧缩更加严重；经济过热时，若货币流通速度 V 上升，也即使降低货币总量 M，也未必能抑制通货膨胀，甚至通货膨胀更加严重。

弗里德曼假定“货币流通速度基本不变”，实际上，货币流通速度时刻都在变动，甚至有时会发生剧烈波动。表 3 –4 表明，美国大萧条最严重时的 1931 年货币流通速度下降了 18.1%。

既然假定不存在，建立在假定之上的弗里德曼结论也就未必成立。在 $P = MV/T$ 中，V/T 值的变动决定着货币量 M 上升时价格 P 是否上升。通货紧缩时，货币升值，中央银行购买国债增加了货币供给，但人们没有将货币用于投资、消费，而是把货币储存起来，货币流通速度 V 下降，则货币量 M 上升时价格 P 可能下降。货币量 M 上升时，若货币流通速度 V 下降幅度更大，总需求 MV 可能不升反降。

增加货币供给，不是通货膨胀率上升的充分条件，也不是总需求上升的充分条件。反之亦然。

增加货币供给，不是通货膨胀率上升的必要条件，也不是总需求上升的必要条件。反之亦然。

1882—1885 年美国的货币供应量在增长，但同期绝对价格在下降。再如，在 2007 年美国次贷危机后的一个时期，中国货币供应量的快速上升并未引起明显的通货膨胀。

通货紧缩导致货币政策进入凯恩斯陷阱后，通过公开市场（包括量化宽松）增加货币供给，名义利率难以下降，通货膨胀率难以提升，实际利率也就难以下降，作为货币政策的公开市场业务则无效。例如日本，从 2000 年左右开始实施量化宽松（QE）政策至 2018 年，力度很大，却效果甚微。2013 年日本开始把通货膨胀率目标定为“不低于 2%”，至 2018 年，80% 的月份没有实现这个目标。

在凯恩斯的理论框架内，减少货币供给也许能减缓通货膨胀，但增加货币供给则未必能消除通货紧缩。通货膨胀易治，通货紧缩难医。1980 年代持续至 2018 年的“日本病”就是实例。

3.5 债务货币：利率决定货币需求

本书的利率决定论不同于凯恩斯的利率决定论。

美联储成立于1913年。而在古典利率理论的鼎盛时期，包括美国在内，也没有设立中央银行。古典利率理论的背景是商品货币或商品本位货币（金本位、银本位），中央银行在货币供给、利率决定中的作用远不如黄金、白银的储备重要，不如淘金矿工的辛苦重要。

马-凯经济学的价格理论不能决定出负价格，马-凯经济学的利率理论也不可能决定出负利率。在马-凯经济学教科书中，也找不到负利率的理论阐释和逻辑描述。在古典利率理论中，无论是庞巴维克利率理论、马歇尔利率理论、威克塞尔的自然利率学说，还是费雪的时间偏好与投资机会学说，都不可能推论出“负利率”这个结果。

前述的中央银行通过公开市场购买债券，是在出卖货币。

中央银行降息利诱商业银行增加借款，则是在出租货币。此时商业银行租入的，是债务货币。中央银行直接降低基础利率不会受到0利率底限的限制。只要现实经济需要，基础利率可以降到-1%、-2%，甚至更多。在概念上，负利率有“负名义利率”“负实际利率”之分。“负实际利率”考虑了通货膨胀率的影响。这里的负利率是指“负名义利率”。

2009年8月是利率史上的一个里程碑，瑞典中央银行对商业银行存款实施负利率，首次突破“零利率下限”。在全球范围内，这只是负利率的开始。之后，瑞士、丹麦、欧元区、日本相继实施负利率。至2016年，负利率货币区占全球GDP总量的24%。

凯恩斯理论认为，货币供、求决定利率。实践，与凯恩斯的理论不同。至2018年，除中国外，全球主要经济体（美国、欧元区、日本、英国等）的基础利率都是中央银行决定的，是利率决定货币需求，继而基础利率影响了市场利率。中国人民银行用得较多的是常备借贷便利（Standing Lending Facility，SLF），SLF预定利率时，也是利率决定货币需求；SLF预定货币供给量、不定利率时，则是货币供求决定利率。2018年中国尚未实现利率市场化，中国的市场利率由中央银行确定一个基数，同时给商业银行一定的浮动权限。

3.5.1 中央银行决定基础利率，商业银行决定货币需求

中央银行的基础利率，由中央银行根据经济状况决定。例如，2016年12月14日美联储决定加息0.25%。

假如中央银行决定基础利率为4%，在此利率下，中央银行必须满足商业银行的货

币需求，如果限制商业银行的货币需求，中央银行就不能履行其最后贷款人的职责。也就是说，中央银行决定基础利率后，商业银行的货币需求就是中央银行的货币供给。在理论上，这意味着在该基础利率下货币供给量是无限的，货币供给曲线 M_s 呈水平状态，弹性无限大。如图 3－10 所示，基础利率为 4% 时，货币供给曲线 M_s 与货币需求曲线 L 的交点决定债务货币需求量为 M_0。

中央银行决定的基础利率是控制货币量的工具。利率确定后，中央银行不能拒绝商业银行的货币需求。但是，经济过热时，中央银行可以提高基础利率让商业银行减少货币需求；经济萧条时，中央银行也可以降低基础利率，甚至实施负利率，利诱商业银行增加货币需求。

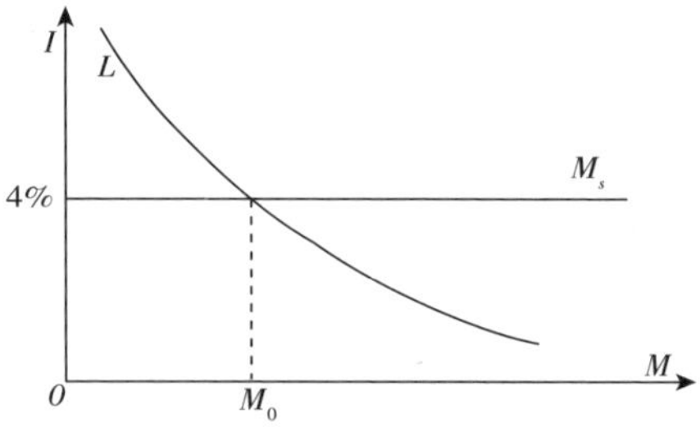

图 3－10　中央银行决定基础利率 4% 后，债务货币需求 M_0 由商业银行决定

逻辑上，中央银行不能同时控制基础利率和货币供给量。中央银行决定基础利率后，货币需求量由商业银行决定，商业银行的货币需求量就是中央银行的货币供给量。如果同时控制基础利率和货币供给量，中央银行不仅不能履行其最后贷款人的职责，还会出现权力寻租。比如，中央银行确定基础利率为 4% 时，商业银行有 1000 亿元的增量货币需求，中央银行就必须提供 1000 亿元的货币供给，若中央银行仅提供 500 亿元的货币供给，审批权就成为寻租工具。中央银行要降低货币需求，只能在 4% 的基础上升息。

外生货币论认为，货币供给决定货币需求；内生货币论认为，货币需求决定货币供给。中央银行是管理机构，是经济体的外生变量，但通货膨胀率是经济的内生变量。外生的中央银行有责任通过基础利率维持既定的内生通货膨胀率目标，基础利率确定后，内生货币需求就是外生货币供给，这一过程微妙地将外生货币内生化了。

3.5.2　负利率政策消除了凯恩斯陷阱

就像新古典经济学的价格理论不能决定出负价格一样，新古典经济学的利率理论也不可能决定出负利率。

在凯恩斯的利率决定论中，负利率是不可能的。

在通货紧缩时期，企业、个人储备货币而不愿意消费和投资。结果是总需求不振，价格下降，经济停滞，失业增加。而这些结果又会让通货紧缩更加恶化。扩张货币量的货币政策通常用来应对通货紧缩。然而，通货紧缩严重时，即使中央银行增加货币供给，把利率降低为零，仍然不能刺激总需求。经济进入凯恩斯陷阱状态，增加货币供给的公开市场业务走到了尽头。负利率政策（Negative Interest Rate Policy，NIRP）就是这种背景下的产物。

信用货币是交易媒介，由中央银行垄断发行。中央银行的货币供给没有成本，无须考虑中央银行自己的盈亏。基础利率是中央银行的工具，中央银行通过降低基础利率增加货币供给，是在借贷市场出租货币。而且，降息本身就已经降低了债务货币的使用成本。为了抑制通货紧缩，消除经济萧条，中央银行直接决定的基础利率可以为负。

图 3－11 显示，初始利率为 1% 时，货币需求是 M_0。经济过热时，将利率升至 4%，货币需求减少至 M_1。经济萧条时，将利率降至 −2%，降低债务货币的使用成本，消除凯恩斯陷阱，货币需求也将增加至 M_2。

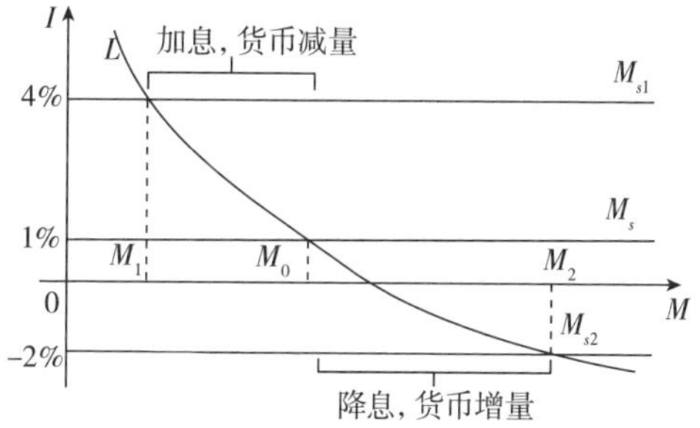

图 3－11　负利率消除了凯恩斯陷阱

实际上，中央银行直接实施负利率，已经宣告凯恩斯陷阱不再存在。没有中央银行主动决定的负基础利率，依靠在公开市场增加货币供给决定的利率永远不可能为负（见前面 3.2.1 中图 3－4 和图 3－5）。

同样面临 0 利率，图 3－9 中，增加货币供给不能降低利率，图 3－11 中，降低基础利率，不惜负利率，一定能增加货币供给。

降低基础利率并且使实际利率下降时，货币量 M、货币流通速度 V 会同时上升，需求不振将得到改善（见表 3－3），在 $P=MV/T$ 中，若 T 不变，则价格 P 上升，通货紧缩将得到缓解。

例如，通货紧缩加剧（通货膨胀率由 −1% 下降至 −1.5%），并且进入凯恩斯陷阱时，表 3－5 比较了中央银行两种政策（购买债券增加货币供给和实行负名义利率政策）的效果差别。

在表 3－5 中，i 是名义利率，p 是通货膨胀率，r 是实际利率（$r=i-p$），M 是货币存量，V 是货币流通速度，MV 是总需求。

表 3－5　中央银行购买债券增加货币供给与实行负名义利率政策对总需求 MV 的影响

初始			现状				结果		
i	p	r	两种政策	i	p	r	M	V	总需求 MV
0.2%	−1%	1.2%	购买债券增加货币供给	0.2%	−1.5%	1.7%	↑	↓	不确定
			负名义利率	−2%		−0.5%	↑	↑	↑

第一，购买债券增加货币供给。中央银行购买债券增加了经济体的货币存量 M。但是，因为存在凯恩斯陷阱，名义利率 0.2% 难以下降，实际利率由 1.2% 上升到 1.7%，货币流通速度 V 下降，货币政策的结果是不确定的。甚至，若货币流通速度下降更快，总需求 MV 反而会下降。

第二，负名义利率。严重通货紧缩导致实际利率居高不下，降低名义利率、不惜负利率能够逆转实际利率上升。若中央银行名义利率由 0.2% 下降至 −2%，实际利率则由1.2%下降至-0.5%，降低了债务货币的使用成本，货币存量M、货币流通速度V都会上升，总需求MV也将上升。

通货膨胀率为-1.5%表示通货紧缩很严重。中央银行-2%的基础利率把实际利率降到-0.5%将产生如下效果：①强大的宣示效应。②债务货币存量M上升，债务货币使用成本下降。③债权货币的实际收益是负值，把债权货币替换为商品，非货币资产将获益，货币流通速度V上升。④总需求MV扩大，通货紧缩、经济萧条也将消除。

凯恩斯陷阱的背景是通货紧缩。在货币买卖市场，中央银行通过购买债券增加货币供给，商业银行、券商获得的是债权货币。在货币利率市场，无论如何，商业银行和券商都不可能把自己的债权货币以负利率借给他人。凯恩斯的“利率不能是负数”问题是不可克服的，因为中央银行没有参与这个利率决定过程。

负利率，只可能出现在债务货币上，而不可能出现在债权货币上。中央银行直接决定的基础利率可以为负。在负利率面前，凯恩斯陷阱不再存在。而且，只要宏观经济需要，负利率可以降到-1%、-2%甚至更低。

3.5.3 用债务货币控制价格水平

基础利率，既影响货币量，也影响实际利率（见图3-5和图3-10），并且影响货币流通速度，进一步则影响价格水平。理论上，持续降低名义利率（不惜负利率）并且降低了实际利率，一定能消除通货紧缩；持续提高名义利率并且提高了实际利率，一定能消除通货膨胀。

并且，中央银行在公开市场的买卖对债券价格的干扰是直接的，而中央银行调整基础利率对资产价格的影响则是间接的。

用利率控制价格水平，这一理论的较早贡献者是维克塞尔。价格没有变动，中央银行的利率也不变动；价格上涨，中央银行就提高利率；价格下跌，中央银行就降低利率[①]。

维克塞尔的观点遗留三个问题：

第一，价格变动，是指价格水平的变动还是价格变动率的变动？

第二，价格上涨、价格下降的边界在哪里？通货膨胀、通货紧缩的边界是不是通货膨胀率为零？

第三，当通货膨胀率（价格变动率）从-2%上升到-1%时，应该提高利率吗？当通货膨胀率从18%下降到17%时，应该降低利率吗？

通货膨胀率偏低时，降低实际利率将提高有效需求，其结果是经济增长更快，就业机会更多，反之亦然。实际利率=名义利率-通货膨胀率。通货膨胀率不变，降低名义

① Wicksell, K. Interest and prices[M]. English Translation New York 1936: Sentry Press, 1898: 189.

利率可以降低实际利率。名义利率不变，适度提高通货膨胀率同样可以降低实际利率。

3.5.4 调整实际利率

前文已述，货币价格与一般商品价格是逆向关系。

表 3-6 货币升值率与商品升值率是逆向关系

	商品价格 = 货币价格（$P=1/A$）	商品升值率 = 货币贬值率（$p=-a$）	
		商品价格 P	货币价格 A
基期	5 元/单位 = 1/（0.2 单位/元）	5 元/单位	0.2 单位/元
现期	5.5 元/单位 = 1/（0.18 单位/元）	5.5 元/单位	0.18 单位/元
升值率		$p=10\%$	$a=-10\%$

表 3-6 中的升值率，也是通俗意义上的通货膨胀率 p。

货币收益率 = 实际利率 r = 货币租金率（名义利率 i）- 通货膨胀率 p

商品收益率 = 商品租金率 c + 通货膨胀率 p

可出租的商品（如房产），有价格也有租金。货币，也是有价格也有租金。而且，正的通货膨胀率是货币收益率的减项，同时也是商品收益率的加项。即货币升值率与商品升值率也是逆向关系。

货币收益率 = 名义利率 - 通货膨胀率

商品收益率 = 商品租金率 + 通货膨胀率

当

货币收益率 = 商品收益率

则

名义利率 i - 通货膨胀率 p = 商品租金率 c + 通货膨胀率 p

$i-p=c+p$

与非货币资产不同，消费品没有租金。即消费品的租金率 $c=0$，消费品价格上升是消费成本上升。不可出租的消费品，如牛奶，则是：

$i-p=p$

因此，消费者价格指数 CPI 很重要。

消费品价格上升率 p 趋高，相应货币收益率（$i-p$）趋低，消费成本 P 趋高，把货币替换为消费品的需求趋高。

消费品价格上升率 p 趋低，相应货币收益率（$i-p$）趋高，消费成本 P 趋低，把货币替换为消费品的需求趋低。

即，价格上升需求上升，价格下降需求下降。其逻辑过程与新古典经济学逻辑（价格上升需求下降）相反。

非消费品（非货币资产、资本品）面临价格上升时，货币对非货币资产、资本品的需求是否上升，在 $i-p=c+p$ 中考虑，还要考虑商品租金率 c。

在控制总需求 MV 意义上，货币政策的要点是控制货币收益，即实际利率。而货币收益率（实际利率 r）由两个因素决定：一个是通货膨胀率 p，另一个是名义利率 i。通货膨胀率 p 是公众行为的直接结果，名义利率 i 是中央银行行为的直接结果。

有时，我们看到中央银行在降息，目的是促进需求、消除通货紧缩，如果当时的通货膨胀率下降更快，虽然名义利率在下降，实际利率反而在上升。1929—1933 年美国大萧条前期就是这样。见表 3－4。

降低（提高）实际利率，即货币收益率，$r=i-p$，有被动降低（提高）与主动降低（提高）之分。

3.5.4.1　市场价格上升，实际利率被动降低，反之亦然

无须中央银行参与（名义利率 i 不变），通货膨胀率 p 提高，实际利率 r 降低；通货膨胀率 p 降低，实际利率 r 提高。

假定基期：

货币收益率＝商品收益率

名义利率 i－通货膨胀率 p＝商品租金率 c＋通货膨胀率 p

$i-p=c+p$

市场价格变动，实际利率被动降低或被动提高，其对货币收益率、商品收益率的效应是反向的，效果是双重的：通货膨胀率 p 提高，降低了货币收益率（$i-p$），同时提高了商品收益率（$c+p$），反之亦然。这也是通货膨胀率适度偏高的国家，在总需求方面持续旺盛的根本原因，也侧面论证了“价格水平上升，总需求上升”，否定了新古典经济学一般意义上的“价格上升，需求下降”。

3.5.4.2　中央银行主动降低实际利率

在动态通货膨胀率 p 情况下，中央银行主动降低实际利率 r，不仅要降低名义利率 i，还要考虑通货膨胀率的波动方向、波动范围。只有名义利率下降幅度大于通货膨胀率下降幅度时，中央银行主动降低实际利率才可能成功。

应用经济学

从凯恩斯的利率决定论到本书的利率决定论

对于中央银行来说，调整货币供给与利率，一般有两个体系。一个是通过控制货币量来调整利率的凯恩斯决定论体系，另一个是通过控制利率调整货币量的本书的利率决定论体系。前者在通货紧缩状态时，会面临流动性陷阱问题，而后者不会。

凯恩斯利率决定论是内生利率决定，而本书的利率决定论是外生利率决定。

第一，通过控制货币量调整利率的凯恩斯利率决定论体系。

货币供求决定利率，是凯恩斯的利率决定论。在图3－8和图3－9中，中央银行在公开市场上买入债券增加货币供给是为了降低利率，卖出债券减少货币供给则是为了提高利率。基础货币供给 M_s 是中央银行通过公开市场购买债券卖出货币，需要卖出债券的商业银行不可能拒绝，商业银行出售债券买进债权货币，中央银行的货币供给就是商业银行的货币需求，货币供给曲线 M_s 呈垂直状态，弹性无限小，M_s 与货币需求曲线 L 交点决定的基础利率是 i_b。通货紧缩时，中央银行货币供给增加到 M_{s0}、基础利率 i_0 接近0后，继续扩大货币供给不能降低名义利率，也不能降低实际利率，增加货币供给政策落入凯恩斯陷阱，货币政策无效。

第二，通过控制利率调整货币量的本书的利率决定论体系。

中央银行决定基础利率（见图3－5左）后，市场利率（见图3－5右）则由信贷供求决定。

图3－5左表明，中央银行决定基础利率后，在这个利率点，中央银行对商业银行的货币供给 M_s 是无限的，M_s 是一条横线。这个过程也是基于利率工具（区别于货币量工具）的中央银行货币政策。图3－5右表明，中央银行决定的基础利率将影响商业银行从中央银行借款量 M_s 和市场利率 i。商业银行从中央银行借款 M_s 和储蓄 S 组成货币供给（M_s+S），贷款投资 I 和贷款消费 C 组成货币需求（$I+C$），供、求状况决定市场利率 i。

在这一体系中，只要现实经济需要，中央银行的基础利率可以无限提高或降低。

4

货币内生的供求理论与收入决定

产权界定，是人类经济进步的基础，也是人类文明的基础。产权界定后，抢劫，争夺便让路于交易、分工协作与创造，人类与野兽也就此分道扬镳。

产权界定使得交易成为可能。交易促进了分工，分工带来了效率。科技进步是分工效率的一个结果。货币媒介降低了分工的交易成本，扩大了市场范围。更大规模的市场促进了进一步分工。

经济发展的脉络大抵如此。

4.1 市场规模与劳动分工

4.1.1 分工带来效率

在现代教育的纵向分工里，高中之前的学习没有专业划分，大学学习则有明确的专业划分。大学里进行专业学习的目的，是使毕业生能够成为劳动分工的专业角色，具备专业技能。即使学生在大学毕业后从未从事过大学里学过的专业，专业化的训练也将有助于其大学毕业后的职场生涯发展。

用一句很中国的话说，挣工资的职场人“都是活雷锋”，都是为他人工作，是一个分工角色，而不是一个自给自足角色。一名医学生从大学读到博士毕业可能已经30岁了，从此毕生从事心脏外科专业，到60岁退休的时候，他从未（也不可能）给自己做心脏手术，都是为他人服务。

看似简单的铅笔，是人类在全球进行分工协作的产物。今天，一个人的日工资可以买很多支铅笔，购买成本非常小。但实际上，若完全自给自足，当今世界上的任何人终生辛苦劳作也不可能独立“做”出一支铅笔。完全自给自足制造铅笔，货币成本是0，实际劳动成本则为天量。

用物质财富衡量，人类比其他任何动物都富裕。富裕的原因是什么？斯密的答案是：分工。

A、B二人同时生产相同的水稻和小麦，年总产量1500千克水稻、1500千克小麦。但实际上，A擅长生产小麦，B擅长生产水稻。A、B二人分工生产后，A只生产小麦，B只生产水稻。结果年总产量2000千克水稻、2000千克小麦。增量500千克水稻、500千克小麦来自分工效率。

表面上接受斯密的观点，不等于将斯密的观点用于实际分析。马歇尔在《经济学原理》中用一个假定回避了斯密分工问题的继续演进。马歇尔假定社会分为两部分人，一部分是纯消费者，另一部分是纯生产者。然后，将古典经济学的重点转向了用边际分析研究供给和需求的经济均衡。分工，也就此消失。

分工经济中的人，既是消费者，也是生产者；既是需求者，也是供给者。在这个意义上，马歇尔误导了斯密开创的经济学大方向。

从瓦尔拉斯、马歇尔，到阿罗－德布鲁模型，构成了所谓的《微观经济学》。边际、均衡理论致力于把经济学建成一部精密机械，经济学研究几乎是一个工程计算，经济学家全然是一个工匠。分工效率、货币角色、报酬递增、制度变化等，均被边际、均衡分析假定为不存在。

斯密总结了分工提高劳动生产率的三个原因：一是劳动者的技巧因业专而日进；二是由一种工作转到另一种工作，通常须损失不少时间，有了分工，就可以免除这种损失；三是许多简化劳动和缩减劳动的机械发明，使一个人能够做许多人的工作。

进一步讨论分工效率需要反问若干个问题。分工与市场规模是什么关系？为什么专业分工精细的医院难以在一个偏僻村庄生存？为什么著名心脏外科专家、脑科专家、眼科专家多在大城市？

在一个原始部落里，出现一个专门给人治病的医者，是初步分工出来的医生角色。在此基础上，现代医学继续分工，产生了内科、外科等。如图4－1所示，外科将继续细分下去，直至分工效率受到分工成本的抑制，而分工成本得不到弥补为止。

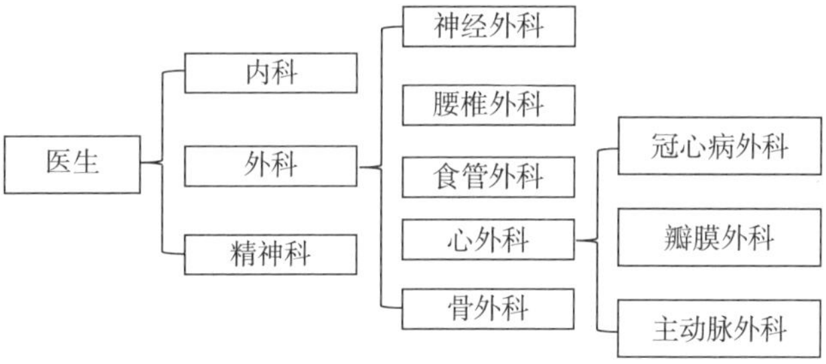

图4－1　分工细化，带来了效率，促进了继续分工

分工，不仅带来了效率；分工，还促进了分工。

在一个只有一名医生的偏远村庄小诊所，宣扬“包治百病”是这名医生的生存策略，而不是他医疗能力强大。尽管如此，只做医生的收入仍不足以维持其家庭的全部生计。他还要种稻子、种菜、种棉花，他妻子则要纺线织布。这名医生只是一个初步的不完全分工角色，自给自足仍然主导着他的日常工作和生活。

在高度分工的现代化医院里，一名全球闻名的心脏瓣膜外科专家可能不知道如何医治自己的感冒。于是，他去找内科专家看感冒。他的收入尚佳，妻子是几个孩子的全职妈妈。自愿选择成为全职妈妈，是最应该受到尊重的分工角色，也是人类社会至高无上的分工角色。她不是“失业者”，而是法律应该重点保护的对象。在现代社会里，她不应该有后顾之忧。与自给自足经济不同，高度分工的“心脏瓣膜外科专家”这个角色需要与他人进行分工交易才能生存。衣、食、住、行，都需要他人的帮助，购买他人的服务，甚至患了感冒，都需要内科医生的帮助。

仅仅“衣”这一项，自给自足家庭需要全部完成种棉花、纺线、织布、染色、裁剪、缝纫等工序，才会有一件衣服穿。在现代分工经济中，其中任何一道工序都是专业化的企业完成的，最终消费者只需要“买”一件衣服。基于分工的专业化效率高于自给自足成千上万倍。

“术业有专攻”（韩愈《师说》），专业化分工带来效率。医疗分工的效率特征在于，一个必须做手术的心脏瓣膜患者在只有一名兼职医生的乡村小诊所里不可能得到救治，而在城市大医院全球闻名的心脏瓣膜外科专家面前，手到病除。

历史名医华佗，足迹遍及安徽、山东、河南、江苏，精通内、外、妇、儿、针灸各科。即使在今天，也不可能有人能在周游中精通医学各科。抛开神话部分，与其说他是包治百病的神医，不如说是传说中的游医。

2010年代我们所能看到的人类社会的物质文明都是分工效率带来的产物，从一支普通的铅笔，到一项探月工程。当然，分工效率也带来了罪恶，如原子弹、氢弹。

持续追溯，从同性繁殖到异性繁殖，不仅是生物革命，也是经济学革命。当异性共同组成一个命运共同体时，如婚姻，异性之间的分工也出现了，分工效率则“渠成水到”。在大生产时代，男耕女织常被看作自然经济、自给自足的代表；在小生产时代，男耕女织也是分工经济的雏形，是现代分工经济万里长征的第一步。

分工，带来效率，也终结了自给自足。在百里之内少有人烟的荒漠，仅有的几户人家有能力靠自给自足生存。2010年代在北京、上海、东京、纽约、伦敦这些都市，几乎没有人有能力完全依靠自给自足生存。最初的汽车厂商几乎自己生产所有的零部件，到2010年代，汽车厂商的很多零部件来自外购，如轮胎等。

4.1.2 劳动分工与报酬递增

经济增长的重要基础是分工的深化、演进。经济发展的过程就是在初级产品和最终消费品之间插入越来越多的专业工具、专业技能、专业知识，使得分工越来越细。分工，不是自给自足，分工效率需要与他人的交换才能达到最终目的。分工的深化，卷入市场的产品、服务种类的逐渐增加，市场一体化程度的提高，在不经意间扩大了市场规模。新企业的出现、效率的提高、市场的扩大、就业人数的扩大、收入的增加等，都是劳动分工深化的若干侧面。

在柯布－道格拉斯的生产函数中，技术进步，是决定产量的三个因素之一。

分工和效率是经济学的核心问题，也是产量的核心问题。而新古典生产函数似乎与分工无关，与效率也无关。知识积累、技术进步、科技创新等，是分工演进的一系列结果。规模经济是市场规模逐渐扩大的一个必然结局。货币则使得基于分工的交易更有效率。

基于交易的分工是相互分工，相互分工促进了全社会的分工。分工效率体现于其中时，个体的报酬递增和全社会的报酬递增也就自然涌现。

递增的报酬不是新古典经济学分析的那样，是由技术进步、规模收益等因素决定

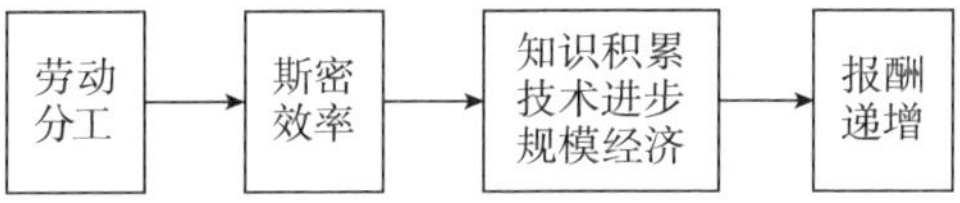

图 4－2　劳动分工与报酬递增

的，而是由专业化和分工所决定的。或者说，表面上，报酬递增是由技术进步、规模收益决定的，而实际上，报酬递增是由劳动分工决定的。如图 4－2 所示。技术进步是分工的结果，规模收益是相互分工、扩大分工的结果。分工和市场范围（规模）是经济过程的不同侧面，要将这一经济过程继续进行下去，就必须共同发展。正是因为分工带来的效率，现实经济才呈现了报酬递增的事实。

如果没有群体成员相互的劳动分工去解决衣、食、住、行问题，当今世界的任何一个学者、政客、富豪都将如同一万年前的普通农夫。知识积累、技术进步、技术创新，必须有分工这个前提环境才有持续的意义。尖端技术，一定是细化分工的结果。规模收益递增或递减，是分工收益与分工成本的简单算术。

4.1.3　劳动分工与市场规模的论争

斯密在《国富论》中用第三章的标题提出了斯密定理：分工，受市场规模的限制。市场要是过小，就不能鼓励人们终生专务一业。因为在这种状态下，他们不能用自己消费不了的劳动剩余部分，换得自己需要的别人劳动生产物的剩余部分。斯密定理的基本内容是，只有当市场需求扩大到一定程度时，专业化生产者才能够生存。并且，专业化和分工的程度随着市场范围的扩大而提高。

无疑，市场垄断有利于单一商品的市场销售量。当垄断也有利于单一产品扩大产量时，这个观念就成为计划经济很有效率的逻辑起点。但是，垄断成就了垄断企业，却牺牲了社会福利。

就此，施蒂格勒提出了斯密悖论。施蒂格勒认为，如果斯密定理具有一般性，产业垄断就是应该的。只要劳动的进一步分工（劳动和工具的进一步专业化）能够用低成本获得高产量，那么，联合、合并形成的垄断对企业有益，对社会也有利，典型的产业结构就必定是垄断。但是，市场经济中正常的产业结构是竞争，不是垄断，那么斯密定理就是错误的。[①]

杨格高度评价“分工受市场规模的限制”的斯密观点。杨格提出，分工和市场规模是一个经济过程的不同侧面，要将这一经济过程持续进行下去，就必须共同发展。分工取决于市场规模，市场规模也取决于分工，经济进步的可能性就存在于二者互为因果

① Stigler G. J. The division of labor is limited by the extent of the market[J]. JPE,1951,59(3):185－193.

的条件之中[1]。杨格是在说，不仅斯密的分工受市场规模的限制，市场规模也受分工的限制。一方面，杨格也认为，分工能够带来效率，能够带来报酬递增，但分工水平受制于市场规模。最简单的例子是，专职会计应该比老板自己记账的效率更高、质量更好，但一个小规模的夫妻店未必能够承受一个专职会计的成本。另一方面，杨格则认为，不仅劳动分工取决于市场规模，市场规模也取决于劳动分工。在一个没有劳动分工的社会里，市场很难存在，更不用说市场规模。

杨格这一思想与斯密的思想互为补充。

施蒂格勒在同一篇文章里，先是提出了斯密定律悖论，接着对杨格理论也进行了评论。施蒂格勒承认，杨格的观点颇有说服力，但是，杨格没有解决把市场规模纳入竞争价格的技术问题，他回避了这个问题。虽然杨格的观点常常受到赞扬，但并不等于杨格理论已经和厂商理论、竞争理论融为一体。

杨格思想的核心，是确定了市场规模与分工之间的相互依存关系。施蒂格勒提出的问题，是如何将市场规模与分工纳入同一个分析框架中。这个问题也是本书下面要解决的问题。

4.1.4 市场规模与分工的关系：$PT=LE$

如何在市场规模与分工的分析中纳入价格因素？

如何将市场规模与分工纳入同一个分析框架中？

4.1.4.1 工资，是要素分工收入的一部分

古典增长理论是劳动、资本、土地三个要素的配置。货币是外生变量。

新古典经济学将土地并入了资本，增加了技术因素。新古典经济学的生产函数 $Y=F(L, K, A)$，是劳动、资本、技术三个要素的配置。货币，仍然是外生变量。

在分工的货币经济中，劳动、资本、技术都是以获得要素收入的方式参与到分工中的，如工资、利息、租金和技术转让费等。劳动力、土地、资本和技术等，都是个人所有权的组成部分。工资，是劳动参与分工的收入，是劳动、资本和技术参与分工获得的要素收入的组成部分。与之对应，参与分工者称为就业者更准确。这里的就业者，是至少通过自己的劳动、技术、资本之一获得货币收入的人，是获得货币收入的就业者。就业者获得的，可能是人力资本的工资，也可能是货币资本、土地资本和技术专利的报酬。

分工与交易相辅相成，分工，不是简单的人口问题。在完全自然经济状态，没有参与任何分工交易的人群，是劳动力，但不是经济学中的分工角色，也不是货币经济的组成部分，如其收获的庄稼、果实完全自给，不会计入 GDP，也不可能计入 GDP。重述

① Young A. A. Increasing returns and economic progress[J]. The Economic Journal, 1928, 38(152): 527 - 542.

斯密的观点，要使劳动力不退出分工，必须通过交易获得分工收入（工资、资本收益或技术收益）。否则，专业化的生产者将难以生存。而且，分工收益大于自给自足收益，是保证分工能够持续的一个基础。

4.1.4.2　市场规模等于要素收入，也等于分工收入

GDP 核算有三种方法：支出法、生产法、收入法。

支出法：GDP = 消费 + 投资 + 政府支出 + 净出口。

生产法：GDP = 第一产业 + 第二产业 + 第三产业。

收入法：GDP = 家庭收入 + 公司收入 + 政府收入。

生产法计算的 GDP，也是所有被购买的产品和服务量 T 与价格 P 乘积的总和：

$$GDP = \sum P_i T_i$$

在 $GDP = \sum P_i T_i$ 中，T_i 为第 i 种产品（或服务）的交易量，P_i 为第 i 种产品（或服务）的价格。当我们用 T 表示产品（或服务）的交易总量，用 P 表示被交易产品（或服务）的平均价格，$GDP = \sum P_i T_i$ 则变为：

$GDP = PT$

$GDP = PT$ 中的 PT 就是生产法计算的 GDP，等于交易方程式中 $MV = PT$ 的 PT，也是市场规模。

交易方程式 $MV = PT$ 中的 MV，等于支出法计算的 GDP，也等于总需求。

则支出法、生产法计算的 GDP 也可以表示为：

支出法 $GDP = MV$ = 消费 + 投资 + 政府支出 + 净出口

生产法 $GDP = PT$ = 第一产业 + 第二产业 + 第三产业

另外，收入法计算的 GDP 还可以表示为：

$GDP = \sum L_i E_i$

在 $GDP = \sum L_i E_i$ 中，L_i 为第 i 个就业者，E_i 为第 i 个就业者的货币收入。当我们用 L 来表示就业量，用 E 来表示就业者的人均收入时，$GDP = \sum L_i E_i$ 则变为：

$GDP = LE$

在数学上，L（劳动力）所代表的，可能是自给自足的劳动力，也可能是参与分工的劳动力。在货币经济学中，LE 中的 L，必须是参与分工的劳动力，是通过劳动、技术、资本等获得货币收入的就业者。

收入法计算的 GDP 也可表示为：

收入法 $GDP = LE$ = 家庭收入 + 公司收入 + 政府收入

收入法计算的 GDP（LE = 家庭收入 + 公司收入 + 政府收入），是为生产最终产品和服务而向生产要素所有者支付的总和，也是分工收入之和。无疑，产品和服务的销售总额 PT 最终会全部转化为提供该产品和服务的各种投入要素的 LE（劳动收益、技术收益、资本收益等），使得所有要素的报酬加总后等于产品的总价值。当年全部生产要素

所获得的收入总和 LE 必然等于当年成交的产品和服务的货币产值 PT。换一种表达方式就是，分工就业人数 L 以及分工就业者人均收入 E 的乘积 LE 在数学上等于市场规模 PT。即

$$PT = LE$$

PT 和 LE，分别是生产法、收入法计算的 GDP，二者相等。另一个层面的解释则是：市场规模 PT 等于分工收入 LE。

在货币经济中，$PT = LE$ 表明，总量市场规模，是商品和服务交易量 T 与交易平均价格 P 的乘积 PT；总量劳动分工，是就业量 L 和就业者人均收入 E 的乘积 LE。LE 也是就业者将自己的劳动力、资金和技术等投入社会分工的总报酬。

$PT = LE$ 还表明，结合斯密、杨格的观点，分工 LE 取决于市场规模 PT，市场规模 PT 取决于分工 LE，经济进步的可能性就存在于 LE 和 PT 二者互为因果的条件之中。

在 $PT = LE$ 中，总量市场规模 PT 与总量劳动分工 LE 之间建立了形式化的相关关系。$PT = LE$ 完成了施蒂格勒提出的杨格理论没有在分工中纳入竞争价格的技术问题，将市场规模与分工纳入同一个分析框架中。

前文已述，异质品不能进行边际分析。常识还告诉我们，异质品也不能加总。反思马－凯经济学的生产函数，货币外生的生产函数 $Y = F(L, K, A)$ 是物量单位。但是，不同的实物物量单位无法加总，如，$Y_1 + Y_2 = 7$ 斤大米 $+2$ 条裤子 $= ?$

从 $PT = LE$ 则更能看出，只有货币量单位才能够将千差万别的劳动力、商品和资本统一到一个相互关联的“经济体”中。MV 是货币量单位，PT 也是货币量单位，LE 同样是货币量单位。在物量单位被货币单位统一之前，古典生产函数只能将物品数量、人数和技术专利数量单项加总，三者不能相互加总，也不可能成为用货币衡量的“经济总量”。否则，7 斤大米 +2 个人 +9 项专利 = ?

分工有利于提高效率。但是，分工细化受到市场规模的限制。公理 $PT = LE$ 表明，更大的市场规模 PT 能容纳更多的就业 L、更高的人均收入 E。

在有 20 户人家的偏僻山村，只有 1 户人家有汽车。那么在这个山村里，不可能分工出 1 个专业洗车工的角色。这是市场需求、市场规模使然。大城市里会有很多专业的洗车工、洗车房，仍然是市场需求和市场规模使然。

货币因素、制度因素等都会限制劳动分工与市场规模的扩张性演绎，甚至会导致分工萎缩、市场规模缩小。货币因素方面，本书后面会有详细分析。在制度因素方面，例如，若街道主干道可以随意成为停车位，一定无人去投资建设收费停车场，也就难以分工出规范的停车经营行业。路边停车导致道路堵塞而对汽车限购，又会抑制汽车产量的进一步提高，抑制汽车市场规模的进一步扩大。

4.2 费雪方程式拓展：$MV=PT=LE$

公理 $PT=LE$ 形式化表达了斯密、杨格的思想，也解释了施蒂格勒的问题。$PT=LE$ 结合费雪的交易方程式，则形成了经济总量的三位一体，即 $MV=PT=LE$，演绎出经济增量的三位一体即 $m+v=p+t=l+e$，进而在总量分析、增量分析的基础上，建立了增量货币配合，吸纳新就业（增量就业劳动力）的报酬递增经济分析框架。

4.2.1 经济总量的三位一体

费雪证明，$MV=PT$。其中，MV 是总需求，PT 是总供给（也是市场规模），当年的 MV 或 PT 是当年的 GDP。

$PT=LE$ 证明，就业人数 L 和就业者的人均报酬 E 的乘积 LE（总收入）等于市场规模 PT。

$PT=LE$ 结合费雪交易方程式 $MV=PT$，则：

$GDP=MV=PT=LE$

经济总量三位一体的 $GDP=MV=PT=LE$，同时解决了 3 个问题。

第一，把总收入 LE、总需求 MV、总供给 PT 纳入一个统一的分析框架中。

第二，把 GDP 三种核算方法（支出法、生产法、收入法）统一在一个框架中。

第三，$MV=PT=LE$ 是内生货币 M 的总需求、总供给、总收入。在马－凯经济学总供求模型（AD－AS）中，货币是外生变量。

$GDP=MV=PT=LE$ 表明：货币量 M 和货币流通速度 V 决定的总需求 MV，等于商品、服务交易量 T 和交易均价 P 决定的商品、服务总供给 PT（市场规模），也等于就业人数 L 和就业者人均收入 E 决定的总收入 LE。图 4－3 是总需求、总供给、总收入之间的关系，也是购买力、市场规模、劳动分工之间的关系。

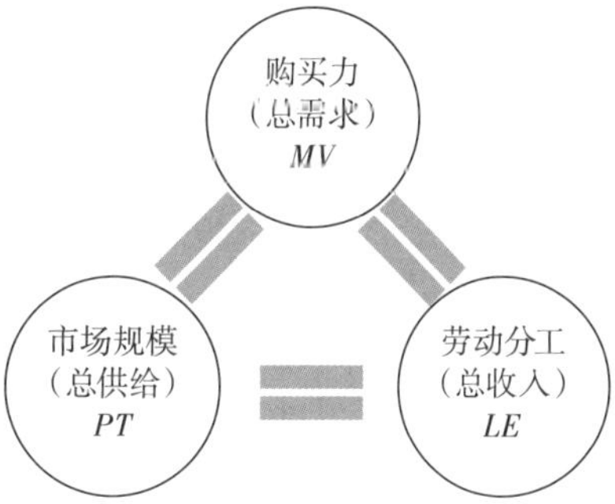

图 4－3　经济总量的三位一体

结合 $GDP=MV=PT=LE$，图 4－3 表明：

支出法 $GDP=MV=$ 总需求 $=$ 购买力

生产法 $GDP=PT=$ 总供给 $=$ 市场规模

收入法 $GDP=LE=$ 总收入 $=$ 劳动分工收入

$PT=LE$ 表明，分工 LE 与市场规模 PT 互为因果。$GDP=MV=PT=LE$ 则表明，总量需求 MV、市场规模 PT 和分工 LE 三者互为条件，经济增长、报酬递增的可能性就存在于三者互为条件的因果之中。

$GDP = MV = PT = LE$ 中，6 个变量都是影响因素和被影响因素。例如，就业量 L、人均收入 E 受制于总需求 MV，同时受制于总供给 PT（市场规模）。经济总量（MV 或 PT）既定的前提下，人均收入 E 高，就业人数 L 则低。

因为：

$GDP = MV = PT = LE$

则：

$M = PT/V = LE/V$

在 $M = PT/V = LE/V$ 中，货币量 M 增长时，没有假定前提，我们不能确定必然导致价格 P 的上升（货币数量论不能成立），或者必然导致交易量 T 的上升，或者必然导致就业量 L 的上升。

在 $M = PT/V = LE/V$ 中，货币量 M 增长时，假定货币流通速度 V、交易量 T、人均分工收入 E 不变，则必然导致价格 P 上升（货币数量论成立），就业量 L 上升。

在 $GDP = MV = PT = LE$ 中，市场范围 PT 的大小不是由人口规模决定的，而是由购买力 MV 决定的。在货币存量 M 不变、货币流通速度 V 也不变时，经济增长将停滞。

现实经济的逻辑，是按照费雪方程式拓展的方向演进的，即：$MV \to PT \to LE$，是货币需求 MV 决定商品供给 PT，商品供给 PT 决定分工收入 LE。

经济理论的历史演进，则是逆着现实经济的逻辑发展的，即：$LE \to PT \to MV$。

斯密的“分工带来效率，但是，分工受市场规模的限制”，先谈分工 LE，后谈市场规模 PT，即：$LE \to PT$。古典经济学的基本认知是“供给决定需求”的萨伊定律。萨伊定律可以在物物交易中存在，但不可能在以信用货币为媒介的货币经济中存在，因为这个古典分析架构既没有涉及货币量 M，也没有涉及货币流通速度 V。

萨伊定律分析架构不可能解决以信用货币为媒介的现代经济中的“为谁生产”“谁来购买”问题。

在理论上解决萨伊定律问题的，是凯恩斯。凯恩斯的解决之道是将萨伊定律的“供给决定需求”逆转为凯恩斯定律的“需求 MV 决定供给 PT”，也就是说，经济理论提出问题、解决问题的历史演进 $LE \to PT \to MV$，是逆着现实经济的逻辑发展的。

在物物交易时代，交易，是交易双方对对方的选择，是互相选择。而在货币媒介时代，是货币购买商品，而不是商品购买货币；是货币选择商品，而不是商品选择货币；是货币的单向选择权，而不是货币、商品互相选择的“自由恋爱”。

法定货币的无限法偿，已经在法律上确认货币选择权是一种单向选择权力，这也是基于媒介货币的市场经济基础，即法定货币支付（购买商品、偿还债务、缴纳税款），收款人不得拒绝接收，更不能自由选择其他货币。

相对于萨伊定律，虽然凯恩斯定律“需求 MV 决定供给 PT”是一个革命性理论，但是凯恩斯看到的却是大萧条时期通货紧缩大背景下的“货币量 M 政策无效”。凯恩斯的财政政策，是政府把公众的钱借过来进行支出，借此提高货币流通速度 V，是在假定货币量 M 不变的情况下提高需求 MV 的一个路径。这不等于原汁原味的凯恩斯定律“需求 MV 决定供给 PT”是一个完整理论。而且，单一提高货币流通速度 V 是不可持续的，只能是偶尔为之。

直到 2018 年，人们依然认可凯恩斯观点是医治经济萧条、有效需求不足的灵丹妙药。但是，此药不可常吃。从“二战”结束至 1970 年代，主要市场经济国家运用凯恩斯之策 30 年，最后结局是“滞胀”。“滞胀”之后，人们依然认可凯恩斯之策，但是也认识到，凯恩斯之策是非常之策，可以不得已为之，而不是平常之策，更不是家常便饭。

费雪方程式拓展的实现，也是“需求 MV 决定供给”。与凯恩斯的“需求决定供给”不同，费雪方程式拓展提高需求的方式是降息，降低需求的方式是加息。降息，降低了货币使用成本，更多的货币从中央银行贷出来，可以提高货币量 M 促进需求，同时也可以提高货币流通速度 V 促进需求。

当然，当经济萧条时，公众不愿意支出自己的货币收入，政府把公众的货币借过来支出（凯恩斯的所谓财政支出政策），提高了货币流通速度 V，扩大了市场规模 PT，也提高了分工收入 LE，但是增加了政府的债务负担。

无论是政府借债，还是企业、个人借债，只要借债是用于支出，都会提高货币流通速度 V，在 $MV \rightarrow PT \rightarrow LE$ 中，即使货币量 M 不变，商品 PT 能增加销售，收入 LE 也能得到提高。

应用经济学

《最低工资法》中的取舍

2019 年 7 月 18 日美国众议院通过《提高工资法》(Raise the Wage Act)，要求各州 2025 年 10 月前将最低小时工资从 7.25 美元提高至 15 美元。

在 $GDP = MV = PT = LE$ 中，总需求 MV 决定总供给 PT，总供给 PT 决定总收入 LE。

简化 $GDP = MV = PT = LE$，则 $GDP = LE$。

上式表明，当 GDP 既定时，人均收入 E 高，则就业量 L 低，反之亦然。也就是说，《最低工资法》可能是以牺牲就业量为代价的。

一般而论，当出现大量失业时，《最低工资法》阻碍了就业量的提高；当就业很充分时，《最低工资法》维护了最低工资收入者的利益。

工资是劳动力价格，刚性工资（工资确定之后不易变动，尤其是不易下降的特性）

的实际意义，是工资水平中包容了分工水平。当整体工资水平趋于下降时，其严重后果是社会的分工水平、分工效率将会下降。问题在于，是提高总需求依靠经济增长维护刚性工资、维持工资的增长，还是依靠《最低工资法》保证刚性工资、保证工资的增长？

工资，是由市场决定的。如果法律能提高工资，这个世界就简单了。

《最低工资法》，是政府请客企业买单。为了公平，政府应该降税补贴企业。当然也可以政府请客政府买单，即，政府财政给低工薪阶层发放补贴，而不是要求企业提高工资。

在劳动力市场，用工荒（劳动力短缺）是经济繁荣的结果。分工效率的提高是人均收入能够提高的基础，加之合适的货币政策，工资自然地会逐渐上升，这种竞争性的劳动力市场还提高了劳动的质量。经济萧条时企业无力承担员工工资，法律强行要求企业增加雇佣数量、提高工资，企业只能以破产应对。而繁荣与萧条多是宏观经济政策导致的。只是政客喜欢炫耀繁荣，也喜欢用法律推卸萧条的责任，或者让企业承担萧条的责任。

20 世纪 30 年代美国首次实施《最低工资法》以来，就不断出现相关问题的争论。《最低工资法》，美其名曰是保护弱势群体。对于高工薪阶层来说，无须《最低工资法》的保护。对于真正的弱势群体、低工薪阶层，《最低工资法》反而带来了损害。

最低工资是价格下限的一种形式，$GDP = LE$，经济总量 GDP 没有增长，提高最低工资 E，失业率将增加，就业量 L 将下降，而且失业的多是工资较低的弱势群体。一个公司用每月 2000 元雇一个保洁员，也找到了一个愿意接受这个薪酬的失业者。而《最低工资法》告诉这个公司，月工资不能少于 2200 元，否则非法。于是公司放弃了这个雇佣，一个就业机会就此消失……

一个小企业雇用了 50 人，人均工资为 2000 元，企业每月盈利 5000 元，激烈的市场竞争使得这个小企业的产品价格没有上升空间。当《最低工资法》规定人均工资为 2200 元时，企业将立即进入亏损状态。关闭企业是迫不得已而又唯一可行的策略。这 50 名雇员将失业。对于这个企业的雇员来说，是现实的 2000 元工资好，还是从此失业、等待遥遥无期的 2200 元工资好？若都不好，政府就应该把每个工资低于 2200 元的就业者的工资补齐至 2200 元，即给这个小企业的每个员工补助 200 元。

法律条款让弱势群体失业了，收入为 0，而法律设计者的目的和初衷是要保护弱势群体。

4.2.2 经济增量的三位一体

对 $MV = PT = LE$ 进行微分，整理后可得：

$$\mathrm{d}M/M + \mathrm{d}V/V = \mathrm{d}P/P + \mathrm{d}T/T = \mathrm{d}L/L + \mathrm{d}E/E$$

或者：

$$m + v = p + t = l + e$$

其中：

$m = \mathrm{d}M/M$，表示货币量变动率；

$v = \mathrm{d}V/V$，表示货币流通速度变动率；

$p = \mathrm{d}P/P$，表示物价变动率（通货膨胀率）；

$t = \mathrm{d}T/T$，表示交易量变动率；

$l = \mathrm{d}L/L$，表示就业量变动率；

$e = \mathrm{d}E/E$，表示就业者人均收入变动率。

$m+v=p+t=l+e$ 表明了 6 个变量（M、V、P、T、L、E）各自变动率（m、v、p、t、l、e）之间的关系。

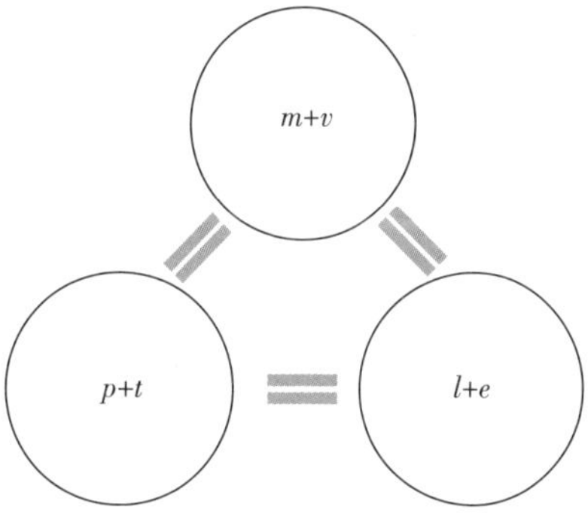

图 4－4　经济增量的三位一体

图 4－4 显示了货币量变动率 m、货币流通速度变动率 v、物价变动率 p、交易量变动率 t、就业量变动率 l 以及就业者人均收入变动率 e 之间的关系：

$$m+v=p+t=l+e$$

4.2.3　总量增长率与内含要素增长率之间的关系

4.2.3.1　经济总量之间的关系

经济总量之间的关系：

$$GDP=MV=PT=LE$$

其中，M 为一定时期流通货币的平均数量，V 为货币流通速度，P 为商品、服务交易价格均值，T 为交易数量，L 为就业量，E 为就业者的人均收入。

4.2.3.2　经济增量之间的关系

6 个变量 M、V、P、T、L、E 各自增长率分别为 m、v、p、t、l、e。

对 $MV=PT=LE$ 微分，整理后，则经济增量之间的关系为：

$$m+v=p+t=l+e$$

4.2.3.3　总量增长率与内含要素增长率之间的关系

$$GDP=MV=PT=LE$$

假定 GDP 的增长率是 g（也是 MV、PT、LE 三者的增长率），货币量 M 的增长率是 m，货币流通速度 V 的增长率是 v，价格 P 的增长率是 p（也是通货膨胀率），交易量 T 的增长率是 t，就业量 K 的增长率是 k（英文 L 的小写 l 容易混为阿拉伯数字 1，这里把就业量 L 的增长率 l 改写为就业量 K 的增长率 k），人均收入 E 的增长率是 e，则

（1）GDP 总量增长率 g 与内含要素增长率之间的关系为：

$$g=mv+m+v=pt+p+t=ke+k+e$$

（2）m、v、g 的关系则为：

$m = (g - v) / (v + 1)$

$v = (g - m) / (m + 1)$

（3）p、t、g 的关系则为：

$p = (g - t) / (t + 1)$

$t = (g - p) / (p + 1)$

（4）k、e、g 的关系则为：

$k = (g - e) / (e + 1)$

$e = (g - k) / (k + 1)$

4.2.3.4　举例

（1）弗里德曼认为，货币量增长 m 是 GDP 增长 g 的条件。但是，

$g = mv + m + v$

可以看出，“货币量增长 m 是 GDP 增长 g 的条件”在货币流通速度 v 不变时，绝对成立。如果货币流通速度 v 变动，则“货币量增长 m 是 GDP 增长 g 的条件”未必成立。

1980—2010 年代日本的货币量增长较快，因为货币流通速度下降，GDP 增长较慢。这实际上就是马-凯经济学的“凯恩斯陷阱”。

（2）弗里德曼认为，“通货膨胀无论如何都是货币现象”。但是，

$mv + m + v = pt + p + t$

意即：

$p = (mv + m + v - t) / (t + 1)$

可以看出，“通货膨胀无论如何都是货币现象”完全忽视了货币流通速度变动 v、交易量变动 t 的影响。因此，弗里德曼的这个观点与很多实际数据不符。

（3）$e = (g - k)/(k + 1)$。后文将应用此公式对马-凯经济学的奥肯定律进行公理性解释。

应用经济学

统计数字的误差

《中国 2015 年国民经济和社会发展统计公报》（以下简称《公报》）中，全年国内生产总值为 676708 亿元，比上年增长 6.9%；全国居民人均可支配收入为 21966 元，比上年增长 8.9%；年末全国就业人员为 77451 万人，比上年增长 2.6%（计算值，上年 75488 万人）。

假定：就业者人均收入增长率 = 居民人均可支配收入增长率 =8.9%。考虑到失业率大于 0，就业者人均收入增长率只会大于居民人均可支配收入增长率。即就业者人均

收入增长率 > 居民人均可支配收入增长率 =8.9%。

如下分析没有考虑未知的口径差异。

前文已述，当GDP的增长率是g，就业增长率是k，就业者人均收入增长率是e时，g、k、e之间的关系为：

$$g = ke + k + e$$

$$e = (g - k)/(k + 1)$$

$$k = (g - e)/(e + 1)$$

《公报》中，GDP增长率$g = 6.9\%$，人均收入增长率$e = 8.9\%$，就业增长率$k = 2.6\%$。

下面的3种计算方式均表明，《公报》里面的国内生产总值GDP增长率、人均可支配收入增长率、就业增长率这3项中，至少有1项的统计数据有误差。

（一）基于就业者人均收入增长率、就业量增长率，计算GDP增长率

当就业者人均收入增长率$e = 8.9\%$，就业增长率$k = 2.6\%$时：

GDP增长率$g = ke + k + e = 8.9\% \times 2.6\% + 2.6\% + 8.9\% = 11.7\%$

也就是说，如果2015年就业者人均收入增长率$e = 8.9\%$，就业量增长率$k = 2.6\%$，则GDP增长率$g = 11.7\%$，远高于《公报》中的6.9%的增长。见表4－1。

表4－1　基于就业者人均收入增长率、就业量增长率，计算GDP增长率

	就业者人均收入增长率e	就业增长率k	GDP增长率g
《公报》	8.9%	2.6%	6.9%
e、k与《公报》相同计算g的结果	8.9%（同上）	2.6%（同上）	11.7%

（二）基于GDP增长率、就业者人均收入增长率，计算就业量增长率

当GDP增长率$g = 6.9\%$，就业者人均收入增长率$e = 8.9\%$时：

就业量增长率$k = (g - e)/(e + 1) = (6.9\% - 8.9\%)/(8.9\% + 1) = -1.8\%$

也就是说，如果2015年GDP增长率$g = 6.9\%$，就业者人均收入增长率$e = 8.9\%$，则就业量增长率$k = -1.8\%$，就业量是下降1.8%，而不是《公报》中的2.6%的增长。见表4－2。

表4－2　基于GDP增长率、就业者人均收入增长率，计算就业量增长率

	GDP增长率g	就业者人均收入增长率e	就业量增长率k
《公报》	6.9%	8.9%	2.6%
g、e与《公报》相同计算k的结果	6.9%（同上）	8.9%（同上）	－1.8%

（三）基于 GDP 增长率、就业量增长率，计算就业者人均收入增长率

当 GDP 增长率 $g=6.9\%$，就业量增长率 $k=2.6\%$ 时：

就业者人均收入增长率 $e=(g-k)/(k+1)=(6.9\%-2.6\%)/(2.6\%+1)$
$=4.2\%$

也就是说，如果 2015 年 GDP 增长率 $g=6.9\%$、就业量增长率 $k=2.6\%$，就业者人均收入增长率则为 $e=4.2\%$，而不是《公报》中的 8.9% 的增长。见表 4－3。

表 4－3　基于 GDP 增长率、就业量增长率，计算就业者人均收入增长率

	GDP 增长率 g	就业量增长率 k	就业者人均收入增长率 e
《公报》	6.9%	2.6%	8.9%
g、k 与《公报》相同计算 e 的结果	6.9%（同上）	2.6%（同上）	4.2%

4.2.4　增量货币配合，吸纳新就业的报酬递增

当斯密纠结于劳动分工受制于市场规模时，一个新的问题出现了：市场规模是由什么决定的？

在 $PT=LE$ 中，当分工 LE 与市场规模 PT 互为因果时，进一步的问题也出现了：何谓经济增长的推动力？分工，还是市场规模？

都不是。

需求 MV 是经济增长的推动力，需求决定供给（市场规模）。这是凯恩斯最杰出的贡献，也被称为凯恩斯定律。

市场规模与国土面积、人口无直接关系。在每一个公民 100% 完全自给自足的国家，无论人口多少，都没有市场，更谈不上市场规模。在市场经济中，购买力是消化产出的能力，总需求决定了市场规模。即需求决定供给，购买力决定生产能力。那么，购买力是由什么决定的？凯恩斯定律会带来一个简单化推论：购买能力取决于生产能力。这个简单化推论会让经济学重新进入实物货币时代古典经济学的萨伊迷宫：供给决定需求。

在 $GDP=MV=PT=LE$ 中，在主动性和被动性上，是货币 M 购买商品 PT，不是商品购买货币。若没有货币增量 m 的加入，没有金融市场的介入，需求 MV 终将受限于总收入 LE。

物物交易或者实物货币，是古典经济学的理论基础。基于萨伊定律的古典经济学认为，供给决定需求。以 1929—1933 年的大萧条为例，古典经济学的分析逻辑是：商品普遍滞销是因为供给太多，供给太多是因为投资太多，投资太多是因为货币供给太多，对策则是：减少货币供给。因此，衰退演变为大萧条、大灾难。

目睹了大萧条的凯恩斯在1936年出版的《就业、利息和货币通论》中则认为，需求决定供给，1929—1933年商品普遍滞销的解决之道是扩大需求（MV）。当增加货币供给 M 面临凯恩斯陷阱导致货币政策无效时，凯恩斯转而寻求财政政策。货币量不变时，政府向民间借债用于基础设施投资等支出，提高了货币流通速度 V，也提高了总需求 MV。

直到今天，基于古典经济学的思维方式（供给，会创造自己的需求），当宏观经济政策面临总需求不足时，很多货币当局还是无所作为。

一方面，资金沉淀，存款余额非常大，M2持续上升。另一方面，房子卖不掉的同时，大量居民无房，或者住房很拥挤；汽车卖不掉的同时，很多人无车；医学毕业生找不到工作的同时，看病难；师范毕业生找不到工作的同时，中小学生上学难；等等。

当资金找不到投资机会、医学毕业生找不到工作、看病难这三者并存时，一定是医疗体制、经济政策出了问题。因为，投资建设医院可以同时解决这三个问题。

解决这些问题，需动用沉淀资金投资。需求不足时，需要降息，增加货币供给，此时，货币政策的作用，就是让穷人用更低的货币成本买房、买车、上学、看病、买股票……这些都是需求。

需求 MV 决定供给 PT。或者说，需求 MV 决定市场规模 PT，PT 决定收入 LE。商品或服务（PT）卖掉了，相关的生产要素提供者 L 才能够得到自己的报酬 E。

需求 MV 不能直接决定收入 LE。否则，如下观点就能够成立：经济萧条时，用直升机在空中撒钱就能促进经济。

结合经济总量 $GDP = MV = PT = LE$ 和经济增量 $m + v = p + t = l + e$，如图4－5所示，是综合斯密、费雪、杨格、凯恩斯的劳动分工、市场规模、总需求理论，在费雪、弗里德曼条件下①，增量货币（m）配合，吸纳新就业（l）实现经济增长、人均报酬递增的过程。

图4－5中所示过程的若干推论：

（1）若货币流通速度 V 相对稳定，没有增量货币的配合，经济增长终将受到总需求 MV 不足的抑制，这也是金本位、银本位最终让位于信用货币的根本原因。

（2）效率，来源于市场竞争条件下产出 PT 过程的分工。所谓直升机撒钱是将 $MV = PT = LE$ 中的 PT 去掉，只剩下 $MV = LE$，增量货币 M 直接成为收入 E，不能创造商品、服务，更不能提高产出效率。

（3）商品或服务的价格降低并且无限趋于0时，货币价格上升并且无限趋于无穷高，这时基于货币媒介的交易将消亡。如同高温、缺水的月球、太阳上不可能出现生

① 费雪、弗里德曼条件：在长期，货币流通速度 V 基本不变。这里借用这个条件是为了简化分析。实际上，无论长期还是短期，货币流通速度 V 都是变动的。如果货币流通速度 V 不变，货币主义就是当仁不让的主流经济学，凯恩斯主义就不可能存在。

命，亦如同曾经的地球雨林因为火山爆发而生命消失殆尽。

（4）信用货币消除了金本位、银本位导致的货币短缺后，货币量 M 可以无限量供给。人类经济社会最稀缺的资源不是货币，是专业化的劳动力 L。大量失业，多是战争、市场缺位或产权保护不力、货币政策失误以及劳动力缺乏专业化知识无法成为分工角色等导致的。

（5）货币资本收益率逐步降低，人力资本的收入逐步提高，是大势所趋。再具体而言，直接投资趋于风险投资，考验的是投资者对经济大势、被投资企业家能力的双重判断，可能收益很高，也可能血本无归。无风险的间接投资，即传统的无风险食利者、获得存款收益者的收益率逐步降低。不可替代的人力资本能力，尤其是不可替代的管理能力收益趋高。

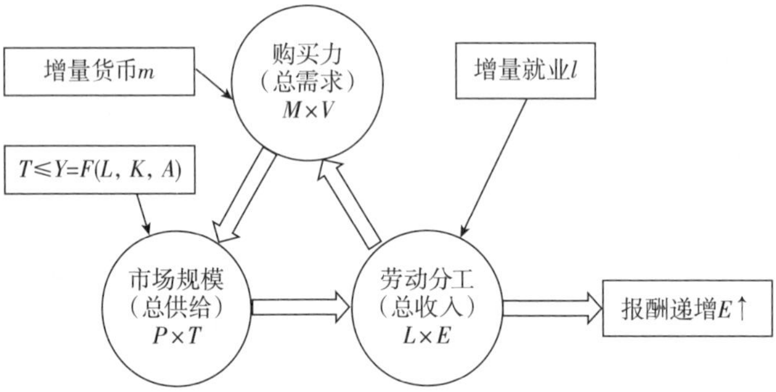

图 4－5　增量货币（m）配合，吸纳新就业（l）的报酬递增经济

（6）报酬递增 $E\uparrow$ 很抽象。具象的报酬递增就是你能够看到的，其他动物绝不可能拥有的楼房、桥梁、高速公路、飞机、汽车、手机等。实现的报酬递增与不能实现的报酬递增之不同在于，被购买的汽车驰骋在路上，卖不掉的汽车永远在汽车厂商的库房里。

（7）图 4－5 中，生产函数中的 Y 转为交易量 T。柯布－道格拉斯生产函数 $Y=F(L, K, A)$ 的逻辑，是产量极值的限制因素。如苹果手机的最大年生产能力 Y 是 10 亿部，是技术 A、劳动 L、资本 K 共同决定的。但需求决定供给，如苹果手机的年需求量是 1 亿部。T 等于需求决定的 1 亿部，不等于生产函数（古典供给）决定的 10 亿部生产能力。T 的最大值受限于生产函数，即：$T\leqslant Y=F(L, K, A)$。

古典经济学的生产函数 Y 与新古典经济学的“潜在 GDP”似乎是同一件事情。实物单位的生产函数 Y 与货币单位的“潜在 GDP”又是不同的范畴。马－凯经济学常常让人精神错乱。

可以看出，如果肯定萨伊的“供给决定需求”，生产函数便是经济学的核心。如果肯定凯恩斯的“需求决定供给”，货币外生的生产函数就不是经济学的组成部分，而应该归入企业管理中的生产理论。实际上，柯布－道格拉斯 1928 年发表在《美国经济评论》上的这篇论文的标题就是：生产理论（A Theory of Production）。[1]

在内生货币经济总量上，实际 T 值取决于 M、V、P、L、E。准确地说，在 $GDP=MV=PT=LE$ 中：

$$T = MV/P = LE/P$$

此 T 非彼 T。比较货币外生的 $T \leqslant Y = F(L, K, A)$ 和货币内生的 $T = MV/P = LE/P$，我们同样看到，货币外生的柯布－道格拉斯生产函数距离货币经济已经很远了。

（8）就业，不是你有工作我将失业的零和博弈。就业创造着商品和服务，还创造着新的就业。就业收入 LE，要么用于消费、投资，要么用于储蓄。消费或投资时，直接扩大了总需求。储蓄时，储蓄资金通过金融体系间接扩大了消费或投资，当然也扩大了就业机会。个人收入没有“漏出”的情况下，个人的收入终将是社会总需求的一部分，又会成为其他人的收入，提供其他人的就业机会。

这里的“漏出”，是指将货币收入放在自己的保险柜锁起来，或者窖藏起来，导致一部分货币退出了经济循环。

（9）只要不实行无效率的分配方式，让竞争市场充分发挥作用，稀缺资源就会在全球范围寻找最佳效率的使用者，衣、食、住、行、教育、医疗等商品或服务的短缺问题，都会被人类的分工效率解决。人，是人类经济社会中唯一的稀缺资源，分工效率带来的技术进步会超过人们今天的任何想象力。更通俗的表达：在 $GDP=MV=PT=LE$ 中，代表人的 L（就业者）是唯一的稀缺资源。信用货币替代金银等商品货币是一个里程碑。此后，货币量不再是制约经济发展的瓶颈，货币 M、货币流通速度 V、价格 P、交易量 T，甚至人均收入 E，都是人类分工效率游戏的一个个结果。人，是分工效率的原因，因而稀缺。

（10）平衡状态 $MV=PT=LE$ 只会偶尔存在、瞬间存在。利用 $MV=PT=LE$ 进行分析是为了便于理解。经济，是不平衡过程，是 $MV \rightarrow PT \rightarrow LE \rightarrow MV \rightarrow \cdots\cdots$ 不是偶尔，不是瞬间。增量就业、增量货币是打破既有平衡实现经济增长的主要因素。

人力资源趋于稀缺的具体原因：一是人类自身再生产的分工成本高昂。普通动物养育后代的唯一成本是食物，在高度分工的人类社会，食物成本可能不到人们养育孩子成本的十分之一。二是人类对健康、长寿的追求，而健康、长寿的成本没有止境。

4.3 货币、价格与收入

很多人会觉得，消费价格上升（通货膨胀）是坏事；很少人会觉得，股价上升是坏事。

---

① Charles W. Cobb, Paul H. Douglas. A theory of production[J]. The American Economic Review, 1928: 139－165.

相对意义上，物价上升、股价上升都是货币贬值。

在一个时间跨度中，比如20年，商品和服务都在进化（质量提高，或者质量不变而产量提高），而货币作为价格的尺子不可能进化。20年前你出售一部手机得到1000元纯收入，手机售出后，你不会，也无权提高被出售手机的质量、性能。在这20年中，你得到的1000元在保险柜里沉睡，而手机厂商在这20年里辛苦工作着，提高质量、增加功能、降低价格。20年前的手机已经不复存在，20年后的手机与你20年前得到的1000元比价，哪一个应该相对贬值？

过去20多年（1990—2018年）里，手机每年都在进行脱胎换骨式的进化，而鸡蛋在这20多年里则质量不变，产量剧增。后面也将讨论这个问题。

一般价格（消费价格+资产价格）上升，是货币贬值，也是消费品、资本品升值。在 $GDP=MV=PT=LE$ 中，商品、服务升值（$P\uparrow$）、货币贬值，全社会分工从业者的收入增加（$E\uparrow$），就业人数增加（$L\uparrow$）等，是高度相关的一连串事件。

一般价格下降，是货币升值。货币应该贬值还是应该升值？消费价格、资产价格下降（货币升值）是好事吗？需要提醒的是，1929—1933年的全球大萧条，其重要特征就是消费价格、资产价格下降，货币升值。

适度，很重要。离开适度，无法去讨论价格应该上升还是下降。在一年时间内，价格上升100倍，或者降到0，都会天下大乱。

价格变动，不仅关乎涨跌、成本，还关乎就业、收入、总需求。不同的价格水平，容纳不同的产出水平、分工水平、收入水平和质量水平。当鸡蛋价格由每个0.5元下降到0元时，市场上的鸡蛋将全部消失，鸡蛋从业人员将全部失业。事情还没结束，鸡蛋从业人员曾经带来的消费、投资也将消失，这会导致其他行业的需求下降，相关的连锁反应如同多米诺骨牌。

市场，是议价场所，维持价格弹性，双方自愿决定价格，是市场经济的精髓。

但是，价格水平的下降意味着货币升值。人们增加货币资产、储币的结果是总需求下降，价格水平会更严重下降。任由价格自由落体，会导致企业大面积倒闭，员工大量失业，大萧条将重演。这是中央银行必须控制的问题，也是本书后面将要阐述的主要内容。

4.3.1 分工的不可逆性

东西卖不掉？古典经济学说：降价就是了。价格越低需求越高。

找不到工作？古典经济学说：降低工资要求就是了。工资要求越低，工作岗位越多。

在古典经济学看来，普遍需求不足是不可能发生的，因为价格的弹性变动总会使供需达到均衡。但是，总需求下降时，通过降低价格重获古典均衡，将降低分工水平和分工效率。

不同的价格水平，包容不同的分工水平。只要商品和服务价格足够低，一分人民币就能买下全世界。持续的价格下降只有一个结果：经济分工消失，人类将重新回到自然经济状态，回到丛林，回到树上。由此，在货币经济社会中，价格下降、通货紧缩都会带来经济衰退、经济危机。

1929—1933 年大萧条的主要特征就是产出和价格的共同下降。

在 $GDP = MV = PT = LE$ 中，分工 LE 与交易 PT 相辅相成。专业化水平越高，对交易的依赖性程度就越高。在专业化分工与交易的互动演进中，交易量 T、交易价格 P、参与分工的劳动力数量 L 和人均分工报酬 E 之间存在着互相依存关系，任何一个方面出了问题都可能导致整个分工经济体系的崩溃。

市场经济中的分工过程是不可逆的，否则，将带来灾难性的后果。例如北京、上海的市民目前都靠购买分工商品的方式获得米、面、肉、蛋、奶等，如果倒退回去，整个北京、上海的市民全部改为以自给自足的方式获得食品，将导致北京、上海，甚至中国市场经济体制的整体崩溃。当然，作为大城市的北京、上海也会崩溃。

对个体而言，如果没有其他收入来源，大学毕业生都要找工作，失业者都要找工作，甚至在他们的意识里面就没有退出分工而寻求自给自足的打算，这也同样说明分工经济的不可逆性。

计划经济在苏联和中国都曾经取得了短暂的辉煌。科斯 1937 年的名作《企业的性质》似乎有为苏联的计划经济歌功颂德的意味①。科斯的隐喻，是政府计划安排的经济比市场经济的交易成本低。之前的背景是，全球市场经济国家均陷入 1929—1933 年大萧条，而苏联的计划经济似乎不受影响。

与自给自足经济比较，计划经济也是一种分工经济，同样会出现分工效率。计划经济中的分工是靠权力安排实现的，而市场经济中的分工是靠权利交换实现的。在这个意义上，计划经济的分工与市场经济的分工又有本质的区别。苏联解体后经济总量的下降应该归因于计划经济分工的丧失而市场经济分工又不能迅速建立，进一步则应该归因于计划经济中的分工不等于市场经济中的分工。

分工，效率提高了，用货币衡量的成本也提高了。具体体现就是都市人的衣食住行成本远高于撒哈拉沙漠中的自给自足者。发生严重经济危机（1929 年大萧条、1998 年亚洲金融危机、2007 年次贷危机等）时，我们看到的表象是商品、服务价格崩溃，内在因素则是价格下降导致分工体系的崩溃，体现在货币上便是货币收益率（实际利率）飙升，体现在就业上则是大量失业出现。

全球一体化的经济体不是一台机械设备，而是具有生物特征的有机体。在一个动物身上，任何一个角色（器官、细胞）都是分工角色，不是自给自足角色。在生物进化

① R. H. Coase. The nature of the firm[J]. Economica, 1937, 4 (16): 386 – 405.

中，今天动物的高度专业化的器官是远古生物的普通细胞寻着专业化分工的轨迹进化而来的。例如眼睛，就是从对光较敏感的普通细胞分工进化而来的，分工、进化、专业化完成后，脱离动物体的眼睛是不能独立存活的。经济分工与生命进化中的分工一样，是不可逆的。

自给自足经济中没有“失业”这个概念。但在市场经济中，对于绝大多数的分工就业者来说，脱离经济一体化中的分工角色（失业者）就无法生存。如同动物的眼睛，存在于动物身体上，眼睛是重要的专业分工器官；而脱离了动物身体，眼睛只有死路一条。

因此，在现代分工经济中，人们如果没有积蓄，失业的后果很严重。失业率，也就成为货币政策的重要考量。

分工角色之间，不是领导与被领导的关系，是合作关系，对相关信号、信息必须做出反应。心脏给胃提供血液不是在领导胃，胃向大脑传递饥饿感不是在领导大脑，作为信息处理器的大脑控制嘴巴进餐不是在领导嘴。动物的大脑、心脏、眼睛、耳朵、脚等角色的功能，在接受、拒绝的决策过程中与整个机体进行交易、交换、交流，角色之间基于分工的效率，合成为这个动物的整体生存能力。角色遗传、变异的基本要求是强化这个动物的整体生存能力。

试错演进中的接受、拒绝，不可能像机械性条件反射那样迅速、直接、非此即彼。树欲静而风不止，风已远而树招摇。容错演进、受错（接受错误）演进的存在，也使得生命更有韧性。

生物进化，是为了适应环境，更是为了物种的延续。各种动物的眼睛看似相同，实际上大不相同。有的视距远，有的视野宽，有的定位好，等等。对于没有防卫能力的动物来说，视野宽、防偷袭很重要，定位好则不重要。但视野宽、定位好二者不可兼得，当这类动物变异出定位好、视野窄的眼睛，这个新品种很快就会被食肉动物吃掉，被淘汰，不仅是这个变异出来的新品种本身，还包括“创新”的眼睛。用进废退，长期在地下黑暗环境中生活的一些小动物，眼睛逐渐退化甚至失明，触觉、嗅觉则很发达，这是一种器官的重新分工。这些小动物来到阳光下时，将失去生存能力。

一个人在美国内华达沙漠中找到一块绿洲，完全自给自足，断绝与分工经济、市场经济的任何往来，他也许不需要任何货币收入就可以生存。但是，用2018年的眼光看来，他一定是艰难辛苦、穷困潦倒、缺衣少食。这个人来到纽约，成为一个分工角色，为他人提供劳动、商品或服务获得收入，靠工资支付日常消费，他的最低月收入少于2000美元则难以生存。在2000美元这个收入基础上，每下降一次，他就降低一点自己的分工谋生能力，同时需要提高一点自给自足能力。当他的货币收入降低到0时，他的分工谋生能力也降为0，自给自足能力则需要大幅度提高。否则，他将难以生存。

当地球上全部的人都回到自给自足状态时，我们在2018年看到的分工经济、分工效率、市场经济、现代秩序等，都将荡然无存。

古典经济学认为，商品价格、工资都是有弹性的。总需求不足时，厂商可以降价增加商品需求，经济将恢复均衡。工作机会不足导致失业时，失业者可以降低工资要求获得自己的工作，经济也将恢复均衡。即总需求下降了，通过工资和商品价格的双重向下调节恢复古典均衡。

正因为上述，凯恩斯强烈反对古典经济学的这个观点，“这种解释之最粗陋形态，简直等于说：货币工资减低时，需求不受影响。对于这种分析，我根本不同意”[①]。

“二战”结束至2018年，全部国家的物价水平、工资水平都大幅度上升。当某个国家某个阶段物价水平下降（通货膨胀率小于0）、工资水平下降时，这个国家一定处于经济衰退、经济萧条阶段。这也是造成凯恩斯“价格刚性”“工资刚性”的原因：价格下降、工资下降导致分工和效率的破坏。

一个人从自给自足的乡村来到高度分工的城市后，很难再回到自给自足的经济中。故乡，是用来怀念的，如同陶渊明的桃花源。人们进入城市，正在成为全球经济一体化的一分子，一个分工角色。个体人，已经失去了原始意义的独立性，个体人之间必须相互分工合作、相互依存才能生存。人们仍然怀念10千米内没有公路、没有电力的山村、丛林、荒野，怀念自给自足的诗意甚至艰难，但是已经回不去了。

4.3.2 价格与分工共同演进

从可比的平均水平看，经济发达国家的物价、服务价格高于经济不发达国家。经济发展程度与物价水平是什么关系？

经济发展，离不开分工深化。价格与分工的关系，是 $PT=LE$ 中 P 与 L 的关系。一般而言，P 与 L 是正向关系，价格水平上升，分工水平提高。

这里从微观角度阐述一种思想：分工带来了效率，分工水平的提高伴随着价格水平的提高，直至分工耗尽。一枚售价一分钱的鸡蛋不可能容纳一个又一个分工生产过程。

完全的自然经济状态下，鸡蛋生产的货币成本几乎是零。但是，没有分工效率的自然经济能供给分工社会的鸡蛋数量也非常少。在市场经济中，如果没有高度分工的粮食生产方式去高效率地生产米、面、肉、蛋、奶，当今世界主要都市都难以存在。

在自然经济状态下，农民养鸡下蛋（自给）是供给自己吃的（自足）。当他出售鸡蛋时，一个彻底改变人类的时刻到来了，他成为社会分工的一个角色，其他人可以通过购买而不是自己养鸡获得鸡蛋。分工逐渐深入，他发现将孵化等过程分工出去会提高效率。最终，在一个现代化养鸡场，鸡舍建设、品种改良、孵化、防疫、禽病治疗、饲料、销售这些过程全部都分工出去了。在自给自足状态下，5个人每年能养25只鸡；在高度分工状态下，还是5个人，每年能养10000只鸡，分工效率使得鸡蛋产量大幅度提高。

---

① 凯恩斯.就业、利息和货币通论[M].北京：商务印书馆，1988：219.

自然经济中的鸡蛋与商品经济中的鸡蛋没有质的区别，但分工使得经济社会能够用于消费的鸡蛋数量大幅度提高。而量的提高，前提是分工的深化，是交易价格的非固定性。

一枚售价一分钱的鸡蛋，不可能容纳鸡蛋的品种改良、孵化、防疫、禽病治疗、饲料等一个又一个生产过程的成本。从自给自足经济演进为高度分工经济的过程中，每一个分工过程的出现，都要求分工生产的商品价格至少能够容纳用货币衡量的分工生产成本。分工需要更专业的知识，在商品生产的分工演进过程中，随着卷入分工的人数增加，该商品的价格逐步上升，参与分工者的收入也逐步增加。

在完全自给自足状态下，生产出来的一个鸡蛋的货币成本为0，可以以0.1元的价格出售，而且不会亏损。当分工出去一个生产过程之后，如品种改良外包，虽然分工效率提高了，但用货币衡量的成本也提高了，可能会使一个鸡蛋的销售价格提高到0.15元。将若干个生产过程（品种改良、孵化、防疫、禽病治疗、饲料等）全部分工出去之后，一个鸡蛋的售价可能要上升到0.5元，否则不足以补偿分工成本。

在乡村市场，鸡蛋价格为8元/千克。农民以自给自足方式散养出的鸡蛋，用货币计算的成本几乎是0元/千克，每次销售都是“暴利”，但产量极小。现代化养鸡场用高度分工方式生产的鸡蛋成本可能是7.5元/千克，每次销售都是“薄利”，而产量极大。但是，市场上到处都是“薄利”鸡蛋，而“暴利”鸡蛋难觅。高货币成本打败低货币成本并且获得定价权，原因就是斯密的“分工带来了效率”，带来了产量。

分工带来了效率，也提高了用货币计算的鸡蛋成本。从自给自足方式的0货币成本到高度分工的7.5元/千克的高货币成本，价格的逐渐上升促进了分工，提高了效率，吸纳了就业。这一过程就是基于斯密分工效率的经济增长、报酬递增的具体化，也是一个现实案例。

4.3.3 不同的价格水平容纳不同的分工水平

不同的商品价格水平包容了不同的分工水平，包容了不同的经济产出、经济效率。当任何一种商品、服务的价格下降为0时，该商品、服务的经济产出也一定为0。

不同的工资水平包容了不同的分工效率。当任何一个就业者的工资下降为0时，该就业者必然退出劳动分工，回到自给自足，他与其他人之间的分工效率也同时降为0。

用2018年的价格衡量，一架高端大型波音飞机价格可能是1亿美元，而儿童用纸叠出来的一个纸飞机的价格可能是1美分，价格差距是100亿倍。100亿倍的差价，也使得一架高端大型波音飞机与一个纸飞机的比价能够成立，二者之间交易的可能性也得以成立。如果飞机市场是竞争性市场，波音飞机从业人员用钢铁、化工材料造出一架飞机，每个环节都难以产生暴利。1亿美元，基本上容纳了这架高端大型飞机的全部分工成本。在这种情况下，价格为1亿美元的飞机每降价一次，都会导致分工成本无法弥补而降低分工水平和分工效率，飞机的市场供给就会减少一次。当任何飞机的价格都不可能超过 1 美分时，市场上仅存的飞机供给就是价格为 1 美分的纸飞机。

用货币计量的鸡蛋成本从自给自足的 0 元/千克上升到分工生产的 7.5 元/千克，不同的价格水平容纳不同的分工水平。货币政策掌控的逐渐的、适度的通货膨胀率，是这种容纳性的体现。在横向上，同一商品和同一服务的国际比价则是价格合理性的一个维度评判。

价格下降（通货紧缩）时①，如果鸡蛋价格从 8 元/千克下降到 7.4 元/千克，“薄利”的高度分工生产方式（成本为 7.5 元/千克）立即难以为继。降低价格，将降低分工水平，继而降低分工效率，后果是鸡蛋产量、就业量、人均收入同步降低。而自给自足经济 0 货币成本的养鸡者却不受价格下降的影响。

各个国家的经济增长过程也可以从侧面证明，一个自然经济的产品（如鸡蛋）价格必然随经济的增长和分工的深化而逐渐提高，直至分工过程耗尽。正因如此，对于同样的鸡蛋，高度分工的都市里的鸡蛋价格远远高于处于自然经济状态的村寨里的鸡蛋价格。

2017 年，北京海淀核心地带的地价为塔克拉玛干沙漠核心地带的地价的成千上万倍。市场决定高昂地价，是因为在这块土地上建立有高度发达的分工体系。在北京海淀核心地带，白天的职场人在 5 千米之内能找到世界一流的公司、大学、中学、小学、医院、超市、地铁系统等；凌晨两点，出门（或者直接叫外卖）20 分钟之内可以在超过 100 个品种的菜单中买回 1 份心仪的快餐，价格为 20 元。而在塔克拉玛干沙漠核心地带，凌晨两点买回这份快餐的前置分工可回收固定成本可能会超过 1000 亿元，甚至更高。如果只有 1 个人购买，这份快餐的成本就是 1000 亿元，与北京海淀核心地带 20 元一份的快餐相比，塔克拉玛干沙漠核心地带 1000 亿元一份的快餐才是天价。

荒野的地价、房价都很低，而人口流动的方向不是荒野，是城市。荒野的自给自足成本很低而分工成本很高，城市，则颠倒过来。城市化、超级城市化，抱团的目的是利用既有的分工效率，产生新的分工效率。城市化过程中，第一产业、第二产业在经济总量中的比重持续下降，服务业的比重则逐步提高。与实物商品不同，服务在实现前不能储存、不能运输。第三产业很难异地服务，开普敦人在本地可以买到巴黎的化妆品，不可能买到巴黎的医疗服务。城市越大，人与人之间相互服务的内容就越多。

在 2010 年代人均收入中等以上的国家里，排名前 20 的城市多集中了该国 50% 以上的人口。“城市化”后，还会有一个“大城市化”过程。东京都市圈占日本全国面积的 3.5%，有 4200 万人口，占日本人口的 30% 以上，占日本 GDP 的 50% 以上。首尔都市圈的人口已经超过韩国人口的三分之一，台北经济圈（台北、新北、桃园、新竹）的

① 这个表达并不准确。虽然“通货膨胀”是个妇孺皆知的概念，但直到本书完稿时（2018 年），全球经济学学术界仍然不能准确定义通货膨胀、通货紧缩的边界。即无人能够无争议地确定通货膨胀、通货紧缩的边界是 -6%、-5%、-4%、-3%、-2%、-1%、0、1%、2%、3%、4%、5% 还是 6%。

人口也超过中国台湾人口的三分之一。

市场经济是交易经济，城市内部交易能降低交易成本，尤其是服务成本。在市场经济发展的某一个阶段，农村劳动力向城市转移是必然过程，人口自由流动是经济发展的动力，这只能通过农村人口的城市化解决。农村经济的内部结构调整不可能吸纳如此庞大的剩余劳动力。

以 2018 年看未来趋势，世界第一人口大国可能很快就是印度，而不是中国。中国是世界上的人口大国，一个城市集中全国三分之一的人口（约 4.5 亿）是不可想象的。中国内地的一线城市（北京、上海、广州、深圳、天津、杭州、南京、成都、武汉、重庆、郑州、西安、青岛、大连）集中了中国内地人口的三分之一，在这一时期，人口的净流入迫使这些城市的房价上升是一个必然过程。

在基于分工的人类社会，群居能够降低分工成本。这也能把更多的旷野留给地球上濒临灭绝的动物、植物。

分工，可以持续细化，只要有更多的人参与其中，经济增长没有极限。但是，地球能够容纳的人口将是有限的。一个人成为分工劳动者，获得分工收入，需要更高的专业知识、更多的经历，劳动者的成本也将逐渐增加。所谓经济增长的极限，源于分工的极限。某种意义上，完全分工（分工耗尽）的产业是夕阳产业，完全分工的经济是经济增长的极限。

2018 年 4 月 13 日，在电商平台查询得知，五常大米的价格是 10 元/千克，苹果手机 Apple IPhone8 Plus 的价格是 6688 元/部。五常大米、苹果手机都是分工产品，不同的价格水平容纳不同的分工水平，如果五常大米、苹果手机的价格均为 0，这两种商品将立即从市场上消失。

如图 4-6 所示，1955—1990 年是日本经济的高速增长时期，也是居民消费价格指数的高速增长时期。其间，价格指数增长了 5 倍。经济学概念的“日本病”是指 1990—2018 年日本价格指数不再增长了，经济也不再增长了，人均收入处于停滞状态。

与之参照，1990—2010 年，中国的通货膨胀率年均值为 4.7%，日本的通货膨胀率年均值为 0.8%，中国高于日本近 5 倍。同期，中国 GDP 增长 21.8 倍，被誉为“中国奇迹”；日本 GDP 增长 1.8 倍，饱尝通货紧缩之苦，被称为“日本病”。1990 年日本的 GDP 是中国的 7.9 倍，2010 年中国的 GDP 则是日本的 1.1 倍。到 2017 年，中国的 GDP 已经是日本的 2.5 倍。

中国 1990 年人均工资为 2140 元，2013 年人均工资为 51474 元，23 年增长 23 倍。同期，日本人均工资不升反降，2013 年的人均工资是 1990 年以来的最低。[①]

---

① 2013 年日本劳动力月平均工资 1.8 万，为 1990 年来最低水平[EB/OL]. http://news.163.com/14/0219/10/9LELK78V00014JB6.html.

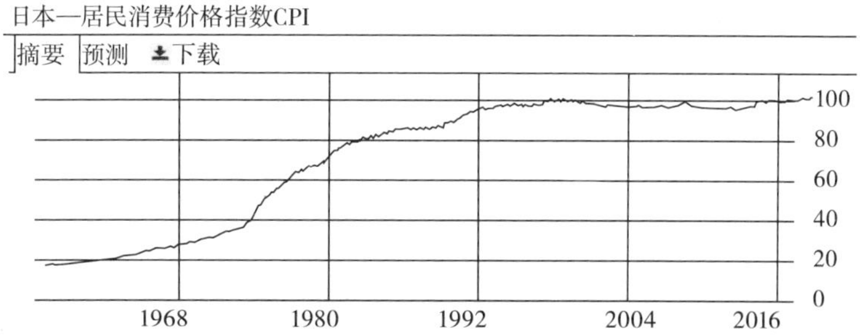

图4-6　日本60余年的居民消费价格指数

资料来源：TRADINOMICS. COM，STATISTICS BUREAU，JAPAN。

适度通货膨胀率能够促进货币对商品的需求，而需求是经济增长的动力。尽管如此，这不等于说适度的通货膨胀率能够促进经济永远增长。不同的价格水平容纳不同的分工水平，分工耗尽后，适度的通货膨胀率能够稳定经济，未必能继续促进经济增长。

对于日本来说，岛内市场是有限的，有限市场终将抑制分工的深化，抑制经济增长。因此，岛内经济一体化、东亚经济一体化、亚洲经济一体化、全球经济一体化都是日本经济能够继续增长的必要条件。

4.3.4　价格与产出效率

1980年，中国禽蛋产量为257万吨，禽蛋价格约为1.3元/千克，年产值为33.4亿元。“文化大革命”期间，中国几乎没有规模养殖场，养鸡超过6只就是要被取缔的资本主义①，农民自然散养是主要养鸡方式，当年农民年人均收入为191元②，估算1980年养鸡从业人口约为1749万人。

2011年，中国禽蛋产量为2811万吨，禽蛋价格约为7.5元/千克，年产值为2108.3亿元。2011年，超市售卖的鸡蛋几乎全部是养鸡场生产的品牌鸡蛋，当年全国人均年工资为42452元，由此估算2011年养鸡行业从业人口约为497万人。见表4-4。

表4-4　禽蛋产业的市场规模与劳动分工

年份	PT		LE		PT = LE
	禽蛋价格 P	禽蛋产量 T	从业人员 L	人均工资 E	
1980	0.13亿元/万吨	257万吨	1749万人	191元/年	33.4亿元
2011	0.75亿元/万吨	2811万吨	497万人	42452元/年	2108亿元
变化	增长5.8倍	增长10.9倍	下降72%	增长222.3倍	增长63.1倍

在 $PT = LE$ 的架构内分析，这一过程有如下特征。不同的价格水平带来了不同的分工水平和分工效率。从1980年到2011年，鸡蛋价格上升5.8倍，鸡蛋产量增长10.9

① http://news.ifeng.com/a/20150525/43830797_0.shtml.

② 《中国统计年鉴》。

倍，从业者人均收入增长 222.3 倍，从业人员数量减少 72%，行业产值增长 63.1 倍。

需要注意的是，中国 1980 年的鸡蛋生产方式基本上是自给自足，从业人员多是“业余”的。31 年后的 2011 年，中国的鸡蛋生产方式基本上是分工生产（见图 4－7），从业人员多是“专业”的。

图 4－7 自然经济之鸡、分工经济之鸡

在 $PT=LE$ 中，当鸡蛋价格 P 从 7.5 元/千克逐渐下降至 0 元/千克时，商品鸡蛋数量 T、专业从业人员数量 L、从业人员人均工资 E 会同时下降至 0。这个道理可以推论到房子、汽车、衣服、大米、白面等商品，以及教育、医疗等服务。

与手机不同，鸡蛋是难以在人们的技术创新中不断进化的一类产品。1980 年的鸡蛋与 2011 年的鸡蛋比较，质量和功能没有明显不同，与之相关的分工终将被限制在“还生产 31 年前一样的鸡蛋”上。

服务的分工进化则没有止境。就鸡蛋而言，进化的分工服务会逐渐渗入经济的各个细分行业：送货上门、代客加工、西红柿炒鸡蛋、蛋糕、鸡蛋美容产品……

医生，是分工角色。斑马，没有自己的斑马医生。地球上老鼠的数量远超过人类的数量，老鼠群体、部落也没有医生这个专业角色。在其他动物群体自然进化中没有专业动物从事“医疗”这一项。医疗，是人类经济社会进化出来的分工专业、角色。

医生，只是这个专业细化进化的第一步。后来，则继续细化进化出了外科医生、心外科医生、瓣膜外科医生等。随着经济的发展，人们对教育、健康的追求（需求）成为这些服务行业继续深化分工的动力，更多人参与其中的分工，教育、医疗的价格也随之持续攀升。当法律、政府对医疗进行“限价”的时候，因为分工收入不能弥补分工成本，基于分工的医疗技术进步将逐渐停止。

另外，医疗成本没有止境，福利社会的“免费医疗”更多的是指基本医疗，“免费医疗”不能替代商业医疗保险。可以想象，在 2018 年，一个人的“万寿无疆”足可以耗尽全人类能够动用的全部经济资源，细思极恐。

如图 4－8 所示，1997—2017 年，美国的教育、医疗等服务价格涨幅最大，而工业制成品的价格趋于下降。

与鸡蛋不同，教育、医疗以及工业制成品的价格因为内在不同并不具备历史可比性。图4－8中，美国新车价格在1997—2017年几乎没变。但是，如果把1997年的新车与2017年的新车放在一起比较，几乎是天壤之别。同样的疾病，在1997年送到医院可能是不治之症；2017年送到医院，医生则可能手到病除。

最残酷的市场竞争，不会允许暴利的存在。合理的价格是竞争的结果，不是政府管制的结果。在竞争决定价格的前提下，不同的价格水平容纳不同的分工水平。无论一枚鸡蛋的价格还是一架飞机的价格都是如此。

2018年美国一枚鸡蛋的市场价格大约为16美分。一方面，因为竞争对手的存在，鸡蛋从业者不敢轻易涨价，否则将失去市场，高价暴利也会吸引新的投资者进入这个行业，导致竞争更加激烈。另一方面，当鸡蛋价格 P 从16美分逐渐下降最终降至0美分时，$PT=LE$ 表明，鸡蛋的市场供给量 T、鸡蛋从业者人数 L、鸡蛋从业者的人均收入 E 都会降至0。降价的结果是市场上没有鸡蛋供给，破坏了分工，减少了就业，降低了收入。

大萧条，是人类经济史上最严重的经济危机、金融危机。伴随大萧条的，不是物价上涨，而是物价下跌。

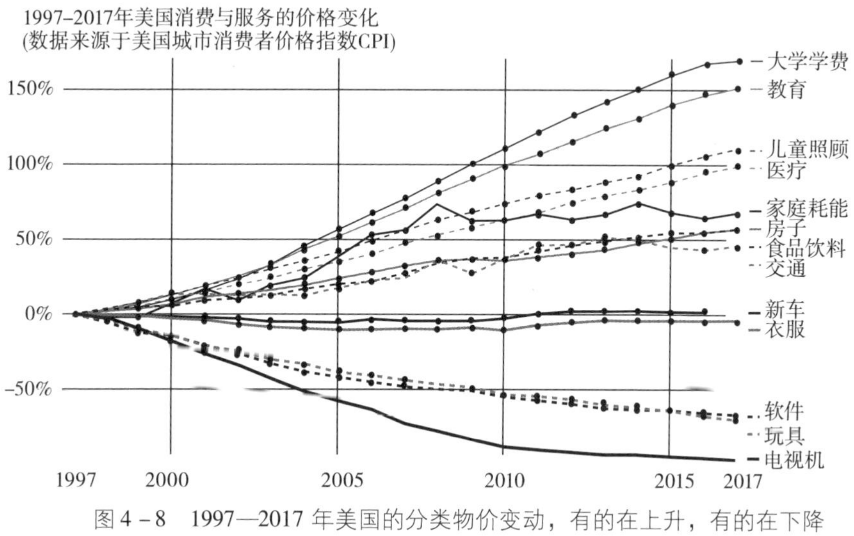

图4－8　1997—2017年美国的分类物价变动，有的在上升，有的在下降

4.3.5　价格与质量

1970年代，在豫南农村偶有听闻孕妇下地干农活，回来的时候，自己把孩子生出来并抱回来，还带回来一把青菜犒劳自己。这些伟大母亲生孩子的货币成本是零，生孩子过程完全是自给自足。

40年后，在2010年代的北京，一名孕妇可能要提前若干天去医院待产，生孩子的费用为5000元至10万元人民币，孕妇是在医生的帮助下完成生产。

在没有垄断的情况下，消费者自由选择，最严酷的市场竞争能提高商品和服务的质量，降低价格。在此基础上，不同价格水平容纳不同的分工水平和质量水平，医疗服务亦是如此。在医院生孩子虽然增加了货币成本，但专业的医疗服务降低了母子的各种风险。2000—2013年，中国孕产妇死亡率下降56%。[①]

2010年代，发达国家、经济体中的居民，基本脱离了自给自足的自然经济。人们的衣食住行都依赖分工解决。脱离了分工，人们已经寸步难行，包括人类自身的生产。在上亿年的人类进化中，女性在受孕后生孩子的过程多是独立完成的。而在一个高度分工的经济社会，孕妇生孩子都是在医生的帮助下完成的。

分工带来了效率，带来了安全，同时还带来了用货币计量的成本。其他动物养育后代的成本中90%以上是食品；而在最富裕的城市里，人们养育后代的成本中可能只有10%是食品，90%是教育、医疗、住房等。

与古典经济学相比，凯恩斯、弗里德曼的进步之处是将就业（也是参与分工的人数）纳入了分析的范围。但是，在货币数量论和凯恩斯的分析框架中，价格变化与分工演进没有任何关系。

在一些经济落后国家，人们所看到的，表面上是生产率低，实际上是专业化分工的水平低。而经济发达国家表面上是生产率高，实际上是专业化分工的水平高。工资在上升，人的专业知识水平也在上升，这也意味着人力资源的成本在上升，人力资本的成本必然会影响商品、服务的价格。

有1万美元的汽车，也有10万美元的汽车，它们都有自己的细分市场。如果1万美元、10万美元的汽车质量、功能完全相同，10万美元的汽车很难获得自己的客户。

4.3.6 价格与收入

煎饼果子是天津的著名小吃。2014年，在中国天津一个煎饼果子卖8元人民币，在美国西雅图一个煎饼果子卖8美元，价差超过6倍（图4-9），为什么？

不同价格水平容纳不同的分工水平和质量水平。这里的质量水平不仅包括从业者提供的商品、服务质量，还包括从业者自己的生活质量。

商品或服务价格与人均收入的关系，是 $PT=LE$ 中 P 与 E 的关系。一般情况下，P 与 E 是正向关系，价格水平上升，人均收入提高。

从1990年至2014年，天津普通煎饼果子的价格大约从0.5元/个上升到8元/个。在网上看到有人算出2014年一个煎饼果子的成本不超过3元（面糊0.3元+鸡蛋1元+酱料0.2元+薄脆1元+葱花煤气等0.5元=3元），8元的售价应该是暴利。但是，没见过路边摆摊卖煎饼果子的从业者成为首富的，直觉也能判断，他们的平均收入不是高收入，挣的是辛苦钱。

---

① http://www.bjnews.com.cn/news/2014/04/17/313363.html.

而且，这个网上旁观者计算的煎饼果子成本恰恰不包括从业者的生活成本。

一个正常的经济社会的标志不是首富的财富、明星的绯闻成为新闻标题的次数，更不是政客的自卖自夸，而是一个最普通从业者在下班后能否与父母、配偶、孩子共享天伦之乐，每周能否享受法定休假，生病时能否付得起医药费，孩子能否就近上学，等等。一个在街头摆摊卖煎饼果子的从业者的收入要满足以上需求，其煎饼果子的价格从1990年的0.5元一直上涨到逐步满足如下条件才能稳定。在这个过程中，煎饼果子的卫生质量也能逐步提高。

(1) 住。初期在地下室与别人合租上下铺，后来，合租地面单间，接着自己单独租一套房子，最后自己买一套房子。中国每年的春运尽管给运输企业带来了丰厚利润，但是不可能永远有拥挤的春运。春运，是“外来”务工者每年回家一次与家人团聚，从可借鉴的各国城市化经验看，这个时间不超过40年。这个时间拖得过长，会导致很多人伦悲剧。

不可能让正常的就业者永远是“外地人”，不可能让他们的孩子永远是老家的“留守儿童”。

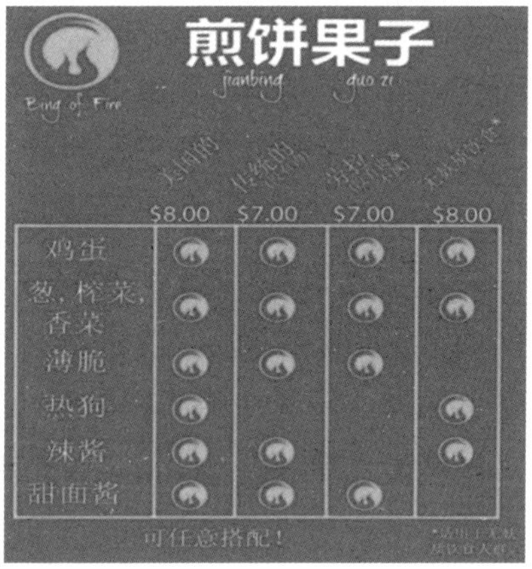

图4-9 2014年，天津煎饼果子价格是8元人民币，西雅图煎饼果子价格是8美元，当年汇率约为1美元=6.14元人民币

(2) 设施。初期推板车在路边摆摊，后来，买辆机动三轮车摆摊，租个门店经营。而且，从路边摆摊到门店经营，也是食品卫生质量提高、街道环境改善的必要条件。

(3) 医疗。初期因为付不起医药费，有病硬扛，后来，有病去医院，有能力购买一家人的正常医保。

(4) 孩子。初期，孩子在农村留守，后来，孩子在从业地（也许是北京、上海、广州、深圳等一线城市）就近上学，而且不会有丝毫的“回老家参加高考”的社会歧视。

2014年西雅图的一个美国人也卖煎饼果子，价格是8美元，约50元人民币①。如果中国经济持续增长，人们对煎饼果子一直有需求，中国国内煎饼果子的价格也会上涨到每个50元人民币，甚至更高。

在费雪方程式拓展 $MV=PT=LE$ 意义上，当煎饼果子从业者 L_1 将收入（L_1E_1）转换为需求（M_1V_1）时，他的收入就成为汽车厂商、房产公司、医院、学校的收入增量。他仍然“没钱”。这个转换不是货币在煎饼果子从业者的兜里空跑一趟，正是货币媒介的存在，让他创造了商品（煎饼果子），购买了商品（米、面、牛奶、猪肉、蔬菜等），

① http://gb.cri.cn/42071/2014/02/23/7211s4434346.htm.

得到了服务（住房、医疗、教育等），促进了分工，带来了效率，繁荣了社会。

从完全自给自足的煎饼，到完全分工的煎饼，煎饼价格将从 0 开始逐渐提高，直至从业人员获得社会平均工资。否则，这个产业作为夕阳产业，终将消失。手工织布 100 年前还是自给自足的人们唯一的衣服来源；100 年后的今天，手工织布仅仅存在于传统文化的表演中，作为商业产业已不复存在。

4.3.7 价格与财富总量

被动说，价格是供求决定的结果，供求决定价格。

主动说，价格是供求变动的原因，价格决定供求。

价格，也是引导人们配置资源的信号。

价格，还是人们配置资源的结果。

2017 年比尔·盖茨之所以还是全球首富，不是他拥有的现金最多。在他的资产结构中，现金比例很小。其资产总量（$M+PT$）中主要是价格 P 与股票总量 T_s、债券总量 T_b、基金总量 T_f的乘积，即，$M+P_bT_b+P_sT_s+P_fT_f$，货币 M 很少。

通货膨胀、货币贬值，也是商品、非货币资产升值，反之亦然。如果不出现大萧条时期那样持续的通货紧缩，高配非货币资产、低配货币资产的资产结构多是尚佳的资产结构，不担心通货膨胀和货币贬值。而且，在通货膨胀时期的总资产收益会很好。

若 M 是持币总量，P 是非货币资产价格，T 是非货币资产量，无论是全社会的财富总量、个人财富总量，还是股市财富总量，都是 $M+PT$。

全社会的财富总量。如果没有增量货币 m 的进入，即 M 不变，在 $MV=PT=LE$ 中，非货币资产价格 P 适度上升（通货膨胀），是货币 M 贬值，也是非货币资产 T 升值，能吸纳更多的就业 L，进行更深入的分工，带来的财富再分配总额 $M+PT$ 也是上升的。而非货币资产价格 P 的任何下降（通货紧缩），是货币升值，也是非货币资产 T 贬值，带来的财富再分配总额 $M+PT$ 必定是下降的。

在财富总量博弈上，个人要获得财富最大化，就不能固化剑桥方程式中的 K 值（$K=M/PT$）。当然，也需要前瞻价格趋势或价格预期。要达到个人财富总量最大化，通货紧缩时期，增持货币资产 M，减持非货币资产 T；通货膨胀时期，颠倒过来，增持非货币资产 T，减持货币资产 M。

股价上升，就是货币价格下降，更准确地说是股市货币价格下降，反之亦然。股市财富总量也是 $M+PT$。其中，M 是股市货币资产，P 是持股价格，T 是持股数量。股市货币量 M 不变但货币升值，表现的就是股价 P 下跌，市值 PT 必然下降，股市财富总量 $M+PT$ 必然减少。股市货币量 M 不变但货币贬值，表现的就是股价 P 上升，市值 PT 必然上升，股市财富总量 $M+PT$ 必然增加。

在 2007 年的次贷危机中，美国股价、房价双双大幅度下降，美国的股市市值蒸发

7.3 万亿美元，房屋市值蒸发逾 2 万亿美元；中国内地股价也下降，A 股市值蒸发 20 万亿元人民币，平均每个股民的股市财富缩水 8 万元；港股市值蒸发 10.57 万亿元，以全港 700 万人计，每人平均损失 144.5 万元。

之后，从 2008 年到 2017 年美股经历了近 9 年牛市。美联储数据显示，在此期间，道琼斯大涨 268%，标普 500 大涨 288%，纳斯达克大涨 426%。到 2017 年，美国家庭资产已累计增长 40 万亿美元以上，涨幅超过七成。[①]

对买卖股票，中国人的表达是"炒"股票。所谓"炒"，就是在股市不能固化剑桥方程式中的 K 值（$K = M/PT$）。永远空仓，不如把资金退出股市存入银行。永远满仓，可能会有严重损失。始于货币、终于货币的个人投资，适时进入是播种，适时退出是收获；错失进入、退出的方向和机会，收获的将不是丰硕肉鸡，而是一地鸡毛。

投资盈利好的公司股票就是所谓的"价值投资"，就可以永远满仓，高枕无忧，以不变应万变。这种策略没有考虑宏观经济环境，也没有考虑宏观货币政策。宏观环境、货币政策对于资产价格的影响，如同自然界的季节力量对于生物的影响，不可阻挡，只能做适应性调整。

地球北回归线之北、南回归线之南的许多植物，在冬季会停止生长，有的甚至会被冻死，而在夏季则会野蛮生长。无论多么优秀的公司，都不可能抵挡宏观环境、货币政策的影响。例如次贷危机中，美国银行股均遭受重挫，平均跌幅达 70%，花旗银行最严重时股价下跌 98%。

美国 1930 年代的大萧条时期，是严重通货紧缩时期，也是货币恶性升值时期。可以想象，当时加大投资、动用金融杠杆负债投资的人是在增持非货币资产，大多血本无归。当时退出投资的人的策略是"现金为王"，是在增持货币资产，减持非货币资产。这些人不仅安然无恙，而且手持恶性升值的货币面对恶性贬值的非货币资产，几乎站在了个人财产总量最大化的巅峰。如同在一个时期你的标的股票价格下降了 99%，而此时你完全空仓，相当于你的股市货币升值了 99%，可以以 1% 的价格买到曾经要花 100% 的价格才能够买到的股票。

在股票价格指数下降 99% 期间，你完全空仓，你是成功者，你所持的货币升值了 99%，对应的一定是全仓持股者的血本无归。此刻双方若同时兑现，股票价格下降的财富再分配总量 $M + PT$ 一定是减少的。

商品，包括消费品，也包括投资品。货币的交易对象不仅是消费品，还有非货币资产，即投资品。货币贬值，是通货膨胀，是消费者价格指数（CPI）上升，也是非货币资产升值。

---

① 华尔街见闻，感谢美股牛市！美国家庭资产净值累涨七成，三季度再创新高［EB/OL］. https://wallstreetcn.com/articles/337314，2017－12－08.

货币贬值意味着货币的相对物升值，即非货币资产升值，反之亦然。在家庭财产总量 $M+PT$ 中非货币资产 PT 占70%以上的国度，无疑，货币贬值、非货币资产升值将增加家庭财产总量，货币升值、非货币资产贬值将减少家庭财产总量。在这种情况下，货币价格适度下降（适度通货膨胀、适度货币贬值）会促进消费、投资，促进经济增长，促进分工就业，提升分工效率。对于多数家庭来说，财富总量也是增加的。而且，公众根据通货膨胀率调整自己资产结构的自利行为也顺应了货币政策目标，即通货紧缩时，货币政策的目标是推高通货膨胀率，公众正好增持非货币资产，减少货币资产。通货膨胀时，颠倒过来。

人们拥有的财富总量应该如何在各种资产之间进行调整、配置，即调整金融资产结构，取决于各种资产的相对收益率。物价上升幅度过大时，货币政策紧缩货币总量的目的是迫使货币价格上升、货币升值、物价下降，持有货币的收益率（货币升值率+利率）也随之上升。此时，货币政策的目标就是降低物价，降低消费价格与非货币资产价格。人们顺势而为，出售非货币资产，将非货币金融资产、非货币实物资产转变为货币资产，既顺应了货币政策目标，也让自己的财富总量免受损失。

2017年，对在北京、上海中心城区拥有自有房产100平方米、居住30年以上的普通市民，仅仅房产就让他们成为总资产 $M+PT$ 超过1000万元人民币的富豪。他们年轻时工资微薄，养家糊口已经不易。他们今天可观的资产总量不是工资等货币收入 M 带来的，是房产 PT 升值带来的，也是货币贬值带来的。在30年前，这套100平方米的住房价格不到10万元人民币，30年里升值100多倍。不同的价格水平容纳不同的分工水平、效率水平、质量水平、收入水平。1987年以前北京三环以外多是农村，2017年三环、四环之间已经属于中心城区。在此期间，北京市的经济效率、服务质量、人均收入等指标增长自不待言，有目共睹。

2018年北京、上海、广州、深圳等城市的高房价也带来了问题，诸如空房率、房价收入比居高不下。要继续发展经济，让城市新迁入人口能够安居乐业，需要降低空房率、提高收入水平，当然也包括保持恰当的房价。

5

总需求中的货币量与货币流通速度

货币量M和货币流通速度V共同决定着总需求MV。

费雪和弗里德曼都认为，长期货币流通速度可以假定为“不变”，也得到一些数据支持。

在短期，货币流通速度V每月、每周、每日都在变动，甚至会剧烈变动。如果能够统计的话，货币流通速度V每小时、每分钟都在变动。而且，即使货币量M不变，V的短期剧烈波动，同样会导致总需求MV的剧烈波动。历史上经济大危机时期（1929年大萧条、1998年亚洲金融危机、2007年次贷危机），导致总需求MV大幅度下降的主要原因就是货币流通速度V剧烈下降。因此，V的短期剧烈波动，是宏观经济必须慎重对待的问题。波动的货币流通速度使得中央银行不可能采用弗里德曼式的漠视货币流通速度V而仅用“最优货币量”M去管理总需求MV的方法。①

① Friedman M. The optimum quantity of money and other essays[M]. Chicago: Aldine Publishing Co., 1969.

长期货币流通速度相对稳定与短期货币流通速度波动的关系，类似人体终生平均体温稳定与短期可能发烧的关系。一个人活了100岁，其终生平均体温大约是36.8℃，也就是“长期不变”。但终生平均体温不变，不等于一个人在短期不会发烧，更不等于说这个发烧无须处理。要知道，发烧超过41℃会有生命危险的。

按照自己的目的去假定货币流通速度V，造就了经济学大师们一个又一个杰出的经典理论。诸如：

（1）马歇尔对于竞争市场的分析，是假定$V=1$，则$MV=PT$演变为$M=PT$，当M是消费者预算并且面临选择T_1（价格为P_1）和T_2（价格为P_2）两种商品时，进一步演变为$M=P_1T_1+P_2T_2$。所谓的“价格上升需求下降”，是P_1上涨，T_1下降，即价格P_1上升需求T_1下降，因为替代效应，消费者选择T_2了。

（2）货币数量论者弗里德曼，则是假定货币流通速度V不变，强调货币数量M的作用，甚至依此假定试图建立所谓的“最优货币量”模型。

用$MV=PT=LE$衡量，在一个长期经济增长$PT\uparrow$和个人收入增长$LE\uparrow$面前，若长期的货币流通速度V不变，必然要求货币供给量M保持增长。若长期货币流通速度V不变，而货币供给量M没有增长，实物交易量T的增长必然要求价格水平P下降，出现通货紧缩。

5.1 马歇尔矛盾

（1）效用最大化。以M表示消费者的既定收入，以P_1和P_2表示两种可选择商品的价格，T_1和T_2表示两种可选择商品的交易数量，古典经济学的消费者预算线方程则为：

$M=P_1T_1+P_2T_2$

支出满足消费者预算线时，该式表示，消费者的全部收入M等于他购买商品T_1和商品T_2的支出总和$P_1T_1+P_2T_2$。

在消费者预算线$M=P_1T_1+P_2T_2$中，将货币收入M全部买为商品是马歇尔需求函数效用最大化的条件。即货币无效用，要达到效用最大化，就应该把自己的货币收入全部花掉，买商品或买服务。

（2）适度流动性。马歇尔还认为，货币的价值与其他商品一样，是由供给与需求所决定。供给为当时存在的通货量①，需求则为人们对货币的需要量。货币价值取决于居民保持的货币数量 M 与保持的实物价值 PT 比例，即 $K=M/PT$（$M=KPT$）。马歇尔的这种表述也被称为“现金余额说”。

马歇尔的现金余额论 $M=KPT$ 表明，人们不可能为了“达到效用最大化”将货币收入 M 全部买为商品 PT 让 $K=M/PT$ 值为0，而是让 $K=M/PT$ 为一个大于0的适度值。也就是说，马歇尔的“效用最大化”观点与马歇尔的“现金余额说”互相矛盾。

一般情况下，人们会把财富（财产和收入）的一部分以货币形式 M 持有，另一部分以非货币形式 PT 持有，让财富总量 $M+PT$ 在货币 M 与商品实物 PT 之间调整，寻求财富总量 $M+PT$ 最大化。人们所愿意持有货币的数量，是人们在持有货币 M 获得利益、进行投资 P_iT_i 获得收益以及用于消费 P_cT_c 获得享受三者之间权衡的结果，即货币量 M 与投资、消费 PT 的比例 $K=M/PT=M/(P_iT_i+P_cT_c)$。

下述内容与马歇尔的这个矛盾直接相关。

如果要达到效用最大化，就应该把自己的货币收入全部花掉，预示着此后再无流动性，在 $M=P_1T_1+P_2T_2$ 中，是假定货币流通速度 $V=1$，使得 $MV=P_1T_1+P_2T_2$ 演变为 $M=P_1T_1+P_2T_2$。

在总量上 $V=1$，是类似物物交易的一次性交易。之后，世上再无以货币为媒介的交易，以货币为媒介的交易也不可能继续。继续演绎这个观点，则总需求 MV 仅与货币量 M 有关。而这正是弗里德曼理论需要的，也与萨伊定律吻合：供给创造了自己的需求。

萨伊定律的理论基础是物物交易，交易品互为供给、互为需求、互为货币。供给，必然创造自己的需求。否则，物物交易不可能进行。

人们会调整自己的资产结构，即调整自己的持币 M、持物 PT 比例 M/PT，而不是完全持物 PT、持币 M 为0，达到所谓的“效用最大化”。在剑桥方程式 $K=M/PT$ 中，人们调整 M/PT 的比例会导致 K 变动，在交易方程式 $MV=PT$ 中，则货币流通速度 V 会与 K 反向变动，货币主义的经典假定“货币流通速度不变”则不成立。继续演绎这个观点：总需求 MV 不仅与货币量 M 有关，还与货币流通速度 V 有关，这正是凯恩斯理论所需要的。

5.2 货币流通速度

“马歇尔矛盾”的根源是什么?

在古典消费者预算线 $M=P_1T_1+P_2T_2$ 中，将两商品交易值之和 $P_1T_1+P_2T_2$ 抽象为交易总值 PT，则 $M=P_1T_1+P_2T_2=PT$。用交易方程式 $MV=PT$ 衡量，$M=PT$ 是假定 $MV=PT$ 中的货币流通速度 $V=1$ 的结果。

---

① 我们仍然应该认为，马歇尔（1842—1924）这里的“通货”，是指金本位货币，而不是2010年代各国使用的信用货币。

如果交易方程式 $MV=PT$ 中的 $V=1$，则马歇尔的现金余额论（剑桥方程式）$M=KPT$ 中的 $K=1$，马歇尔的剑桥方程式 $M=KPT$ 与费雪的交易方程式 $MV=PT$ 合一，成为 $M=PT$。

货币经济时代，$M=PT$，看上去更简单，但是不可能。货币流通速度 $V=1$，意味着货币在交易 1 次后就消失了，是物物交易的数学表达，不可能适用于信用货币的经济分析。

5.2.1 从萨伊到凯恩斯

萨伊定律认为：供给决定需求。

萨伊定律统治了经济学百年之久。1929 年，美国只是出现了并不严重的商品滞销、通货紧缩，萨伊定律的逻辑是：商品滞销是因为供给太多，供给太多是因为投资太多，投资太多是因为货币供给太多，对策则是：减少货币供给。由此，并不严重的商品滞销、通货紧缩演变为大萧条、大灾难，并且持续到 1933 年。

凯恩斯定律与萨伊定律相反：需求决定供给。

凯恩斯目睹了 1929—1933 年的惨状，大萧条便成为凯恩斯定律重要的思想来源。凯恩斯 1936 年出版的《就业、利息和货币通论》贯穿始终的核心思想就是：需求决定供给。商品滞销、通货紧缩、经济萧条是有效需求不足导致的，即有支付能力的需求不足，是通货紧缩、经济萧条的原因。

2007 年美国发生次贷危机则是运用凯恩斯之策解决问题的。虽然一度人心惶惶，但很快风平浪静。出现商品滞销、通货紧缩时，凯恩斯之策的核心要义就是刺激消费需求、投资需求，对策是扩大货币供给量 M，降息以降低货币的使用成本。当然，原教旨意义的凯恩斯之策就是增加财政支出，直接提高货币流通速度 V，扩大需求 MV。

在信用货币时代，是货币购买商品，不是商品购买货币；也是货币提供需求，商品提供供给。

萨伊定律是物物交易的产物。在物物交易中，交易商品互为货币，互为供给，互为需求。甲方用牛换乙方的羊，牛是甲方的货币，羊是乙方的货币。$M=PT$ 也是萨伊“供给创造自己的需求”的数学表达，一次性的物物交易使得货币流通速度 $V=1$①。

如果用 $M=PT$ 表达，甲方用“1 头牛换 5 只羊”，是甲方用 1 头牛“买”5 只羊。1 头牛是甲方货币 M，羊的价格 P 是 $\frac{0.2\text{ 头牛}}{1\text{ 只羊}}$，羊的交易量 T 是 5 只。

$M=PT$，即：$1\text{ 头牛}=\frac{0.2\text{ 头牛}}{1\text{ 只羊}}\times 5\text{ 只羊}$。

① 即使是信用货币，要满足古典预算线把货币 M 全部买成商品，“一次性交易”要件成立，仍然是货币流通速度 $V=1$。

信用货币时代，M 是货币媒介，中央银行决定的货币量 M 可变，公众决定的货币流通速度 $V\neq1$。V 并不稳定，其波动也是货币理论与货币政策最大的难题，关系到消费、投资与收入。在 $MV=PT=LE$ 中，货币量 M 与货币流通速度 V 共同决定的总需求 MV 决定了总供给 TP，继而决定了总收入 LE。下面是在这个架构中，货币流通速度的几种演绎。

是货币购买商品，不是商品购买货币；是货币选择商品，不是商品选择货币。这也是“用户是上帝”“消费者是上帝”的逻辑基础。多货币并存，或者弱势政府导致货币的无限法偿权（任何待售的商品、服务不能拒绝法定货币）难以执行时，“用户是上帝”“消费者是上帝”的逻辑基础也将崩溃。

5.2.2 货币流通速度 $V=1$

假定货币流通速度 $V=1$，则剑桥方程式 $M=KPT$ 中的 $K=1$，交易方程式 $MV=PT$、剑桥方程式 $M=KPT$ 同时演变为 $M=PT$。

货币流通速度 $V=1$ 表明，交易是一次性的，也证明了萨伊“供给创造自己的需求”的逻辑。同时还证明，在“供给创造自己的需求”时，也许需要货币作为交易时的面纱。即使是黄金作为货币，也只是影响交易物的价格。除此之外，没有其他影响。

甲方用“1 头牛换 5 只羊”，是甲方用 1 头牛“买”5 只羊，1 头牛是甲方货币量 M_c，羊的价格 P_s是 $\frac{0.2\text{头牛}}{1\text{只羊}}$，羊的交易量 T_s是 5 只。

同时，乙方用“5 只羊换 1 头牛”，是乙方用 5 只羊“买”1 头牛，5 只羊是乙方货币量 M_s，牛的价格 P_c是 $\frac{5\text{只羊}}{1\text{头牛}}$，牛的交易量 T_c是 1 头。

$M=PT$

即：

$M_c=P_sT_s=P_cT_c=M_s$

$$1\text{头牛}=\frac{0.2\text{头牛}}{1\text{只羊}}\times5\text{只羊}=\frac{5\text{只羊}}{1\text{头牛}}\times1\text{头牛}=5\text{只羊}$$

上式表明，古典经济学基础是物物交易，其逻辑没有问题。物物交易（$P_sT_s=P_cT_c$）是双方互为供给，互为需求，互为货币，当然是“供给创造自己的需求”。各自的货币 M_c、M_s都是面纱。交易是一次性的，货币流通速度 V 当然等于 1。

货币流通速度 $V=1$ 时，若简化为一个 2 种商品的竞争市场，即 $M=P_1T_1+P_2T_2$，在需求既定为 M 的情况下，两个商品 T_1、T_2之间的竞争，可以降低商品价格，提高商品质量。这是古典竞争市场理论的最大特征，市场规模既定，降价竞争获得市场份额。

5.2.3 货币流通速度 $V\neq1$

货币流通速度 $V\neq1$，意味着货币在一定时间内是重复使用的（$V>1$），也可能货币在一定时间内被束之高阁，或是放在了储钱罐内，或是被守财奴窖藏（$0 \leq V < 1$）。

在费雪交易方程式 $MV = PT$ 中，若货币量 M 不变，当 $V \neq 1$ 时，无论 $V > 1$ 还是 $V < 1$，V 的波动都将影响总需求 MV。此时，总需求就是货币政策的一个结果，而且，货币政策不仅要考虑货币量 M，还要考虑货币流通速度 V。

本书否定凯恩斯“货币政策对抑制通货紧缩无效”的观点，也否定弗里德曼的针锋相对，“货币存量的大幅度变动是一般价格水平大幅度变动的必要且充分条件”。①。

在 $MV = PT$ 中，$P = MV/T$，当不能保证货币流通速度 V 和商品交易量 T 不变（或者，V/T 不变）时，弗里德曼的“货币存量 M 的变动是一般价格水平 P 大幅度变动的必要且充分条件”不能成立。例如，弗里德曼《美国货币史：1867—1960》中的资料表明，在这 93 年中，货币存量下降多伴随通货紧缩，也有货币供应量上升、价格指数下降的时期。

货币流通速度 $V \neq 1$，而且，V 是变化幅度极大的一个变量。例如，以年为时期，窖藏货币的流通速度 V 是零，恶性通货膨胀时期货币的流通速度 V 是无穷大。这也就意味着，在 $MV = PT$ 中，货币流通速度 V 可变的市场经济不能为新古典经济学理论提供仅考虑货币量 M 的固定预算线。

古典预算线是时点概念，总需求则是时间概念。一个小老板在上午 10 点（时点）只有 10 元收入，预算线是 10 元，花掉后，11 点又卖掉了 10 元的商品，于是，增加了 10 元收入，时间可支出收入是 20 元，突破一小时前时点预算线 1 倍。

在 $MV = PT$ 中，即使货币量 M 既定，货币流通速度 V 的极端变化会导致总需求 MV 的极端变化，而能够交易的商品量 T 难以极端变化，商家只能通过价格 P 的变化来应对货币流通速度 V 的极端变化导致的总需求 MV 极端变化。于是，价格 P 波动就会很大。例如，新中国成立前，一天内城市物价下午较上午就会有大幅度的上涨。

在市场学的价格理论中，在边际和效用假设基础上建立起来的古典价格理论是 $M = P_1T_1 + P_2T_2$ 中需求 M 既定 T_1、T_2 互相竞争的替代效应。用货币内生的价格理论去重新解释价格变动中的需求变动时，可以发现市场学价格理论的本质是在需求 M 既定时一个企业利用降价去增加自己的市场份额，前提是商品之间具有可替代性。例如，华为降低手机价格，销量提升，是因为挤占了其他手机厂商的市占率。

在 $M = P_1T_1 + P_2T_2$ 中考虑货币流通速度 V 后，$MV = P_1T_1 + P_2T_2$ 则表明，即使货币量 M 既定，总需求 MV 不可能既定，市场学的价格理论才算进化到了经济学的价格理论。

5.2.4 货币流通速度 V 的极端演绎

交易媒介，是货币独有的职能。2010 年代，全球的媒介货币已经纸币化。在未来，

① 弗里德曼文萃[C]. 北京：北京经济学院出版社，1991：389.

媒介货币还将数字化、符号化。与黄金、白银不同，媒介货币存在的基础是流动（$V>0$），不是储存（$V=0$）。

下面是从一个荒漠中的孤立小镇和一个没有外贸的独立国家两个角度，对货币流通速度 V 进行的极端演绎。

5.2.4.1 在货币短缺的小镇，如何能够卖掉自己的商品和服务，同时消费自己需要的商品和服务？

下面用费雪方程式拓展 $MV=PT=LE$ 来分析。

（1）货币，可以是“偷来的”媒介

小镇旅馆，来了位客官，他将 2 两银子 M 放在柜台，上楼去看看房间是否中意……

旅馆店主，拿起 2 两银子，到隔壁屠夫那里付了欠的猪肉钱。$MV=2$ 两银子。

屠夫，有了 2 两银子，付清了欠的饲料款。$MV=4$ 两银子。

饲料商，用 2 两银子付他欠张小姐的旧债。$MV=6$ 两银子。

张小姐，到小镇旅馆付了她欠的 2 两银子房钱。$MV=8$ 两银子。

客官下楼，说旅馆条件太差，拿起 2 两银子离开小镇……客官一分钱没花。

旅馆店主未经客官允许偷偷将客官的银子用于债务支付，创造了 $GDP=MV=8$ 两银子。

4 家厂商销售了商品、服务 PT，$GDP=MV=PT=8$ 两银子。

4 家厂商获得了收入 LE，$GDP=MV=PT=LE=8$ 两银子。

客官来前，小镇里的这几个人都负债；3 分钟后，人人无债。

物物交易的交易成本高昂。没有货币，交易经济很难发展。延期支付的负债可以让交易进行，如果永远不能偿清债务，交易将难以继续。小镇无钱，飞来的二两银子在 3 分钟内流通了 4 次，创造了 8 两银子的 GDP。这等好事几乎不可能发生，在缺钱的岁月，可以借钱作为流通媒介，此例相当于未被告知无息“借用”了 3 分钟。这说明，货币使用权对交易很重要，可以没有货币的所有权，但要有货币的使用权，即租钱。前提是：每人有提供给他人并且他人需要的用于交易的分工商品和服务，如这里的猪肉、饲料、服务、房舍。

上述交易过程的货币流通速度是 4。这个货币流通速度每减少 1，小镇的 GDP 就减少 2 两银子，小镇居民的收入就减少 2 两银子。

（2）货币，可以是自有的媒介

银子是唯一货币，整个小镇只有旅馆店主有 2 两银子。小镇旅馆的店主拿起 2 两银子，到隔壁屠户那里买了需要的猪肉。屠夫有了 2 两银子，买了猪饲料。

饲料商用 2 两银子，买了张小姐餐厅的午餐。

张小姐用 2 两银子，到小镇旅馆为家里的客人买了 1 天的客房。

2 两银子重新回到小镇旅馆的店主手里。

货币流通速度很重要。旅馆店主的 2 两银子流通了 4 次，创造了 8 两银子的 GDP。

（3）货币，可以是借来的媒介

旅馆店主可以将自己的 2 两银子借给屠夫（直接金融），若有商业银行，旅馆店主也可以将自己的 2 两银子存入银行，由银行贷给屠夫（间接金融）。贷入的货币可以当作自己的货币用于消费或投资，重复（2）中屠夫、饲料商、张小姐连续消费的结果，2 两银子流通了 3 次，创造了 6 两银子的 GDP。

这里，商业银行的货币创造得到了体现，但产生了货币的使用权成本，即利息。旅馆店主在银行有 2 两银子的债权（存款），屠夫在银行有 2 两银子的债务（借款），基础货币（实在的 2 两银子）回到了旅馆店主手中。

如果不考虑借贷成本，即利率，虽然屠夫没有债务货币的所有权，但不影响债务货币交易、流通过程。

如果必须考虑借贷成本，即利率是重要的成本，没有所有权的债务货币成本将影响债务货币交易、流通过程。因此，中央银行的利率政策也就尤其重要。在此，旅馆店主是唯一的基础货币提供者，旅馆店主就是“中央银行”，将 2 两银子借给屠夫时如果利率要求过高，屠夫将因无力承担而拒绝，之后的交易过程将不存在。

（4）无货币媒介，无交易

今天无客官光临，唯一的有钱人（不是富人，而是相对其他没有货币的人来说）旅馆店主今天既没花钱，也没对外借钱，全镇今天无 GDP。肉、饲料、午餐、客房均未卖掉，大家也没有享受到需要的商品和服务，都没有收入。

5.2.4.2　货币流通速度与国家 GDP

极端演绎，也许能让我们更深刻地理解货币流通速度 V 的经济学意义和货币政策意义。

（1）在 $MV=PT=LE$ 的框架中解释，如何用 1 美元创造 3000 亿美元的 GDP

一个 500 万人口的独立国家，没有对外贸易，全社会只有 1 美元的货币存量（$M=$ 1 美元），若这 1 美元在一年里周转了 3000 亿次（$V=$3000 亿次），每天周转 8.22 亿次，当年 $GDP=MV=PT=LE=$3000 亿美元，总需求（MV）为 3000 亿美元，总供给（PT）为 3000 亿美元，总收入为（LE）3000 亿美元，人均 GDP 为 6 万美元。

这个国家个人手中拥有货币的最大量是 1 美元，而且同时只能一个人拥有。在微观上，人人没钱，但人人富足。从高档手机公司到卖烧饼的路边摊，人们都卖掉了自己的商品和服务，也消费了餐饮、教育、医疗等，住房条件良好，三餐丰盛，有病能得到治疗，孩子在正常上学。

（2）在 $MV=PT=LE$ 的框架中解释，如何用 3000 亿美元创造 0 美元的 GDP

另外一个 500 万人口的独立国家，没有对外贸易，全社会有 3000 亿美元的货币存量（$M=$3000 亿美元），若这 3000 亿美元在一年里周转了 0 次（$V=0$），这个国家当年 $GDP=$

$MV=PT=LE=0$ 美元，总需求（MV）为 0 美元，总供给（PT）为 0 美元，总收入（LE）为 0 美元，人均 GDP 为 0 美元。

虽然这个国家人均拥有货币 6 万美元，人人有钱，但是在微观上，除钱之外，人人一无所有。人们没有消费商品、餐饮、教育、医疗等，从高档手机公司到卖烧饼的路边摊，大家都卖不掉自己的商品和服务，分工的市场经济彻底崩溃，如果不能及时回到完全自给自足的自然经济状态，人们去山上采野果、抓野猪吃生猪肉，人们都将饿死（图 5－1）。

图 5－1　货币，是干什么用的？

5.2.5　商业债务的被动产生

5.2.5.1　物物交易时代“无法”进行商业借债

货币经济中，财富同时呈现出价值形态与实物形态。在每个鸡蛋价格为 0.5 元的时候，实物形式的 1 个鸡蛋也呈现了 0.5 元的价值形态。再如上市公司实物形式的厂房等也呈现了股票市值的形态。

物物交易时代，实物则难以呈现一般意义的价值形态。而商业债务，是一般价值形态的一种。物物交易，买和卖必须在时空上同时进行，至少在这个过程中不需要商业性质的借债行为。

甲方用“10 个鸡蛋换 1 千克鲜奶”，是甲方用 10 个鸡蛋“买”1 千克鲜奶，10 个鸡蛋是甲方货币量 M_e，鲜奶的价格 P_m 是 $\frac{10\text{个鸡蛋}}{1\text{千克鲜奶}}$，鲜奶的交易量 T_m 是 1 千克。

同时：

乙方用“1 千克鲜奶换 10 个鸡蛋”，是乙方用 1 千克鲜奶“买”10 个鸡蛋，1 千克鲜奶是乙方货币量 M_m，鸡蛋的价格 P_e 是 $\frac{0.1\text{千克鲜奶}}{1\text{个鸡蛋}}$，鸡蛋的交易量 T_e 是 10 个。即：

10 个鸡蛋 =1 千克鲜奶

$M_e=P_mT_m=P_eT_e=M_m$

$$10\text{个鸡蛋}=\frac{10\text{个鸡蛋}}{1\text{千克鲜奶}}\times 1\text{千克鲜奶}=\frac{0.1\text{千克鲜奶}}{1\text{个鸡蛋}}\times 10\text{个鸡蛋}=1\text{千克鲜奶}$$

货币 M 出现之后，$M=M_e=M_m$。

货币单位是元，货币量 M 是 10 元时，用货币衡量的鲜奶价格 P_m 是 $\frac{10\text{元}}{1\text{千克鲜奶}}$，用货币衡量的鸡蛋价格 P_e 是 $\frac{1\text{元}}{1\text{个鸡蛋}}$，交易量 T_m、T_e 不变，这个物物交易则演变为

$$M = PT = P_m T_m = P_e T_e = \frac{10\text{元}}{1\text{千克鲜奶}} \times 1\text{千克鲜奶} = \frac{1\text{元}}{1\text{个鸡蛋}} \times 10\text{个鸡蛋} = 10\text{元}。$$

物物交易，肯定是一次性的。

用交易方程式 $MV = PT$ 分析，$M = PT$ 的货币流通速度 $V = 1$，交易仍然是一次性的，仍然是物物交易，货币 M 是古典经济学的面纱。物物交易时代，缺少鸡蛋而去借（债）鸡蛋，是不可能的。因为缺少鸡蛋不可能偿还鸡蛋，而鸡蛋不可能用其他物品估值，更不可能用货币估值。

5.2.5.2　货币性商业债务

由于货币的出现，买和卖在时空上割裂了，买和卖不必甚至不可能同时进行。

出售商品收到的货币，有人可能会迅速用于购买其他商品，也可能有“守钱奴”将货币窖藏起来。此时，物物交易的 $M = PT$ 就演变为交易方程式 $MV = PT$。因为，货币流通速度不再等于 1 了，即，$V \neq 1$。新的问题也随之而来。

在鸡蛋 T_e、鲜奶 T_m 的物物交易中，$V = 1$，买和卖必须在时空上同时进行：

$M = PT = P_m T_m = P_e T_e$

$V \neq 1$ 时，在 $MV = PT = LE$ 中分析：

周期 1，$MV_1 = P_m T_m + P_e T_e = L_m E_m + L_e E_e$

$L_m E_m$ 是出售鲜奶的收入，$L_e E_e$ 是出售鸡蛋的收入。

如果出售鸡蛋者的收入 $L_e E_e$ 没有及时用于购买之前“一直购买的”鲜奶 $P_m T_m$，而鲜奶只有一天保质期，生产鲜奶的农民马上就会陷入困境。虽然货币量 M 不变，出售鸡蛋者的储币行为降低了货币流通速度（$V_2 < V_1$），总需求 MV 减半、下降，鲜奶 $P_m T_m$ 卖不掉了。

周期 2，$L_m E_m = MV_2 = P_e T_e$

即有效需求不足。通俗表达就是，有支付能力的需求不足。

生产鲜奶的农民只能采取自救措施，诸如：①降低鲜奶价格向生产鸡蛋的农民“行贿”。②把生产鸡蛋的农民曾经购买鲜奶、如今没有购买鲜奶的收入 $L_e E_e$ 借过来建冷库。债务也就产生了。

$L_e E_e$，正是生产鲜奶的农民购买鸡蛋的支付。这是把自己曾经支付的货币“借回来”。

如果生产鲜奶的农民拒绝降价“行贿”，也拒绝借债，而是像生产鸡蛋的农民那样储币，“以牙还牙”，不再购买对方的产品。之后，虽然双方都是“有钱人”，但货币经济就此终结。货币，也不再是货币，而是毫无用处的符号。

在 $GDP = MV = PT = LE$ 中，需求 MV 不足将导致产品销售 PT 不畅，继而工资 E 下降就业 L 减少，也是失业增加。

对于企业来说，产品需求 MV 旺盛，同时价格 P 上升时，无须借债也能顺利经营。需求不足通货紧缩时，商品销售不畅则会使资金周转困难，于是，债务自然产生。

借债后，如果需求仍然不足，企业就不能偿还到期债务而被迫破产清算，这个企业以及这个企业的员工曾经带给全社会的经济需求也将下降甚至消失。当这种破产清算大规模进行时，大萧条来临，又加重了既有的通货紧缩。物价下降、货币升值，以及对经济的悲观情绪将导致窖藏货币现象，货币消失，货币流通速度 V 更趋下降，物价水平 P 则进一步下降，通货紧缩因而更加严重。

甲、乙之间物物交易，买卖同时实现。货币充当交易媒介后，甲卖出商品得到货币后若储币不买，乙的商品就滞销。在此期间，通货膨胀、物价上升、货币贬值是对乙的补偿；通货紧缩、物价下降、货币升值则是对甲的奖励。

货币的独有职能是交易媒介，通货膨胀是商品和服务在升值，交易媒介在贬值；通货紧缩则是商品、服务在贬值，交易媒介在升值。有支付能力的有效需求是经济增长的动力，要消除有效需求不足，货币需要适度贬值（通货膨胀）从而惩罚持币不购者，补偿商品、服务无法出清者。

执行通货膨胀目标制，适度通货膨胀有利于经济发展等现象，似乎都可以在脱离物物交易后的媒介货币上找到答案。

5.2.6 相对价格与一般价格——关于瓦尔拉斯一般均衡

相对价格，是用 A 商品衡量 B 商品的价格。例如，$\frac{10\text{个鸡蛋}}{1\text{千克鲜奶}}$。

一般价格，是用货币衡量商品和服务的价格。例如，$\frac{10\text{元}}{1\text{千克鲜奶}}$，或者，$\frac{1\text{元}}{1\text{个鸡蛋}}$。

5.2.6.1 建立在相对价格之上的瓦尔拉斯一般均衡

物物交易时代，只有相对价格。

“10 个鸡蛋换 1 千克鲜奶”，货币量 M_e 是 10 个鸡蛋，用鸡蛋衡量的鲜奶价格 P_m 是 $\frac{10\text{个鸡蛋}}{1\text{千克鲜奶}}$，鲜奶交易量 T_m 是 1 千克，是用 10 个鸡蛋“买”1 千克鲜奶的物物交易，即

$$M_e = P_m T_m$$

$$10\text{个鸡蛋} = \frac{10\text{个鸡蛋}}{1\text{千克鲜奶}} \times 1\text{千克鲜奶}$$

瓦尔拉斯一般均衡理论研究的是物物交易，其价格是相对价格。

在瓦尔拉斯一般均衡理论中，只要一个商品存在供大于求，必然有另外一个商品求大于供。这个结论是萨伊定律“供给创造自己的需求”的翻版，是以实物交易为分析背景的，货币是任何一个商品都可以充当的一个角色。

商品只能互相表示相对价格，这带来的进一步问题是，鲜奶的相对价格 P_m 和鸡蛋的相对价格 P_e 如何加总为一般价格。

$$\frac{10\text{个鸡蛋}}{1\text{千克鲜奶}}+\frac{0.1\text{千克鲜奶}}{1\text{个鸡蛋}}=?$$

5.2.6.2　一般价格

货币经济中才会有的一般价格，即交易方程式 $MV=PT$ 中的 P。

交易方程式 $MV=PT$ 中的一般价格 P，与瓦尔拉斯一般均衡理论中的相对价格（这里的 P_m、P_e）不是一个范畴的东西。

还以"10个鸡蛋换1千克鲜奶"为例，货币 M 出现之后，货币单位是元，货币量 M 是10元时，用货币衡量的鲜奶价格 P_m 是 $\frac{10\text{元}}{1\text{千克鲜奶}}$，用货币衡量的鸡蛋价格 P_e 是 $\frac{1\text{元}}{1\text{个鸡蛋}}$，鸡蛋、鲜奶组成的经济总量则演变为

$$MV=P_mT_m+P_eT_e=\frac{10\text{元}}{1\text{千克鲜奶}}\times 1\text{千克鲜奶}+\frac{1\text{元}}{1\text{个鸡蛋}}\times 10\text{个鸡蛋}=20\text{元}$$

鲜奶价格 $\frac{10\text{元}}{1\text{千克鲜奶}}$ 与鸡蛋价格 $\frac{1\text{元}}{1\text{个鸡蛋}}$ 的货币单位一致，都是"元"，1千克鲜奶、1个鸡蛋均可以抽象为"1单位"，加总后的一般价格则是

$$\frac{10\text{元}}{1\text{千克鲜奶}}+\frac{1\text{元}}{1\text{个鸡蛋}}=\frac{11\text{元}}{2\text{单位}}=\frac{5.5\text{元}}{1\text{单位}}$$

交易方程式 $MV=PT$ 中价格 P 的物质单位是什么？不是"元/吨"，不是"元/个"，也不是"元/平方米"，而是抽象的"元/单位"。

5.2.6.3　瓦尔拉斯一般均衡的演绎

在交易方程式 $MV=PT$ 中，如果货币数量 M 增加一倍，货币数量论的简单结论是：货币流通速度 V、交易量 T 不变，价格 P 上升一倍。

在瓦尔拉斯一般均衡理论中，货币是任何一个商品都可以充当的角色。例如鸡蛋作为货币出现，鸡蛋价格和鸡蛋交易量分别是 P_e、T_e 时：

$$P_eT_e=P_mT_m$$

初始：

10个鸡蛋 =1千克鲜奶

$$10\text{个鸡蛋}=\frac{0.1\text{千克鲜奶}}{1\text{个鸡蛋}}\times 10\text{个鸡蛋}=\frac{10\text{个鸡蛋}}{1\text{千克鲜奶}}\times 1\text{千克鲜奶}=1\text{千克鲜奶}$$

当作为货币的"鸡蛋"供给量 T_e（假定是交易方程式 $MV=PT$ 中的 M）上升一倍达到20个时，瓦尔拉斯一般均衡理论的演进过程与货币数量论完全不同，不是鲜奶的价格上升一倍，而是鸡蛋的价格 P_e（假定是交易方程式 $MV=PT$ 中的 V）下降一半（0.1千克鲜奶/1个鸡蛋→0.05千克鲜奶/1个鸡蛋）、鲜奶价格 P_m 上升1倍（10个鸡

蛋/1 千克鲜奶→20 个鸡蛋/1 千克鲜奶)，即：

20 个鸡蛋 =1 千克鲜奶

$$20\text{ 个鸡蛋} = \frac{0.05\text{ 千克鲜奶}}{1\text{ 个鸡蛋}} \times 20\text{ 个鸡蛋} = \frac{20\text{ 个鸡蛋}}{1\text{ 千克鲜奶}} \times 1\text{ 千克鲜奶} = 1\text{ 千克鲜奶}$$

在交易方程式 $MV = PT$ 中，货币量 M 增加 1 倍，则会有若干演绎：利率、价格 P、交易量 T、货币流通速度 V 等都可能变动，甚至无法确定价格 P 将上升还是下降。

真实的经济没有假定。假定，是理论家用来偷懒的。

古典经济学的瓦尔拉斯一般均衡理论、帕累托最优等，其基础是实物交易，其价格是相对价格，在数学逻辑上无懈可击，在货币经济中则不存在。

5.3 伪货币流通速度

在交易方程式 $GDP = MV = PT$ 中，货币流通速度 V 表示 1 美元在一年内用于交易的次数。在新古典经济学中，下面两个例子中的交易似乎都可以计入 GDP。

例一，夫妻二人一起到镇上卖一根价格 10 元的甘蔗。途中，丈夫对妻子说："我很渴，吃十分之一，给你 1 元钱。"然后妻子也吃十分之一，给丈夫 1 元钱。双方各吃 5 次后到镇上时，甘蔗被吃完了。这 1 元的货币流通速度为 10，创造 10 元的 GDP。

例二，别人打你一巴掌，丢 1 万元给你作为补偿。你回一巴掌给他，把这 1 万元回丢给他。一来一回，这 1 万元的货币流通速度为 2，创造了 2 万元的 GDP。

在主动性与被动性上，是媒介货币购买商品或服务，不是商品或服务购买货币。市场中的交易不是一个简单的"给钱"过程，正常交易的前提为：①卖方、买方是不同的所有权主体，而且在交易之前，卖方有商品所有权，买方有货币所有权，买方买的是自己没有而且需要的商品或服务。交易完成后商品、货币的所有权主体易位。A 把自己的东西"卖"给自己不是市场交易，A 把张三的东西卖给李四是侵犯张三，也是诈骗李四。②货币购买商品或服务，是买方主动的交易；攻击别人则是刑事犯罪，强买强卖同样是刑事犯罪，如例二。例二第一个 1 万元是罚款性交易，交易就此结束时，这个 1 万元在理论上可以计入 GDP，"你回一巴掌给他，把这 1 万元回丢给他"则是拒绝交易，也是拒绝罚款性交易，则交易归 0，GDP 当然也归 0。

较之于 $MV = PT$，费雪方程式拓展 $MV = PT - LE$ 中增加了 LE，对于消费者来说，花费不是一个简单的交易 $MV = PT$，而是自己的花费 MV 要成为"出售商品和服务者"的销售收入 PT 继而增加"别人"的收入 LE。一个人将左兜里的钱掏出来放到右兜里不能"增加别人的收入 LE"，夫妻之间不能用共有产权进行相互交易，这个交易也不能"增加别人的收入 LE"。在统一财务的家庭内部，丈夫拿到工资后交给妻子统一管理，更不能称为市场交易。

夫妻共同拥有甘蔗的所有权，花掉的钱也是夫妻共有的钱。自己“购买”自己的东西，不能增加自己的收入，更不能增加别人的收入。例一实际上是夫妻俩消费了属于自己的甘蔗。10 次交易中夫妻俩的支出为 0，增加别人的收入为 0，增加自己的收入为 0，V 为 0，GDP 当然也为 0。

5.4 货币流通速度与“货币创造”

货币的流动性，实质上就是不同货币形式的变现意愿、变现能力。各个国家对货币的层次划分不完全相同。大致含义有：

M0 = 流通中现金（直接购买力）。

M1 = M0 + 活期存款（直接购买力 + 现实购买力）。

M2 = M1 + 定期存款（直接购买力 + 现实购买力 + 潜在购买力）。

这里讨论的问题是，商业银行能创造货币？

在货币经济社会，没有货币的需求，也是没有支付能力的需求，只是欲望，不是有效需求。有了货币 M，就有了支付能力，“有效需求”也就有了可能性。

需求是 MV，可以看出，仅仅有了货币 M 是不够的。无论是单笔货币 M，还是全社会的货币总量 M，在一段时间内，如果没有任何购买行为，这笔货币的流通速度 V 便是 0，需求 MV 必然是 0。

把贷入的债务货币用于购买（不是储蓄在银行，也不是存放在家里），才实现了对商品、服务的有效需求，出售商品、服务者则得到了债权货币。商业银行获得存款或者从中央银行借到货币后，主要用于贷给企业或个人。贷出—存入商业银行—再贷出—再存入商业银行，这个过程也被古典经济学称为商业银行的货币创造。在商业银行货币创造过程中，贷出的货币没有投资消费，则不对商品、服务构成直接需求，货币贷入者得到的永远是债务货币。

只有贷入货币用于购买商品和服务（消费或投资），出售商品和服务者获得的货币才是债权货币。而且，这个“购买”扩大了宏观经济总需求 MV。至此，对于出售商品和服务者来说，中央银行发行的货币是公众的债权，是中央银行的债务。

新古典经济学、金融学教科书上都有商业银行货币创造的内容。例如，设商业银行的准备金率为 20%，甲在 A 银行存了 100 元，A 银行交给中央银行准备金 20 元，然后将 80 元贷给乙，乙将 80 元存到 B 银行，B 银行留下 16 元准备金，再将 64 元贷出。如此继续，流通的总货币由最初的 100 元增长为 100/0.2 = 500 元。见表 5 - 1。

表 5-1　新古典经济学的商业银行货币创造

银行	增加存款	法定准备金	增加放款
A 银行	100	20	80
B 银行	80	16	64
C 银行	64	12.8	51.2
D 银行	51.2	10.24	40.96
…	…	…	…
总计	500	100	400

按照古典经济学的货币乘数理论，存款准备金率为 0 时，货币创造乘数无穷大。在理论上，也许一个国家有 1 分钱的货币量就足够了，否则，会货币泛滥。事实并非如此。英国、加拿大分别于 1981 年和 1992 年取消了法定存款准备金（0 存款准备金率），按照古典货币乘数的货币创造理论，英国、加拿大应该有无限量的货币供给 M，在货币流通速度 V 不变时，也会出现不可估量的总需求（MV）增长，这两个国家应该会出现恶性通货膨胀。事实与古典经济学理论是颠倒的，在 2017 年之前的近 10 年里，英国、加拿大一直挣扎在通货紧缩的泥沼中。

理论上，古典经济学中的商业银行货币创造过程没有发生购买行为，增加了 M2（定期 + 活期），但没有增加新的 GDP，没有增加有效需求，更不会带来就业。

古典理论意义上的商业银行货币创造没有考虑企业、个人为什么要贷款，以及贷款后为什么仅仅用于存款。贷款利率较高，然后再存入银行，存款利率肯定低于贷款利率，商业银行希望企业、个人多干这种事，以便净赚利差。事实上，除特殊情况外，没有人的贷款目的是把这笔款项存起来。

古典经济学的商业银行货币创造游戏看上去很美，在游戏过程中人们既没有卖出商品，也没有买到服务，那么这些人为什么要进行必然亏损的“存入—借出—存入……”游戏？

贷款，要么用于消费，要么用于投资。无论是消费还是投资，都会提高货币流通速度 V，也提高了总需求 MV，但是，没有创造货币。

贷款，不可能是为了存款，而去帮助商业银行进行“货币创造”。把贷款用于存款，不会提高货币流通速度 V，也不会带来增量需求 MV。

归根结底，中央银行有权发行货币，商业银行不能创造货币。仅仅存款，是不够的，存款、储蓄会让 M2 上升；存款、储蓄如果没有成为他人贷款，继而用于消费、投资，那么必将导致有效需求不足。M1、M2 与存款余额有关，与货币创造无关，更不等于基础货币供给。

另外，A（商业银行、企业或个人）用债务货币购买非货币资产后，A 的债务依然存在。此后，若非货币资产价格上升，A 将资大于债；若非货币资产价格下降，A 将资不抵债。这是后话，也是通货膨胀率的投资行为基础。

5.5 信用货币的制造成本是零

动物，乃“血肉之躯”。即动物由血液和躯干组成。

M 是货币存量、P 是非货币资产价格、T 是非货币资产量时，全社会的财富总量是 $M+PT$，即全社会的财富总量由货币存量 M 和非货币资产 PT 组成。

金本位时代，黄金天然是货币，也是实实在在的物质财富。与商品货币不同，信用货币是交易媒介，是交易符号，也是财富符号。

在信用货币时代，信用货币的制造成本几乎是0。

如果你是美国首富，在你的财富总量 $M_1+P_1T_1$ 中，你把自己的1000亿美元纸币 M_1 偷偷烧掉（公开烧掉是刑事犯罪），受到损失的是你自己，未必是全社会，甚至不会影响美国整体经济运行。当你的毁钱行为对美国整体经济运行构成影响时，如在 $MV=PT$ 中被你毁掉的 M_1 占货币总量 M 比重过大导致总需求 MV 下降继而价格水平 P 下降形成通货紧缩时，中央银行可以降息，零成本增发被你毁掉的1000亿美元纸币 M_1 以弥补 M 不足，将你的毁钱行为化为无形。如同在一个设施良好的医院里，一个患者的肢体功能完好无损，只是伤口让他严重失血，不补充血液，这个患者将失去生命。但是，只要通过输血的方式及时补足这个患者需要的血液，其生命基本上不受影响。

货币经济时代，没有钱是万万不能的，如同恒温动物，没有血液时就会死亡。在信用货币时代的竞争经济中，挣钱不容易，毁钱不复杂，造钱很简单。

纸币已经淘汰了金属货币。未来，当数字货币完全代替纸币时，首富即使想毁掉货币也不可能。

如果你是美国首富，你的财富总量是 $M_1+P_1T_1$，与货币资产 M_1 不同，你毁掉了自己的非货币资产 P_1T_1，也毁掉了全社会的非货币资产。假如你在曼哈顿拥有10栋摩天大楼 T_1，每栋单价 P_1 为100亿美元，你无权把这10栋价值1000亿美元确实也属于你的大楼 P_1T_1 烧掉。这10栋楼属于你，也属于全社会。烧掉这10栋楼，全社会的一笔物质财富就没有了，是刑事犯罪。即使在一个设施良好的医院里，一个患者的胳膊被机器碾碎了，受害的不仅是胳膊，更是这个患者。而且，没有了胳膊，此人不可能完全康复，更不可能靠输血完全康复。

当货币经济社会的全部非货币资产都消失了，货币就没有了存在的意义，“经济”也就不存在。如同一个动物失去生命时，它体内的血液同样没有存在的意义一样。

最痛苦的事情为：钱还在，人没了。

5.6 总需求不会自动配合经济增长

前文曾经一般性述及，货币经济增长、人均报酬递增的实现，需要增量货币配合，还需要新的劳动力加入。

这里讨论的问题是：

（1）通货紧缩如何降低了货币流通速度，继而带来经济总量的萎缩？

（2）增量货币是否能够实现经济增长、报酬递增？

5.6.1. 从潜在经济增长到货币经济增长

在 $GDP=MV=PT=LE$ 中，如果没有外来因素的参与，$MV=PT=LE$ 似乎是个经济永不增长也不下降的死循环。这也可以推论出，马－凯经济学的所谓“供 *PT*、求 *MV*”均衡，同样是经济永不增长也不下降的死循环。见图 5－2。

总需求决定总供给。商品服务有需求，卖掉了，才算是货币经济实现。问题在于，商品生产出来了，供给增长了，总需求能否自动配合供给的增长，实现经济增长？

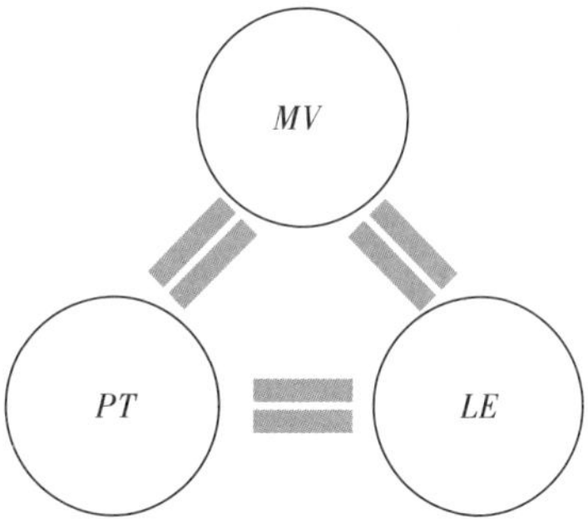

图 5－2　马－凯经济学的“供 *PT*、求 *MV*”均衡，是经济永不增长也不下降的死循环

图 5－2 是单个周期的经济循环示意。当经济进入下一个周期时，在经济周期 1 和经济周期 2 中：

$M_1V_1=P_1T_1=L_1E_1$

$M_2V_2=P_2T_2=L_2E_2$

潜在经济增长（商品已经生产出来），意味着 $T_2>T_1$。

货币经济增长（增长商品已经在市场卖掉），则必须是 $P_2T_2>P_1T_1$。

如图 5－3 所示。

经济周期1		经济周期2
$M_1V_1=P_1T_1=L_1E_1$	<	$M_2V_2=P_2T_2=L_2E_2$

图 5－3　经济增长，意味着经济不再均衡

潜在经济增长 $T_2>T_1$ 与货币经济增长 $P_2T_2>P_1T_1$ 之间看着很近，实际上又可能很远，甚至遥不可及。很多国家需求不足、长期停滞的经济就可以证明。

在 $MV=PT=LE$ 中，“需求 *MV* 决定供给 *PT*”的逻辑是，*MV* 决定 *PT*，*PT* 决定 *LE*，即 $MV\rightarrow PT\rightarrow LE$。也就是说，在周期 2，只有需求 M_2V_2 能够帮助潜在经济增长 $T_2>T_1$ 成

为货币经济增长 $P_2T_2 > P_1T_1$。

经济增长的总需求 MV 配合，无外乎提高货币流通速度 V（凯恩斯主义的财政政策就是为了提高货币流通速度 V）和增加货币量 M（弗里德曼单一规则的目的就是稳定提高货币量 M）两种。市场经济，是政府不干预市场的无为而治，是中央银行必须干预经济的有为而治。没有实施恰当的货币政策，经济发展不可能顺利、稳定，潜在经济增长（$T_2 > T_1$）也不可能自动转变为货币经济增长 $P_2T_2 > P_1T_1$。

下面区分货币流通速度 V 变动、货币量 M 变动两种情况，阐述潜在经济已经增长时（$T_2 > T_1$）现实经济所面临的问题。

5.6.2 不可靠的货币流通速度

货币主义者常常假定货币流通速度 V 稳定，凯恩斯主义者则认为货币流通速度 V 不稳定。

事实上，货币流通速度有时稳定，有时不稳定。长期多稳定，而无实际意义；短期多不稳定，但后果常常很严重。货币流通速度完全不可靠。

影响货币流通速度的主要因素是价格变动率。价格变动率同时关乎货币价格与非货币资产价格，关乎剑桥方程式中的 K 值，关乎总需求。价格变动率剧烈波动，不可能期待货币流通速度稳定。

下面用股民在股市中的行为对照阐述。

5.6.2.1 在股市中，人们“理性”控制股票仓位的后果

（1）用 $MV = PT = LE$ 解释

股市平均货币量是 M，交易次数是 V，股票均价是 P，股票数量是 T，股东人数是 L，股东人均财富是 E，股票总市值则是 MV 或 PT 或 LE。

股价 P 上涨时，即所谓“牛市”，股民会减持货币 M，增持股票 T，提高仓位 PT，甚至“满仓”。在 $MV = PT = LE$ 中的反映就是交易次数 V 提高，对股票的需求 MV 上升。虽然股市货币量 M 没变，股东人数 L 没变，可用于再分配的股市人均财富 E 却在上升。股市“创造了”货币，股民盈多亏少。

股价 P 下跌时，即所谓“熊市”，股民会降低仓位 PT，甚至“空仓”，在 $MV = PT = LE$ 中的反映就是交易次数 V 下降，对股票的需求 MV 下降。虽然股市货币量 M、股东人数 L 仍然没变，可用于再分配的股市人均财富 E 却在下降。股市“消灭了”货币，股民盈少亏多。

（2）用剑桥方程式 $K = M/PT$ 解释

股价 P 上升，股民减持货币 M，增持股票 T，提高仓位 PT，K 值下降。

股价 P 下跌，股民增持货币 M，减持股票 T，降低仓位 PT，K 值上升。

把以上两个角度的解释概括起来就是：

股价 P 上升，对股票的需求 MV 上升，可用于再分配的股市财富 LE 上升。

股价 P 下跌，对股票的需求 MV 下跌，可用于再分配的股市财富 LE 下降。

5.6.2.2　潜在经济增长靠降价实现销售，导致货币升值、通货紧缩

把股市拉过来讨论，目的是矫正古典经济学根深蒂固的观点——“价格下降需求上升，反之反是”。

在货币经济中，商品、服务和股票价格下降是货币升值，货币对商品、服务和股票的需求不是古典经济学的上升，而是下降。

如果总需求没有提高，潜在的经济增长（厂商已经生产出来的商品和服务存量 + 增量）即使实现销售，也未必能够促进货币经济增长。

潜在的经济增长（商品已经生产出来）意味着 $T_2 > T_1$，若总需求不变 $M_1V_1 = M_2V_2$，要将增长的 T_2 销售出去，唯一的可能性是价格 P_2 下降。如图 5-4 所示。

经济周期1		经济周期2
$M_1V_1=P_1T_1=L_1E_1$	=	$M_2V_2=P_2T_2=L_2E_2$

图 5-4　当总需求 M_2V_2 落后于潜在经济增长 T_2

在经济周期 2，虽然潜在的经济增长（$T_2 > T_1$）实现销售，但是，是以降价（$P_2 < P_1$）的方式销售的，销售过程带来了货币升值、通货紧缩，即潜在经济增长（$T_2 > T_1$）并没有转变为货币经济增长 $P_2T_2 > P_1T_1$，而是 $P_2T_2 = P_1T_1$，经济总量仍然不变，货币经济没有增长，社会的再分配总量 $L_1E_1 = L_2E_2$ 也没有增长。

5.6.2.3　货币升值、通货紧缩，导致货币流通速度下降，总需求下降

如同股市价格，一般价格水平 P 下降是货币升值、通货紧缩。

因为货币升值、通货紧缩，在经济周期 3，货币量 M 不变，即 $M_1 = M_2 = M_3$ 时，出于追求财产最大化的本能，社会公众会像“股民”那样，在剑桥方程式 $K = M/PT$ 中降低总资产中的非货币资产 PT，增加货币资产 M，K 值上升。

K 值上升反映到经济周期 3 的 $M_3V_3 = P_3T_3 = L_3E_3$ 中，则是货币流通速度 V_3 下降。即使货币量不变（$M_1 = M_2 = M_3$），总需求 M_3V_3 不升反降，将带来经济衰退，经济总量 P_3T_3 下降，社会财富的再分配总量 L_3E_3 也下降。

经济周期1		经济周期2		经济周期3
$M_1V_1=P_1T_1-L_1E_1$	-	$M_2V_2=P_2T_2=L_2E_2$	>	$M_3V_3=P_3T_3=L_3E_3$

图 5-5　总需求落后于潜在经济增长，导致通货紧缩（经济周期 2），
继而会导致货币流通速度下降，总需求下降，经济总量、再分配总量也将下降（经济周期 3）

即经济周期 2 的总需求 M_2V_2 不变，潜在的经济增长 T_2 虽然实现销售，不仅没有促进货币经济增长，反而带来货币升值、通货紧缩，导致周期 3 的货币流通速度 V_3 下降，

总需求 M_3V_3 下降，经济进入衰退、萧条周期。

5.6.3 不可靠的货币量

在 $MV=PT=LE$ 架构中分析，商品已经生产出来，潜在经济在增长，意味着 $T_2>T_1$，若总需求不变，即 $M_1V_1=M_2V_2$，要将增长的 T_2 销售出去，唯一的可能性是 P 下降。

图 5－6 周期 1、周期 2 中，总需求不变，即 $M_1V_1=M_2V_2$ 时，以降价（$P_2<P_1$）的方式销售潜在经济增长（$T_2>T_1$），货币经济的商品和服务 $P_2T_2=P_1T_1$ 没有增长，社会的再分配总量 $L_1E_1=L_2E_2$ 也没有增长，但带来了货币升值、通货紧缩。

此时，在经济周期 3 增加货币供给，$M_1=M_2<M_3$，又将如何？

经济周期1		经济周期2		经济周期3
$M_1V_1=P_1T_1=L_1E_1$	=	$M_2V_2=P_2T_2=L_2E_2$	>	$M_3V_3=P_3T_3=L_3E_3$

图 5－6　总需求落后于潜在经济增长，导致通货紧缩（经济周期 2），继而会导致货币流通速度下降。此时，即使增加货币供给，总需求也可能下降（经济周期 3）

经济周期 2 已经带来了货币升值、通货紧缩。出于财产最大化的本能，人们会在剑桥方程式 $K=M/PT$ 中降低总资产中的非货币资产 PT，增加货币资产 M，K 值上升。反映到经济周期 3 中，$M_3V_3=P_3T_3=L_3E_3$ 中则是货币流通速度 V_3 下降。经济周期 3 中货币量增长，$M_1=M_2<M_3$，如果货币流通速度 V_3 下降幅度大于货币量 M_3 增长幅度，即增长率：$v_3\downarrow>m_3\uparrow$，将带来经济衰退，总需求 M_3V_3 不升反降，货币经济的商品和服务 P_3T_3 下降，社会财富的再分配总量 L_3E_3 下降。

即以货币升值、商品贬值的方式卖掉潜在经济增长，潜在经济增长没有促进货币经济增长，反而带来货币升值、通货紧缩。此后，即使货币供给 M 增长，总需求仍然可能会下降，经济趋于衰退、萧条。

上述内容也是在 $MV=PT=LE$ 框架内对"凯恩斯陷阱"的一个解释。货币升值、通货紧缩时期，储备货币、储蓄货币就是最稳妥的投资手段。货币，就是最好的投资标的。尽管中央银行增加了货币供给，出于追求自我财产最大化的本能，人们没有增加非货币资产投资，也没有增加消费，货币流通速度下降，总需求下降，"增加货币供给的货币政策"无效。

5.7 经济增长，是基于存量的增量

需求，是经济增长的动力。需求，决定供给，也决定了一个经济周期可供再分配的经济总量。

于是，破窗理论说，砸破 A 家的玻璃有利于全社会的经济增长；凯恩斯说，政府发

工资雇人挖坑、填坑，再挖坑、再填坑，可以扩大总需求；弗里德曼说，人们在直升机上直接撒钱扩大总需求更省事。

5.7.1 破窗理论

破窗理论因为被19世纪法国经济学家巴斯夏批判而闻名。损害能够带来经济需求，因此，“损害有益”是破窗理论的主要观点。

具体的“破窗理论”是指，砸了A家的窗玻璃，对A造成破坏，但却是社会的福音，为玻璃生产商带来了6法郎的收入，生产商拿到钱后又去购买其他生产商的产品。结果是，砸了A家的窗玻璃有益于促进全社会的经济发展。

如果破窗理论能够成立，那么，不是砸了A家的窗玻璃，而是把A的房子烧掉；甚至把一个小镇、一个城市，乃至一个国家烧掉，岂不是对全社会更有益？

在总量经济中，破窗理论破坏的是存量，被破坏后不得已的需求是增量。

通过破坏非货币资产，实现了经济增量销售，但灭失了经济存量。同时，挤占了其他消费和投资，损失了财富总量。这是经济倒退，不是经济发展。

经济增长，是基于存量的增量。经济增长，也是存量稳定前提下的增量。皮之不存，毛将焉附？

5.7.1.1　家庭角度

在家庭经济循环 $MV=PT=LE=MV$ 中，假定家庭收入 LE 是工资，家庭总需求 MV 只能用于购买两种物品 T_1、T_2，继续分解：

$MV=C_1+C_2=P_1T_1+P_2T_2=LE=$ 工资

其中：

$C_1=P_1T_1$。C_1是购买物品 T_1的货币支出，P_1是 T_1的价格，T_1是购买量。

$C_2=P_2T_2$。C_2是购买物品 T_2的货币支出，P_2是 T_2的价格，T_2是购买量。

则

$C_1+C_2=P_1T_1+P_2T_2=LE$

如果 C_1是购衣服支出，C_2是购鞋支出，购衣服与补玻璃支出相等，均为6法郎，$C_1+C_2=P_1T_1+P_2T_2=LE$ 表明，在家庭收入 LE 既定，而且家庭收入 LE 都用于支出，即 $MV=C_1+C_2$的情况下，人们补好被砸的玻璃必然没钱买衣服。

如此一来砸玻璃会扩大家庭支出则不成立。总量经济多卖出一块玻璃，但少卖了一件衣服。

另外，M_a是A的持币总量，P_a是A拥有的非货币资产价格，T_a是A拥有的非货币资产量时，A的财富总量 $=M_a+P_aT_a$。窗玻璃，是房子的一部分；房子，又是非货币资产 P_aT_a的一部分。窗玻璃被砸，A的财富总量 $=M_a+P_aT_a$一定是减少6法郎。

5.7.1.2 全社会角度

M 是持币总量，P 是非货币资产价格，T 是非货币资产量时，全社会的财富总量 = $M+PT$。

个人财富总量，则是个人持币 M_1 和持物价值 P_1T_1 的总和，即 $M_1+P_1T_1$。

全社会财富总量 $M+PT$ 与个人财富总量之间的关系为：

$M+PT=(M_1+P_1T_1)+(M_2+P_2T_2)+\cdots+(M_n+P_nT_n)=M+P_1T_1+P_2T_2+P_3T_3+\cdots+P_nT_n$

被砸的窗玻璃是 $P_dT_d=6$ 法郎，在此之前玻璃生产商待售的窗玻璃 P_sT_s 也是 6 法郎时，上式也可以表达为

$M+PT=M+P_dT_d+P_sT_s+P_3T_3+\cdots+P_nT_n$

上式表明：

（1）A 家的窗玻璃被砸，全社会的一笔存量财富 P_dT_d 灭失 6 法郎。

（2）A 家购买玻璃支出 6 法郎，玻璃生产商收入 6 法郎，6 法郎货币所有权从 A 家转移到玻璃生产商，全社会的货币量 M 未变。

（3）待售窗玻璃 P_sT_s 的所有权从玻璃生产商那里转移到 A 家。

结果就是：全社会的财富总量 $M+PT$ 下降 6 法郎，因为 P_dT_d 灭失了。

5.7.2 挖坑埋钱与直升机撒钱

经济萧条时期最大的问题就是需求不足。于是，有了破窗理论、挖坑理论、直升机撒钱理论。

凯恩斯在《就业、利息和货币通论》中提出，举债支出（loan expenditure）虽然“浪费”，但结果可以使社会致富。并且荒唐地认为，地震、战事等天灾人祸，都可以增加财富。经济不景气的时候，政府出钱雇人挖坑埋钱，再雇人挖坑取钱，就创造了就业机会①。雇员有了工资，食品消费有了。雇人挖坑时，需要买铁锹，生产铁锹的企业开工了，生产钢铁的企业也生产了。

弗里德曼的策略是中央银行大量印钞票，用直升机撒给民众②。弗里德曼否定利率政策的有效性，相信货币量的决定性作用。当“直升机撒钱”被嘲笑后，他似乎也意识到“如何才能够把货币投放到现实世界”涉及太多的技术性问题。公开市场业务，正中弗里德曼下怀。中央银行的公开市场业务是在二级市场购买国债，既没有“直升机撒钱”的不可行问题，也回避了政府财政向中央银行直接透支的伦理问题。弗里德曼非常推崇公开市场业务，他甚至认为，应该放弃准备金政策和利率政策，让公开市场业务

---

① 凯恩斯. 就业、利息和货币通论[M]. 北京：商务印书馆，1988：110－111.

② Friedman M. The optimum quantity of money and other essays[M]. Chicago: Aldine Publishing Co., 1969.

单独发挥作用。

破窗理论，是破坏存量获得增量。挖坑埋钱与直升机撒钱，则是政府通过非常途径把一笔货币转移给特定群体。政府的目的是扩大总需求 MV，实际上能否扩大还要看具体情况。

由于凯恩斯主义政策带来了通货膨胀或滞胀，“二战”后，绝大多数国家的《中央银行法》都先后规定，政府在入不敷出的时候，在一级市场发行政府债券，可以向任何人借钱，唯独不可以向中央银行借钱。中央银行不能在一级市场购买国债，防止“国库通银库”，也防止政府的财政赤字直接通过中央银行发行货币来弥补。因此，政府扩大负债、扩大支出、减税等都与货币总量 M 无关。

新古典经济学三大货币政策工具之一的“公开市场业务”，是指中央银行只能在二级市场（公开市场）买卖政府债券，来影响全社会货币总量 M。新增货币可能进入企业、公众的账户，唯独不可能进入政府账户。因此，无论是政府雇人挖坑埋钱，还是直升机撒钱，货币总量 M 都不会增加。政府雇人挖坑埋钱、用直升机撒钱时，因为凯恩斯陷阱，拿到钱的人未必会支出这笔钱用于消费、投资。在 $MV = PT = LE$ 中，总需求 MV 未必上升。

政府埋钱、撒钱的货币来源于税收时，埋钱、撒钱减少了政府支出。

政府埋钱、撒钱的货币来源于借债时，埋钱、撒钱没有增加政府支出，而政府借债减少了企业、个人的支出。

埋钱、撒钱，多是指通货紧缩时期的不得已政策。所谓凯恩斯陷阱，还指通货紧缩时货币升值，实际利率居高不下，货币“财宝化”了，即储存货币像储存财宝一样收益非常好，人们不愿意用货币去消费、投资，总需求则处于停滞、衰退状态。通货紧缩条件下，人们的本能是多攒钱、少花钱，以此获得自我财产的总量最大化。

在 $MV = PT = LE$ 中，货币量 M 不变时“需求决定供给”的逻辑是，需求 MV 决定供给 PT，PT 决定收入 LE，即 $MV \rightarrow PT \rightarrow LE$。收入 LE 不能完全转化为需求 MV 时，$MV < LE$，就是有效需求不足，是因为货币流通速度 V 下降导致总需求 MV 下降。

需求 MV 不能直接决定 LE，即不能 $MV \rightarrow LE$。而埋钱、撒钱就是想用 M 决定 LE，因为 V 取决于持币者。

效率，来源于市场竞争条件下产出 PT 过程的分工，是用低成本的价格 P 创造最大量优质的商品和服务 T。中央银行用直升机撒钱（区别于前面讨论的“政府”用直升机撒钱）是将 $MV = PT = LE$ 中的 PT 去掉，即 $M \rightarrow LE$，没有了竞争市场“用低成本的价格 P 创造最大量的商品和服务 T”这一过程。中央银行的增量货币 M 直接成为人均收入 E，缺少了商品和服务 T 的创造过程、产出效率。当人们把中央银行用直升机撒下的钱用于购买存量商品和服务供给 T 时，市场只能以价格 P 上升进行平衡，恶性通货膨胀迅速到来。

写到这里，感觉讨论这些属于妄想的理论、思想毫无意义。政府、中央银行挖坑埋钱、直接撒钱，对于社会公序、经济逻辑、债权债务完整性等，都是不可取的。

三点总结：

（1）姑且不考虑如何最终解决政府的庞大债务问题，通货紧缩、物价下降、货币升值时，通过财政政策扩大总需求的要义是举债支出（loan expenditure），因为公众不敢支出、不愿支出，是政府把公众的钱借过来支出。举债支出的核心要义则是“支出”（expenditure）。借债（loan），没有创造出对商品、服务的需求。仅有借债是不够的，支出（expenditure），才能够创造出对商品、服务的需求。在 $MV = PT = LE$ 中，即使货币量 M 不变，因为通货紧缩时期货币流通速度 V 下降导致总需求 MV 下降，而政府举债支出（loan expenditure）可以提升货币流通速度 V，进而提高总需求 MV。

（2）如果能自由发行钞票 M 用于支出，并且不会被以“制造假币”的罪名送进监狱，任何“人”都可以解决货币经济社会的“需求 MV 不足”中的 M 问题。只不过，没有了“用低成本的价格 P 创造最大量的商品和服务 T”这一市场竞争过程，随之而来的通货膨胀又会带来商品和服务“供给消失”的问题。这也是高通货膨胀率时期人们对烫手货币的拒绝。

（3）如果能像凯恩斯主义政策那样借到天量货币去支出，还不用考虑债台高筑的后果，任何人都可以解决货币经济社会的“有效需求 MV 不足”中的 V 下降问题，更不用说一个组织、一个政府了。

5.8 科斯定理的宏观条件

科斯在《论生产的制度结构》中提到，一个新发现的山洞是属于发现山洞的人，还是属于山洞入口处的土地所有者，无疑取决于财产法。但是，法律只确定谁是必须与之签约才能获得山洞使用权的人。至于山洞是用于贮藏银行账簿，还是作为天然气贮存库，或种植蘑菇，并不取决于财产法，而取决于银行、天然气公司和蘑菇企业哪一个能够付出最高费用以获取山洞使用权。

科斯在《社会成本问题》一文中从涉及对他人产生有害影响的那些工商企业的行为，即从外部性研究社会资源配置问题。科斯本人从未明确地说明定理的内容和含义，因此，科斯定理存在多种不同的表达方式。主要意思是：只要交易成本为零，财产法定所有权的分配不影响经济运行的效率。具体内容为：在交易费用为零的情况下，不管权利如何进行初始配置，当事人之间的谈判都会导致资源配置的帕累托最优；在交易费用不为零的情况下，不同的权利界定会带来不同的资源配置；因为交易费用的存在，不同的权利界定和分配会带来不同效益的资源配置，所以产权制度的设置是优化资源配置的基础。

而在 $MV=PT$ 中，要达到科斯定理中的资源最优配置，则需要货币流通速度 V 大于零。实际上，仅仅大于零是不够的。

假设市场某一时点达到均衡时的价格为 P，交易量为 T，此后，当人们不再积极地使用货币购买商品和服务而是倾向于将货币留在手中（不购），那么货币流通速度 V 将下降，货币量 M 不变时 MV 则减少，需求 MV 决定供给 PT，价格与交易量的乘积 PT 势必会减少，即市场需求无法继续维持均衡价格 P 和均衡交易量 T。

投资行为有益于经济增长和就业。按照平均消费，一个企业家在社会上赚到了十辈子也无法消费完的财富，要达到科斯定理的结果，前提是他将持续投资，甚至负债投资。

2018 年第三季度，苹果公司的现金储备高达 2300 亿美元，大大超过美国政府的现金储备。在此状况下，苹果公司仍然通过银行贷款、发行债券等方式进行外部融资，也有 500 多亿美元的外债。阿里巴巴、腾讯、长江实业、恒大等大型公司同样面临较高的负债。

存款利率低，贷款、负债利率高，商业银行赚的就是利差。对于企业、个人而言，贷款、负债一定不是为了去存款。也就是说，无论负债消费还是负债投资，都会加快货币流通速度。对于一个无能力管理自有资产的管理者（所谓初始富人），投资导致的资不抵债、破产清算，以及由此带来的全社会的资产产权重置恰恰是科斯定理的核心要义，即一定的货币流通速度是科斯定理得以成立的宏观条件。

钢厂污染了河水，可以向居民支付赔偿（一种投资）得以继续排污（自然环境污染问题没有得到解决），也可以投资建设污水处理系统（自然环境得到保护），上述两种思路都符合科斯定理的要求。但是，如果这两种思路都会带来亏损，钢厂会倾向于停工，持有货币、拒绝投资，或拒绝向居民支付赔偿继续排污，科斯定理所描述的有效率的资源配置则难以实现。

如果没有货币的流动性，那么科斯定理就不会存在。货币流动性，是科斯定理的宏观条件。这一结论在古典经济学那里是无解的，因为古典经济学（包括以弗里德曼为代表的货币主义）假定货币流通速度是不变而且大于零的，科斯定理在古典经济学那里也就自然成立。

2020 年世界排名前 100 位富豪都是一代人创业，无一人靠继承成为顶级富豪。2014 年 7 月 8 日举办的“家族企业财富保全与传承论坛”公布的一组数据显示，不到 30% 的家族企业能进入第 2 代，不到 10% 能进入第 3 代，而进入第 4 代的只有大约 4%。家族企业的短暂生命周期似乎在验证着“富不过三代”的千年魔咒。

导致千年魔咒的核心原因，仍然是货币流通速度。2020 年的世界首富是亚马逊创始人杰夫·贝佐斯，资产为 1821 亿美元。如果他把 1821 亿美元变现并且储蓄或放在保险柜存放起来，其家族仅维持中等偏上的消费，不进行任何投资，这 1821 亿美元的货币流通速度在贝佐斯家族这里将无限趋近于 0，千年之后这个家族虽非首富，但还是富人，富过百代不是梦。

这也进一步说明，直接投资带来的货币流通速度是科斯定理的重要条件。而且，将货币存入银行，别人贷出来再去投资，无疑会增加科斯意义上的交易成本。

如果货币流通速度 $V=0$，交易就不存在，科斯定理也不存在，市场的资源配置效率也将不存在。这与科斯定理的前提条件——产权明晰、交易成本很低并不冲突。交易量为零时，产权既定的资源处于闲置状态，交易不会发生。资源一直在最初持有者的手中，资源不会自动流向最善于利用它的人手中，市场不可能去优胜劣汰，“资源会流动到能使它被最大化利用的人的手中，实现资源最优配置”的科斯定理的结论将不复存在。

资产来源合法且资产超出平均数的“富人”是社会财富的管理者，但前提是其超过人均支出的收入是用于投资，继而带来经济增长、就业等。对穷人、富人的分类标准不是控制财富的量，而是消费财富的量。

货币流通速度是科斯定理的宏观条件，而且，货币流通速度 V 越大，科斯定理越明显。

6

价格变动率

货币理论是一个十分复杂的问题，货币理论首要的价格问题，则又是一个从乡村市场卖菜的农妇到诺贝尔经济学奖获得者都可以侃侃而谈的问题。如果卖菜的农妇与诺贝尔经济学奖获得者公开辩论物价问题，获胜的可能是前者。

价格波动的词汇，就是价格变动率，通称通货膨胀率。

普通大众都很熟悉通货膨胀。但是，目前尚没有经济学家能够准确定义何为“通货膨胀”。如同原始人群已经知道头顶上的蓝天，但直到2018年，仍然没有一位天体物理学家完全了解宇宙苍穹。如同医生都知道人的正常体温是36.8℃，但是少有医生能够说清楚为什么是36.8℃，而不是38℃或35℃。

一般价格（消费价格、非货币资产价格、股价等）上升，就是货币价格下降。消费品、非货币资产、股票升值，也是货币贬值。

一般价格下降、货币升值，人们肯定会逐渐“握紧”货币，减少消费、投资，经济趋于衰退。

一般价格上升、货币贬值，人们减少持币，实际上是“嫌弃”甚至是“抛弃”货币去消费，去投资。因此，通货膨胀率适度偏高的货币有利于减少储币，提高总需求。通货膨胀率过高时，人们就真的抛弃货币了。诸如出售商品时拒绝接受通货膨胀率过高的货币，寻找其他货币作为替代货币，回到金本位，甚至直接以物易物等。

在商品和服务竞争市场，竞争的结果是同质产品价格趋于下降，这是竞争市场带给公众的最大福利，也是需要反垄断的原因。

商品价格趋于下降带来的问题之一是：趋于下降的价格不利于分工水平、分工效率的逐步提高，而分工水平、分工效率意味着更高的就业和人均收入。移动智能电话是从有线电话进化过来的，也是电话机的异质化。2017 年 4 月，电商平台在售的有线电话机的均价约为 100 元人民币，移动电话机的均价约为 2000 元人民币，后者是前者的 20 倍。但二者都是“电话机”。当“电话机”价格只能下降时，“移动电话机”将永无出头之日。

商品价格趋于下降带来的问题之二，也是货币理论的核心问题，即商品价格下降是货币升值，人们趋于持有货币而抑制了货币对商品的需求。

用 $MV=PT=LE$ 分析，如果总需求 MV 的管理是中央银行的事情，前文已述，价格水平 P 的逐渐上升伴生着更高的分工水平和分工效率，分工效率带来产出 T 的提高，继而是就业量 L、就业者人均收入 E 的提高。

商品价格下降、货币价格上升的终极结果，是用一分人民币就能买下全世界，经济分工消失，人类社会的经济活动也将消失。全世界的房价同时为 0，不意味着任何人都可以买得起房子，而是意味着房子的流动性为 0，意味着从此有房子的人永远有房子，没有房子的人永远没有房子，除非自给自足自己造房子。去自然经济的原始部落看看，就知道那是什么房子了。

严重通货膨胀时期的货币是“废纸”，人们会抛弃货币，货币流通速度 V 飙升，总需求 MV 旺盛，直至商家拒绝货币。严重通货紧缩时期的货币是“财宝”，货币流通速度 V 无限趋于 0，人们会“握紧”货币，总需求 MV 萎缩。货币政策的任务，是寻找一个恰当的通货膨胀率去管理总需求 MV。

高价你可以不买，低价你可以不卖。高价有人大量买，低价有人大量卖，这种成交量越大，表明买卖（多空）双方的分歧越大。

市场的任务，是防止垄断，通过竞争使同质商品逐渐降价，没有外力的自由市场终将走向通货紧缩。中央银行的任务是通过货币量、货币流通速度调控总需求，把一般价格变动率控制在一个适度的正值，既防止通货膨胀，也防止通货紧缩。

在这个意义上，市场与中央银行的力量方向相反。

价格变动，不是单纯的价格变动问题，涉及一连串的事件。1995 年手机（俗称“大哥大”）价格大约为 8000 元人民币，当时信阳市 700 多万人口中拥有手机的不到 1500 人，且手机功能只有两个：接、打电话。22 年后的 2017 年，手机已经普及到小学生了，电商平台上最便宜的手机是 45 元，较 1995 年价格下降 99% 以上，功能却比 1995 年 8000 元的手机强大很多，而 2017 年电商平台最贵的手机价格是 247 万元人民币。

对于一个分工才能够生产出来的商品（如汽车、电视机、手机、城市里的房子等），如果没有增加新的商品功能，随着分工效率的进一步提高，其价格应该是下降的。即用 2017 年的技术生产出与 1917 年质量、功能、外观完全相同的汽车，价格应该是大幅度下降的。

但是，今天的房子不是 30 年前的房子，设计水平提高，材料更科学，能抵抗 8 级地震，增加了暖气、煤气、车库，周边的道路更宽敞。

城市中心的房子周边有高度的分工机会和设施，如工作机会、医院、学校、超市、日常交通、航空、铁路、水运等，而山区的房子周边不可能有这些机会和设施。城市、乡村的房价当然也就有巨大差距，不可简单类比。

今天的汽车不是 30 年前的汽车，今天的电脑不是 30 年前的电脑。内在、外在均不同，价格当然不可比。这种事例数不胜数。

价格可比的，多是自然产品，如本书讨论较多的鸡蛋，以及没有讨论过的黄瓜、洋葱、羊肉等。自然产品成为货币经济中的商品后，建立在这个商品上的分工效率提高了产量 T，增加了就业 L，人们得到了收入 E，当然，也伴随着价格 P 上升。

分工生产出来的商品，如汽车、电视机、手机等，如果没有增加新的商品功能，数十年质量、功能一成不变，其历史价格是可比的。而随着分工效率的进一步提高，其价格多是逐步下降的。鸡蛋、黄瓜、洋葱、羊肉等自然产品成为分工产品后，其价格必然会从 0 开始逐渐上升，直至无法继续分工，分工耗尽，以及分工效率带来的成本降低。

我们所看见的消费价格指数 CPI 是由“一篮子商品”的价格变动情况计算出来的，而且，国家之间的“一篮子商品”内涵不同，也意味着国家之间的 CPI 不完全可比。

6.1 通货膨胀与通货紧缩

如果 P 是商品价格，A 是对应的货币价格，商品价格 P 与货币价格 A 互为倒数：$P = 1/A$，或者，$AP = 1$。

当货币升值率是 a，商品升值率是 p 时，货币升值率就是商品贬值率。

$a+p=0$，或者，$a=-p$。

例如，商品价格 P 从 5 元/单位上升到 5.5 元/单位，对应的，商品价格 P 上升 $p=10\%$，货币价格 A 同时下降 $a=-p=-10\%$。

马－凯经济学中的货币贬值逻辑理论，与上述逻辑不同。

6.1.1 物价上升与工资上涨

物价上升，是货币贬值。收入、工资上升，也是货币贬值吗?

多数人会否定后者。

人们认知中的货币贬值不是从货币、货币交易物两个角度同时看问题，而是从货币交易物一个角度看问题：因为商品、服务的价格上升了，所以，货币贬值了。

在 $MV=PT=LE$ 中，交易量 T 和就业量 L 不变的情况下，物价 P 的上升一定会反映为人均收入 E 的上升，而没有 P 的上升，不可能有人均收入 E 的上升。无非是，P 的上升是“生产法”统计 GDP 的结果，E 的上升是“收入法”统计 GDP 的结果。

物价上升、货币贬值是持币者的币值损失，也是持物增值。从经济整体看，商品价格上升（$P\uparrow$）是货币贬值，人均收入上升（$E\uparrow$，包括工资）同样是货币贬值。

如果你是一个程序员，你希望早餐的价格下降，同时还希望工资上升。经济总量同时要满足你的这两个要求只能寄希望于提高分工效率，而分工效率的提高多会伴随着早餐价格的提高。谈到这里的早餐、工资、经济总量时，货币似乎是旁观者。实际上，货币不是旁观者，是参与者。

从个人角度看，货币是财富；从全社会意义上看，货币还是交易媒介。从存量角度看，货币是财富；从流量意义上看，货币还是交易媒介。把财富意义上的货币与交易媒介意义的货币结合到一起的，是货币兼具的时间流动性、时点静止性，是个人、企业、众多的持币者不能同时长期持有收入的货币，阻碍其流动。否则，市场经济就难以顺利演进。

6.1.2 价格的可比性

现代社会的商品可以区分为自然产品和分工产品。

自然产品，指的是自然界早就存在的，如本书讨论较多的鸡蛋，以及没有讨论过的黄瓜、洋葱、羊肉等。自然产品的特点是：不同时间上自然产品可比性较好。

分工产品，指的是只有在人类相互分工条件下才可能创造出来的产品，如汽车、电脑、吸尘器等。分工产品的特点是，不同时间上分工产品几乎没有可比性。

进入消费者价格指数 CPI“一篮子商品”的，多是“可比性较好”的自然产品，如鸡蛋、黄瓜、洋葱、羊肉等。

100 年前的鸡蛋和今天的鸡蛋差不多，价格有可比性。100 年前的汽车和今天的汽车差异巨大，价格几乎没有可比性。

工业制成品多是分工产品。从严格意义上讲，在经济发展中，无法用具体工业制成品在不同时间的价格波动来衡量货币是在贬值，还是在升值。例如汽车，100 年前的新车价格与 100 年后的新车价格没有可比性，内在、外在、功能、性能等，不可同日而语（图 6－1）。

前文已述，不同的价格水平包容不同的分工水平，分工效率的提高也带来了用货币衡量的分工成本上升，成本终将会反映到价格中。加入分工成本这个因素后，更加无法区分商品价格的提高是货币滥发导致的货币贬值，还是分工成本提高导致的商品价格正常上涨。

理论与实践都将消费者价格指数 CPI 用作衡量货币贬值、升值的符号，在 $GDP=MV=PT=LE$ 中，带来需求 MV 的货币 M，其交易对象 T，包括消费品 T_c，也包括资本品 T_i。即

$$GDP=MV=P_cT_c+P_iT_i=LE$$

其中，P_c是消费品均价，T_c是购买的消费品数量，P_i是投资品均价，T_i是购买的投资品数量。

图 6－1　左为 1908 年福特生产的“豪华汽车”，右为 2018 年福特生产的“豪华汽车”

完整的货币贬值率、升值率（价格变动率），应该包括消费品价格 P_c的变动率，还应该包括资本品价格 P_i的变动率。而且，我们仍然无法区分价格变动率是货币因素导致的、分工成本因素导致的还是天气因素导致的。

在竞争市场中，竞争的结果是同质产品价格趋于下降，这是竞争市场带给公众的最大福利。创新，是在利用分工效率，是在放弃同质品，创造异质品，而新产品的价格多会提高，因为分工成本增加了。

商品或服务的价格持续下降，是通货紧缩，也是货币升值。持续升值的货币是在鼓励货币漏出、沉淀、窖藏，而持续贬值的货币则是在鼓励消费、投资。在经济发展中，没有用于消费、投资的货币，储蓄的静止货币，诸如存放于保险柜的货币、窖藏的货币，完全游离于经济发展过程之外，成为经济循环的“漏出”。在投资、消费均不足的

情况下，没有用于消费、投资的货币降低了货币流通速度，降低了有效需求。贬值信用货币，是迫使信用货币减少漏出，也是一种货币政策。

价格的即时可比性与历史可比性，还涉及复杂的分工深度、分工成本、相对价格变动等因素。

1989 年，中国的公职人员由工作单位提供住房。在华中一个中等城市的政府机构里，一批年轻人尚处于无房状态。当时在这个城市里，1 辆桑塔纳汽车的价格是 20 万元，建一栋 10 套房的小单元楼的价格也是约 20 万元，每套房均价 2 万元。1 辆桑塔纳，价值 10 套房。机构领导人在资金难以同时满足购买桑塔纳和建 10 套房的情况下，选择了“工作需要”，选择了桑塔纳。这批年轻人只好以“领导屁股底下坐栋楼”来调侃现实。

29 年后的 2018 年，这个城市的老旧房产均价为 36 万元，升值 17 倍，1989 年购买的桑塔纳若还在的话，卖给废品收购站大约能卖 500 元，贬值 99.75%。

2018 年这个城市的新房均价约 70 万元，新桑塔纳价格约 7 万元。几乎与 1989 年颠倒过来：1 套房，价值 10 辆桑塔纳。

6.1.3 只有货币经济，没有“名义经济”

用古典经济学衡量 $GDP = MV = PT = LE$，T 的增长是实际增长，而价格 P 的增长是名义增长。

古典两分法的一个重要观点，是将经济区分为实际经济和名义经济。古典两分法认为，货币经济与实际经济是两分的，名义变量（货币单位）与实际变量（实物单位）之间没有必然联系。当经济实际变量达到均衡以后，名义变量发生的变化，并不能影响实际变量的均衡状态。名义经济与实际经济是各自独立的，名义经济规模的变化对实际经济规模没有任何影响。

在古典两分法的假定下，创造了诸多概念，如实际货币余额、实际利率、实际工资等，也有诸多结论，如货币政策长期无效等。

如前所述，名义利率就是货币的租金率，实际利率就是货币收益率。

货币收益率 = 实际利率 = 货币租金率 + 货币升值率

通货膨胀率为正，货币升值率则为负。也可以按照古典经济学的方式这样计算：

货币收益率 = 实际利率 = 名义利率 - 通货膨胀率

把古典经济学观点在 $GDP = MV = PT = LE$ 中进行推论，就业人数 L 的增长是实际增长，货币单位的人均收入 E 的增长是名义增长。对于至今还坚持古典经济学二分法的人，不应该给他们发货币工资，发萝卜、砖头就够了。

前文已述，分工带来效率，不同的价格水平容纳不同的分工水平，也容纳着不同的商品和服务质量。古典两分法并不成立，我们根本无法在货币经济中区分所谓的名义经济、实际经济。

例如，GDP 增长 10%，通货膨胀率为 3% 时，按照古典经济学的方法论，“实际经济增长率”是 7%。

在古典经济学的方法论里，通货膨胀率被视为经济体的一个多余的“肿瘤”，计算经济总量必须切除这个多余物。负通货膨胀率（通货紧缩）则是经济体的“精华”，必须加倍计算经济总量。

适度的通货膨胀率是经济增长的必要条件，价格增长是经济增长的组成部分，没有 3% 的通货膨胀率，即通货膨胀率为 0 时，GDP 可能增长 –1%。

例如，美国 1932 年的通货膨胀率是 –10.8%，GDP 名义增长率是 –23.1%。照此计算，美国 1932 年的实际 GDP 增长了 –12.3%，因为负通货膨胀率（也是货币升值率，经济处于通货紧缩状态）的存在，实际经济增长率高于名义经济增长率。

1933 年的计算结果则更滑稽可笑。1933 年美国名义 GDP 增长 –4%（下降 4%），当年通货膨胀率是 –5.2%，则当年的实际经济增长率是 1.2%。如果这种“实际经济增长率”是可取的，美国 1933 年 –99% 的通货膨胀率岂不更好？因为假如这样的话，美国 1933 年的“实际经济增长率”就可以达到 95% 了。若 1933 年美国发生了这种实际经济增长率达 95% 的伟大事件，作为国家的“美国”可能已经从地球上消失了。

现代经济是货币经济，不是实物经济。货币，是货币经济不可分离的组成部分。运行中的现代经济不可能没有货币，如同活着的鱼体内不可能没有刺、没有水。

用 $GDP = MV = PT = LE$ 解释，如果说 MV 中的货币 M 还能单独存在的话，在 PT 中货币 M 已经融入了商品和服务，M 成为衡量价格 P 的一个要素，M 不能在 PT 中单独存在，没有 M 则价格 P 不存在。在 LE 中货币 M 已经融入了收入总量，M 也不能在 LE 中单独存在，没有货币 M，则无法衡量人均收入 E。

在人体中，水分大约占体重的 65%，水，是人体不可分离的组成部分。其中脑髓含水 75%，血液含水 83%，肌肉含水 76%，坚硬的骨骼里也含水 22%。人体一旦缺水，后果很严重。缺水 2%，感到渴；缺水 5%，口干舌燥，嗜睡；缺水 15%，皮肤皱缩，尿量减少，吞咽食物的能力丧失，喝水也有困难；缺水 20%，皮肤出血，干裂，这是耐受脱水能力的上限，继续脱水将导致死亡。没有食物，人大约可以支撑一周，没有水喝，人很难活过 3 天。

净重，是指本身的重量。如果是人，指的是减去衣服和鞋子等的体重。尽管在人体中水分占 65%，但没有人会说：人的净体重是减去水的重量。

水是代谢的媒介，水对于生命来说没有任何营养，但是，没有水就没有生命。

货币，是市场经济的交易媒介，信用货币没有古典经济学的所谓效用，抑或没有价值。在现代货币经济中，没有货币就不可能有人类基于交易的经济行为，也不可能有经济体（企业经济体、国家经济体、全球经济体）的存在。

“实际 GDP”，是用“以前某一年的价格”计算当年全部最终商品和服务的总值。对“以前某一年的价格”继续溯源，其价格一定是 0，价格为 0 时，GDP 是不存在的。而且，用 1908 年的福特汽车价格来计算 100 多年后的 2017 年福特创造的“实际 GDP”是很荒唐的。

经济体，是有机体，不是一台机械设备。市场经济是基于权利的交易，报酬递增是因为交易促进了分工，分工带来了效率。在交易中，货币、价格已经融入了经济体并且成为经济体的组成部分。货币内生的经济演进有生物进化的特征。非货币资产价格，如股票价格、期货价格，是预期收益的贴现值，有可能预期偏差，也可能估值错误。但这些金融过程、结果不是虚拟的，经济更不是虚拟经济。我们无法把人区分为无水的“真人”和含水的“虚拟人”，我们也无法在经济分析中去掉货币、价格去分析所谓的实际经济、实体经济或名义经济、虚拟经济。更重要的是，我们无法区分、定义实际经济、实体经济、名义经济、虚拟经济。就像我们无法判定骨头与血液哪个更重要一样，我们也无法判定工厂与金融机构哪个更不重要。在货币经济中，如果没有金融机构，工厂、农场便都无法运作。这就像在哺乳动物身上，没有血液，没有水，骨头无法存活（见图 6-2）。

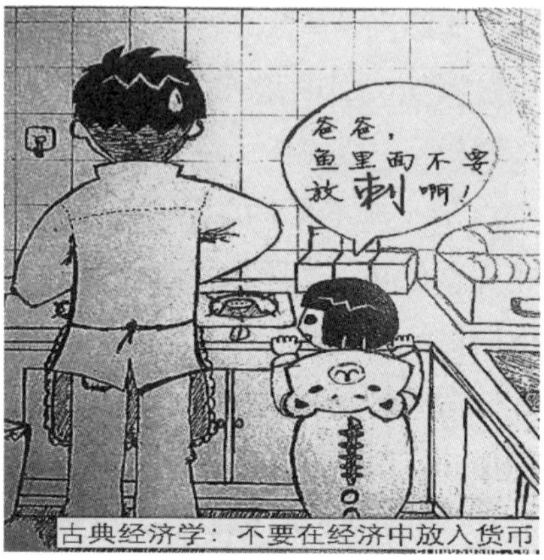

图 6-2　古典经济学的“实际经济”排除货币因素，是不要在经济中放入货币。如同这个小女孩的要求：鱼里面不要放刺啊！

因此，本书在分析中没有把经济进行名义与实际的区分。

若 T_1 是鱼交易量，P_1 是鱼的价格，在三位一体 $M_1V_1=P_1T_1=L_1E_1$ 中，我们不可能在 P_1T_1 中撇除货币因素而让 $M_1V_1=P_1T_1=L_1E_1$ 像古典经济学描述的那样让经济过程继续进行。但是，当一条鱼彻底归属于你，无论是买的还是钓的，你将这条鱼做成大餐，享用的是完全彻底的实物“鱼”。即使是买的，似乎与之前的需求、供给、收入无关，货币带来的价格因素也似乎可有可无，除非你将这条鱼卖掉。就像在鱼的生长过程中鱼刺不可或缺，而人们吃鱼的时候鱼刺似乎多余。前提是这条鱼已经成为人们自用的美餐，脱离了需求、供给、收入等经济相关过程。

6.1.4　通货膨胀、通货紧缩的边界

马－凯经济学货币政策的首要目标是“物价稳定”。但是，直至 2010 年代，也没有经济学家能够准确定义什么是“物价稳定”。物价稳定，是 CPI 大于 0、小于 0 还是等于 0？是高于 3% 还是低于 3%？是高于 -3% 还是低于 -3%？

我们既不知道何谓“物价稳定”，也不知道 CPI 是否能够准确衡量“物价稳定”。

接踵而至的问题是：

（1）长期通货膨胀率为0是否可能？

（2）如果不可能将通货膨胀率控制为0，适度通货膨胀更好（CPI >0），还是适度通货紧缩更好（CPI <0）？

（3）消费者价格指数CPI是不是衡量通货膨胀、通货紧缩的准确指标？货币交易的相对物，包括消费品，也包括投资品（资本品）。例如，房价、股票价格上升是否应该计入对一般价格水平的影响？

（4）货币政策需要干预的，是消费者价格指数，还是应该干预资产价格（房价、股价）指数？

如同“物价稳定”，尽管人人都会谈论通货膨胀，但没有人能够说得清楚何谓通货膨胀。翻开全球主流的马-凯经济学教科书，通货膨胀多数定义为：商品和服务价格总水平的上涨。这是在定义一个现象，缺少一个标准。这个定义引申的结果是，物价上涨率大于0是通货膨胀，小于0是通货紧缩。如果物价上涨率大于0就应该实施紧缩货币政策，小于0就应该实施宽松货币政策。这个引申结果与经济现实不符，即通货膨胀与通货紧缩的目标边界不是通货膨胀率为0这个点。

如果长期保持通货膨胀率为0不可能，就需要在正值通货膨胀率与负值通货膨胀率之间取舍。在取舍中，有一点我们必须清醒：不同价格水平容纳不同分工水平，不同的分工水平意味着不同的经济效率。在长期，价格逐渐适度上升，能够包容更多的分工、就业以及更高的人均收入水平；价格逐渐下降，终极价格是0，人类经济社会的分工、就业将全部崩溃。

因此，中央银行控制通货膨胀率，是将通货膨胀率控制在一个适度的正值。至于一般价格水平是不是应该包括房价、股价等资产价格，情况似乎更复杂。

经济进化如同生命进化。生命进化需要一定的温度，低于0℃生命进化将停止。价格变动率是经济体温，经济进化也需要一定的经济体温，价格变动率为0甚至负值时，经济进化将停滞。

6.2 商品应该升值，还是货币应该升值？

一般商品价格上升、物价上涨是好事，还是货币价格上升、物价下跌是好事？

看上去答案很简单，但不同的群体有不同的答案。当一个人拥有多重身份时，他的答案可能是矛盾的。

一个靠退休金过日子的老人，一定喜欢物价下降。收入既定，支出越少越好。

一个房地产开发商，一定喜欢房价上升。支出既定，收入越高越好。

路边的那个卖煎饼果子的小摊主则是矛盾的。除了希望自己出卖的煎饼果子价格上升，他同时喜欢其他商品的价格都下降。

对于更具体的群体，有房一族、股票持有者会觉得房价、股价上升是好事。准备买房的人、准备买股票的人会觉得房价、股价上升是坏事。因为，在“准备买”的过程中，资本品升值了，货币则相对贬值了。

一般价格 P 与货币价格 A 互为倒数，即 $P=1/A$。一般价格上升，是商品升值，货币价格必定下降，货币必定贬值。反之亦然。

也就是说，商品升值与货币升值是鱼和熊掌的关系，二者不可兼得。

经济增长中，长期的价格增长趋势不可改变时，由于分工效率，就业劳动力的收入增长一般会超过价格水平的增长。

经济增长了，价格上升了，政府的税收也提高了。靠退休金过日子的老人在物价上升中受到的损失应该由政府的财政收入给予补贴；或者，退休金的涨幅应该与通货膨胀率挂钩。

6.2.1 企业角度

现代企业，是以最后责任人为核心的契约集合，是把劳动、资金、非货币资产等有偿拿过来进行分工，产生分工效率，以期获得大于分工成本的收益，最后责任人需要预支（提前的契约）工资、利息、租金等分工成本。L_1E_1（工资 + 利息 + 租金 + 税收）是企业的预先契约，是确定支付的成本。这里的 L_1E_1 不包括企业盈余，即不包括利润。

企业的理想，是预期需求 M_2V_2、分工产出 P_2T_2 大于确定支付的成本 L_1E_1（工资 + 利息 + 租金 + 税收）。企业利润，是企业预期收入 P_2T_2 与确定支付成本 L_1E_1 的差额。

$P_2T_2>L_1E_1$，企业盈利；

$P_2T_2=L_1E_1$，企业收支持平；

$P_2T_2<L_1E_1$，企业亏损。

在 $MV=PT=LE$ 框架中简化分析，交易量 T、预先分工成本 L_1E_1 既定时，预期商品成交价格 P_2 决定企业的预期销售收入 P_2T。无疑，图 6－3 表明，企业期待的是预期价格 P_2 上升，而不是下降。

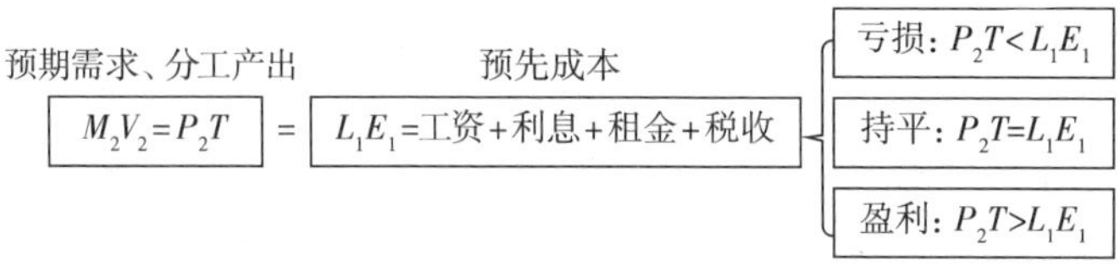

图 6－3 预先成本与预期需求对企业的影响

假定交易量 T 不变、分工成本 L_1E_1 预先以契约约定，商品交易价格 P 上升，PT 上升，企业的利润上升（$P_2T>L_1E_1$）；商品交易价格 P 下降，PT 下降，企业的亏损增加（$P_2T<L_1E_1$），利润率偏低的企业将难以为继。

很多逆潮流而动的企业，即使亏损也要开工。当销售收入不足以弥补成本时，维持企业的运营就要增加借债，加大利息成本。

货币收益率 = 实际利率 r = 货币租金率（名义利率 i） - 通货膨胀率 p

$r = i - p$

利息是利率的量化，是贷款企业的成本。当价格 P 下降时，通货膨胀率 p 在下降，间接提高了货币的收益率（实际利率 r），提高了企业的借债成本。

价格 P 下降，是通货紧缩，也是货币升值，是企业的艰难时期，即使名义利率 i 不变，实际利率 r 也在提高，是在鼓励食利者。若此时名义利率 i 也上升，对于企业来说，就是雪上加霜。

一般价格下降、通货紧缩，将使财富从借入者即工商业者、农民手里转移到借出的食利者手里，从经济活跃分子的手里转移到经济不活跃分子的手里。①

严重经济危机、金融危机期间的共同特征，就是消费价格、资产价格下降，也是货币升值。具代表性的如 1929—1933 年的美国大萧条。

对于农民来说，土豆的市场价格下降到 2 元/千克，土豆的生产成本是 3 元/千克，农民的正确策略当然是停止生产。

不能迁徙的动物要面对 -50℃的冬天，策略是，要么冬眠，要么减少活动，减少能量消耗以求自保。一般价格下降对于工商企业、农民来说就是经济寒冬。对于厂商、农民来说，预期产品价格将要下降到成本之下还继续开工、耕作，如同动物在寒冬里裸奔，消耗了能量而得不到补充，可能撑不到春天。因此，通货紧缩到来时，厂商、农民的应对措施是停业、裁员。当企业、农民纷纷“冬眠”的时候，经济必然萧条。

元代吴澄《月令七十二候集解》中对“冬”的解释，就是经济学的大道理：“冬，终也，万物收藏也。”

1929—1933 年美国大萧条时，如果不能逆转通货紧缩导致的货币流通速度 V 下降，恢复、提高总需求 MV 的唯一途径只能是增加货币供给量 M。而当时，饱读、熟背古典经济学“供给决定需求”的美联储却坚信，商品价格下降是因为商品供给太多，商品供给太多是因为投资太多，投资太多是因为货币供给太多，于是，减少货币供给。

结果，你已经知道了。

价格下降、通货紧缩，会给投资者带来悲观情绪，使得投资需求下降。通货紧缩，也会给消费者带来任何一次购买（将货币换成商品的过程）在财富总量最大化的博弈中都是“吃亏”的感受，使得消费需求下降。对于生产经营者来说，市场机会减少，亏损增加。

通货紧缩，也是货币升值。不断贬值的商品货物，不断升值的货币，使得商品货物

---

① 凯恩斯. 预言与劝说[M]. 南京：江苏人民出版社，1998：183.

需求者（投资者、消费者）放弃自己的角色，将自己转变为货币需求者。储币的结果是让通货紧缩更加严重。

6.2.2 消费者角度

提高工资所得，降低消费品价格，可以提高生活水平。这个道理似乎人人都明白。

在 $MV=PT=LE$ 中分析，工资是物价的组成部分，收入是物价的全部，即包括工资的收入总量 LE 是商品或服务销售总值 PT 的转化，或者说，LE 是 PT 的再分配。要 PT 增长，同时要物价 P 不变甚至下降，唯一的可能性是商品或服务总量 T 增长。前文已述，商品或服务总量 T 增长要求提高分工效率，而不同的价格水平容纳不同的分工水平、分工效率、就业机会。即在 PT 中，短期降 P 升 T 难度很大，长期几乎不可能。

不准确的通俗表达，企业没有销售收入 PT，就没有能力给员工发工资 E；政府没有财政收入 PT，官员也不可能得到工资 E。因而企业、政府当然也没有能力增加雇员，增加就业机会 L。而价格 P 是企业、政府收入 PT 的组成部分。

在长期，提高工资（也是提高人均收入 E）必然会提高物价 P；降低物价，必然会降低工资，带来失业（就业 L 下降）。离开了总量分析，离开了“分工是报酬递增的源泉，交易与分工互为条件”的基本认知，很难突破价格、收入的局部悖论。

总量角度与个人角度的观点对立，一个公司总经理可能是一个兼顾的角色：希望自己公司提供的商品或服务价格上升，产量增加，然后，给公司的员工涨工资。

目睹了大萧条的惨状，凯恩斯的主要思想是促进经济繁荣，避免经济萧条。他对通货膨胀和通货紧缩的阐述也是围绕这个思想进行的。凯恩斯认为，不论是通货膨胀还是通货紧缩，都会改变财富在不同群体之间的再分配。但是，通货膨胀对工商业者、农民有利，可以刺激财富生产，通货紧缩则对食利者“有钱人”阶层有利，会阻碍收入总量、就业总量的提高。

一般价格应该上升，还是应该下降？从不同的角度出发，所得出的答案是矛盾的。尽管我们看到集市上的买卖双方决定了商品价格，但在信用货币时代，真正决定物价的力量是中央银行的货币政策。因此，中央银行的货币政策需要兼顾这些矛盾。

从企业角度、农民角度看，物价上升，尤其是本企业销售的商品价格、农产品价格上升是有利的。

从工薪阶层角度看，物价下降，可以降低生活成本，是有利的。增加工资，则多多益善。

在流量意义上，货币是媒介；而在存量意义上，货币是财富。非常值钱的存量货币财富（商品贬值、货币升值）会让货币丧失媒介功能，因为人们不愿意花钱了，储币、窖藏货币的结果[1]，是货币不再流动了，接下来的结果必定是萧条、经济灾难。

真正的、可享用的经济财富是社会能够给个人提供的商品或服务，不是货币。物价上升是货币贬值，人们追物弃币的行为可以刺激商品或服务产出。在此期间，若工薪阶层的工资增长率不低于物价增长率，物价上升货币贬值中真正的损失者是食利者、“有钱人”阶层。

对于货币政策而言，物价适度上升、下降，是繁荣、萧条的二选一抉择，物价整体下降与工资整体上升在长期不可兼得。或许，货币政策的最佳目标是保持通货膨胀率适度，而且，工资 E 的上升幅度大于物价 P 的上升幅度。

说起来容易，做起来很难。$MV=PT=LE$ 中，平均收入 E 增长过快时，即使经济在增长，也会导致失业增加，即就业 L 下降。

经济增长，是劳动工资、资本利息、政府收入三者的增长，最终会成为人均收入的增长。货币资本严重稀缺，资本利息会很高。经济增长既定时，资本利息、政府收入增长过快，必将影响劳动工资的增长。

一般情况下，适度价格上升刺激了总需求，有利于就业与分工效率的提高，工资增长率也会高于通货膨胀率。

1990—2010 年，中国的通货膨胀率年均值为 4.7%，日本的通货膨胀率年均值为 0.8%，中国高于日本近 6 倍。中国 1990 年人均工资为 2140 元，2013 年人均工资为 51474 元，23 年增长 24 倍。同期，日本人均工资不升反降，2013 年的人均工资是 1990 年以来的最低。[2]

6.3 货币升值，也是非货币资产贬值

6.3.1 价格变动与资产结构

货币收益率 = 实际利率 r = 货币租金率（名义利率 i） − 通货膨胀率 p

资产收益率 = 资产租金率 c + 通货膨胀率 p

以上二式可以简化为：

货币收益率 = 名义利率 i − 通货膨胀率 p

资产收益率 = 资产租金率 c + 通货膨胀率 p

假定基期：货币收益率 = 商品收益率，即：

---

① 在中外货币史中黄金作为货币的时代，黄金数量最后都不能满足经济发展的需要，结果是货币升值、物价下降、通货紧缩。人们储币、窖藏货币的结果加重了货币短缺。

② 2013 年日本劳动力月平均工资 1.8 万，为 1990 年来最低水平［EB/OL］. http://news.163.com/14/0219/10/9LELK78V00014JB6.html.

名义利率 i - 通货膨胀率 p = 商品租金率 c + 通货膨胀率 p

$i-p=c+p$

可以看出：

正的通货膨胀率（$p>0$）对货币收益率是减项（货币贬值），对非货币资产收益率是加项（非货币资产升值）。

负的通货膨胀率（$p<0$）对货币收益率是加项（货币升值），对非货币资产收益率是减项（非货币资产贬值）。

价格变动率（通货膨胀率 p）对于货币资产、非货币资产的收益影响巨大，继而会对资产结构有重大影响。其力量是反向的，效果是双重的。这类非货币资产就是我们常见的股票、房产等。

6.3.2 货币升值，也是非货币资产贬值

股市，是股票交易场所，也是直接融资场所。

股市，也可以看作一个游戏场所，股票就是游戏币。进场后你要拿出真实的货币，购买股票这个游戏币，才能开始股票游戏。股市与电子游戏的不同在于，股票价格是一笔资产的价值形式，背后的支撑是资产的实物形式升值率、市占率、市盈率等。而电子游戏的背后是故事的继续虚拟。

就投资而言，包括投资股票 A、股票 B，或者债券 A、债券 B，或者一线城市房产、二线城市房产之类。

也就是说，投资，不仅是微观选择问题。

前文已述，你的财富总量，是你的“钱”（货币）与你的非货币资产（房产、股票等）的加总。全社会的财富总量亦是如此。若 M 是货币资产总量，P 是非货币资产价格，T 是非货币资产量，无论是全社会的财富总量、个人财富总量，还是股市财富总量，都是 $M+PT$。

恶性通货膨胀，是货币严重贬值，也是非货币资产严重升值，持币（投资货币）将遭受财产总量损失，持有非货币资产将得到财产总量升值。

恶性通货紧缩，是货币严重升值，也是非货币资产严重贬值，持币（投资货币）将获得财产总量升值，持有非货币资产将遭受财产总量贬值。

在投资的宏观选择上，选择结果，是把货币视为一种资产；选择过程，是把货币视为一种媒介。宏观投资决策，就是选择增加持币，还是选择减少持币、增加持有非货币资产。最重要的投资方向确定是指选择投资货币资产（完全空头），还是选择投资非货币资产（完全多头）。即在剑桥方程式 $K=M/PT$ 中，是让 K 极大化（抛售非货币资产，仅仅持有货币，P 将下降），还是让 K 极小化（抛售货币资产，仅仅持有非货币资产，P 将上升）。

货币升值，也是非货币资产贬值，反之亦然。极端的情况是，物价升至极高时，货币价格贬值趋于0。一国发生恶性通货膨胀时，持币者抛售货币购物，而持物者拒绝接受货币，或者以极高的物价歧视货币。物价极高的结果是货币价格趋于0，是公众抛弃某种货币，选择其他货币作为替代品，或者以物易物。在这种情况下，本国国民抛弃本国货币，与是否“爱国”无关。

价值符号无法作为物质享用，不能吃，不能穿，不能用，也不能住，这是股票与货币的共同特征。这也就意味着，投资货币者、投资股票者都是“过程投资者”，持有货币、持有股票不是最终目的。

房租是消费价格，房价是资产价格。人们可以通过租赁得到房屋居住权。可享用的、可消费的是房产居住权、使用权，不是所有权。在这个意义上，房产所有权是资本品，不是消费品，尤其是将人们自己的房产用于出租的时候。

在股市，人们抛弃股票，就是坚定地持有货币、投资货币。在某些时期，放弃持有的投资标的，转而持币，是唯一正确的投资策略。1929—1933 年美国大萧条时期，物价下降 27%，一般意义上也可以认为这个时期的美元升值了 27%。在此期间的美国，“过程投资者”若投资美元货币则资产升值了 27%，投资非美元货币则资产贬值了 27%。如投资非货币资产——股票，美国钢铁公司的股价从 262 美元跌至 21 美元，通用汽车公司的股价从 92 美元跌至 7 美元。道琼斯指数从 1929 年 10 月的 386 点跌至 1932 年 7 月的 41 点，累计跌幅 89.4%。

公众选择会给货币政策带来麻烦，这是另外一个层面的问题。例如，公众将剑桥方程式 $K=M/PT$ 中的 K 极大化时，交易方程式 $MV=PT$ 中的货币流通速度 V 将极小化，无论中央银行增加多少货币量 M，都难以扩大总需求 MV，凯恩斯陷阱就是如此。公众将剑桥方程式 $K=M/PT$ 中的 K 极小化时，交易方程式 $MV=PT$ 中的货币流通速度 V 将极大化，即使中央银行大幅度减少货币量 M，总需求 MV 仍然会继续增加。见前文“货币流通速度 V 的极端演绎”。

因为 V 的变动，增加货币供给 M 总需求 MV 反而减少，减少货币供给 M 总需求 MV 反而增加。短期实证分析不能解释这种不合常理的数据，实证研究的结果常常是简单化地认为“货币政策无效”。

在股市价格指数下降、货币成为投资品（人们空仓股票，持币观望）时，们对股市一定是悲观的。

在全社会的财产结构中，因为通货紧缩，货币成为投资品（人们尽可能出售非货币资产，持币观望）意味着货币被储备起来退出了流通，人们对经济前景一定是悲观的。

另外，在全社会的财产结构中，当恶性通货膨胀导致货币烫手，人们抛弃货币，尽可能用货币购买非货币资产时，人们拒绝持有、接受货币，人们退出了流通，人们对货币的前景一定是悲观的。

6.3.3 货币价格与股票价格

不仅是在抽象理论中，即使在实际投资领域，非货币资产价格变动，就是货币价格变动，二者变动方向相反。非货币资产升值就是货币资产贬值，反之亦然。

如果 P 是股票价格（如5 元/股），A 是货币价格（如0.2 股/元），股市非货币资产价格 P 与股市货币价格 A 互为倒数［5 元/股 =1/（0.2 股/元）］。即：

$P = 1/A$

亦即 $A \times P = 1$，或者 $AP = 1$。

用 p 表示股票升值率，a 表示股市货币升值率时，则

$a + p = 0$

或者

$a = -p$

即股票升值 10%，股市货币资产贬值 10%；股票贬值 10%，股市货币资产升值10%。

在股市财富总量 $M + PT$ 中，M 是股市货币资产，P 是持股价格，T 是持股数量。由此，我们也能看到，在股票价格上升中持股者心满意足，空仓者大失所望。

6.3.4 货币价格与非货币资产价格

如果 P 是非货币资产价格，A 是货币价格，p 是非货币资产升值率，a 是货币升值率，则

$P = 1/A$

$a = -p$

如表 6－1 所示，非货币资产价格是 5 元/单位，相应的，货币价格是 0.2 单位/元，计算上互为倒数：5 元/单位 = 1/(0.2 单位 / 元)。

表 6－1　货币价格升值率、非货币资产价格升值率，是逆向关系

	非货币资产价格 = 货币价格（$P = 1/A$）	非货币资产价格 P	货币价格 A
基期	5 元/单位 =1/（0.2 单位/元）	5 元/单位	0.2 单位/元
现期	5.5 元/单位 =1/（0.18 单位/元）	5.5 元/单位	0.18 单位/元
升值率		$p = 10\%$	$a = -10\%$

当非货币资产价格从 5 元/单位上升到 5.5 元/单位时，非货币资产价格上升 10%，货币价格同时下降 10%。颠倒过来同样适用，非货币资产价格下降 10%，货币价格将上升 10%。

应用经济学

房产，值得投资吗？

对比分析货币与具体的房产更能说明问题。

货币，有货币价格，也有货币租金（利息）。

房产，也是既有价格又有租金。与房产价格相关的房产所有权是投资品，与房产租金相关的房产使用权则是消费品。世界各国的消费者价格指数 CPI 中都包含住房因素，但都是指房租，不是指房价。因为房租是消费价格，而房价是资产价格。

对于张三的一笔专用于购房的借贷货币而言，房价的倒数就是这笔货币的价格。

此外，每一栋房子，无论是平房还是楼房，都具有唯一性和不可替代性。北京市四环以内的房子与塔克拉玛干沙漠中的房子不可同日而语。

（一）租售比，是房产收益率的一部分

租售比，多指房屋租金与房屋售价的比例。租售比，也是房产租金率 i_e。

1990—2017 年是中国经济高速增长和城市化快速发展的时期，也是北京、上海、广州、深圳等一线城市房价大幅度上升的时期。在此期间，诸多"著名"经济学家用"租售比"来分析这些一线城市的房价，得出的结论都是房产不值得买，不值得投资，最后的结果，则是让这些"著名经济学家"从此闭嘴。2003—2016 年，北京海淀的房产均价从 4200 元/平方米上升到 63100 元/平方米，上涨 15 倍。

而 1989 年，北京的房价为 1600～1900 元/平方米，上海的房价为 2300 元/平方米。①

中国城市化高速发展时期，在看到城市房价猛涨的同时，也应该看到农村，特别是偏僻农村房价的大跌。由于人们离开农村进入城市，在有些空心化的农村每间住房仅 100 元人民币（约 5 元/平方米）仍然无人问津，只能任其年久失修而倒塌。

当房产是一笔货币的唯一投资标的时，即筹款的目的就是买房，房产与这笔货币的升值率反向变动，房产的升值率就是这笔货币的贬值率，反之亦然。在特定时期，房产的升值率会快速增长，也就意味着这笔货币在快速贬值。

房产收益率 $v_e = i_e + p$，包括房产租金率 i_e（租售比），还包括房产升值率 p。

货币收益率 $v_m = i_m - p$，包括货币租金率 i_m（利率），还要减去房产升值率 p。

租售比，是仅用房产租金率来衡量房产的投资价值，如同仅用利率来衡量货币的投资价值。要知道，还需要用通货膨胀率、通货紧缩率来衡量货币的投资价值，甚至价格变动率对货币投资价值的影响可能会远远超过利率。

租售比 i_e，只是房产收益率 $v_e = i_e + p$ 的一部分。当目标房产是一笔货币的唯一投资标

① 房价猛涨，百姓望楼兴叹；势在必控，国家正拟法规[N]. 人民日报，1989－02－20(2).

的时，货币收益率 v_m 与房产收益率 v_e 的比较，才是决定是否应该投资该房产的主要指标。用货币租金率 i_m、房产租金率 i_e 的比较结果评判房产是否值得投资，并不准确。

很多人投资古董文物，期望得到的是这些东西本身的时间升值。古董文物难以出租，如果以租售比（租金率）衡量，这些东西不可能有投资价值。

（二）利率，对货币、房产的价格、收益率影响

我们鲜见“借股票”，但经常看见“借房子”住、“借钱”用。

在股市，买、卖股票所有权很简单，但需要签订复杂的契约才能够进行股票使用权转让。而对于货币、房产只需要签订简单契约就可以转让使用权。因此，货币、房产都有两个价格：转让所有权价格（房价、货币价格）、转让使用权价格（房租、利息）。股票，则很难有使用权价格。

前面已述，货币价格，就是被交易（转让）的商品价格，或者，货币价格是商品价格倒数。转让货币使用权的价格，通俗地讲，就是利息。更通俗地讲，就是货币租金。

准确而言，转让货币、房产使用权得到的利息、房租，都是租金，不是价格。因为所有权没有转让。

如果一笔货币的唯一投资对象是房产，下面举例说明利率政策对货币、房产收益率的影响。

（1）初始假定，货币收益率 = 房产收益率

假定房产升值率 p 为 3%，利率 i_m 为 9%，房产租金率 i_e 为 3%。

货币收益率 $v_m = i_m - p = 9\% - 3\% = 6\%$

房产收益率 $v_e = i_e + p = 3\% + 3\% = 6\%$

货币收益率 = 房产收益率 = 6%

在投资方面，利率 i_m（货币租金率）之所以至关重要，是因为调整利率 i_m 会影响货币投资标的物（这里指房产）的价格 p 上升或下降。

（2）降息

当利率 i_m 由 9% 降至 8%，导致房产升值率 p 由 3% 上升至 4%，房产租金率 i_e 维持 3% 不变时：

货币收益率 $v_m = i_m - p = 8\% - 4\% = 4\%$

房产收益率 $v_e = i_e + p = 3\% + 4\% = 7\%$

降低利率 i_m 后，货币收益率 v_m（4%）低于房产收益率 v_e（7%），差额为 3%。

（3）加息

当利率 i_m 由 9% 上升至 10%，导致房产升值率 p 由 3% 下降至 2%，房产租金率 i_e 维持 3% 不变时：

货币收益率 $v_m = i_m - p = 10\% - 2\% = 8\%$

房产收益率 $v_e = i_e + p = 3\% + 2\% = 5\%$

提高利率 i_m 后，货币收益率 v_m（8%）高于房产收益率 v_e（5%），差额为3%。

（三）房产大幅度升值，租售比不升反降

2015年中国的利率（货币租金率 i_m）约为5.5%。深圳中原研究中心统计，2015年，深圳的二手房均价从上年的29930元/平方米涨至45690元/平方米，房产升值率 p 为53%，年平均房租金为770元/平方米，房产租售比（房产租金率 i_e）=770/45690=1.7%。

（1）如果一笔货币唯一的投资对象就是深圳房产，收益率不考虑深圳房产升值率时，用货币租金率、房产租售比（房产租金率）比较如下：

货币收益率 $v_m=i_m=5.5\%$

房产收益率 $v_e=i_e=1.7\%$

显然，房产收益率远低于货币收益率。

结论：深圳房产不值得投资。

（2）如果收益率考虑房产升值率，一笔货币唯一的投资对象就是深圳房产时，深圳房产升值率就是这笔货币的贬值率。

货币收益率 $v_m=i_m-p=5.5\%-53\%=-47.5\%$

房产收益率 $v_e=i_e+p=1.7\%+53\%=54.7\%$

显然，房产收益率远高于货币收益率。

结论：深圳房产是最佳投资标的。

这个货币收益率（-47.5%），是2015年初备款预购深圳房产而年终未购者的切身感受。这个房产收益率（54.7%），是2015年初购买深圳房产者的财富增值。

而且，因为2015年深圳房价上涨过快，深圳房产的租售比不升反降。

2015年中国的利率（货币租金率 i_m）约为5.5%，深圳房产租售比（房产租金率 i_e）=770/45690=1.7%。用深圳房产租售比衡量，深圳的房产不值得投资，不值得拥有，房产租金率不及利率的1/3。

一笔货币唯一的投资对象就是深圳房产时，2015年，这笔货币的收益率是-47.5%，而深圳房产收益率是54.7%。深圳房产是最佳投资标的。

1978年改革开放至2018年，中国约有6亿人从农村转移到城市居住、工作、生活，这个记录前无古人，迁徙人口数超过欧盟人口总量，也超过美国、日本人口之和。

对房地产而言，这6亿人的大迁徙让城市房价飙升，也让乡村房价落入谷底。2017年，在中国大西南的一个偏僻山村，村里95%以上的人口外迁，很多房子无人居住已经很破败，问及村里的房价，村主任说：“最低卖到80元，没人要，你需要的话可以白送给你。”问：“80元一平方米？”村主任说：“三间房，加一个院子，总共80元人民币。”2017年北京海淀区的很多二手房价突破100000元/平方米，其中很多住户来自中国大西南偏僻山村，他们的身份也不再是农民，是IT工作者、金融工作者、教师、医

生、政府公务员等。

当然，1978—2017年中国城市的房地产值得投资，不等于未来仍然值得投资。城市化完成后，决定城市房价的主要因素仍然是供求。房产需求要看人口净流入情况，房产供给要看一个城市的房产存量、增量。

此外，在房价上升的大趋势中，人们不在乎房租的报酬率（所谓的租售比），当房价不再上升，或者房价上升受到非市场因素抑制时，人们必须在乎房租的报酬率。需要知道，房价上升，不会直接影响消费者物价指数（CPI）；而房租上升，则会直接影响消费者物价指数。

有学者认为，中国房价成本的70%交给了政府①；政府或许将这些收入用于修路、架桥了；买了高价房的人作为纳税人为这些基础设施建设做了贡献，而没有买高价房的人则可以免费使用这些基础设施。

6.4 被价格创造、消灭的货币

价格下降导致的亏损，会体现在商业经营过程中，也会体现在股市。区别在于，股票是投资品，股价波动1倍不会立即影响公众的日常消费；消费品价格波动1倍，将立即影响公众的日常生活。因此，除股民外，人们，特别是政治家，会非常关注消费价格，不太在意资产价格。而1929—1933年美国大萧条恰恰始于资产价格、股市的崩溃。

站在投资者的角度看，具体股票价格波动、股市指数波动、一般价格波动都会涉及货币的“创造”或“消灭”问题，因为货币财富莫名其妙地增加了，或者消失了。

从全社会经济循环的角度看，投资者货币财富的“增加”或“消失”，多是货币流通速度波动或货币量变动对价格的影响所致。

当全部商品价格逐渐下降趋于0时，非货币资产的价值也趋于0。看似1分钱能买下全世界，实际上功能货币的价值也趋于0。因为交易没有了，货币成为废纸、废物，或者毫无意义的符号。

6.4.1 单一股票价格

先看单一股票价格升、降带来的货币“创造”或“消灭”。

6.4.1.1 股价上升时

阶段1，你携款1000万美元 M 进入股市，你的总资产 $M + PT = 1000$ 万美元。空仓，$PT = 0$。

① http://news.sohu.com/20131108/n389809777.shtml.

阶段2，你全仓购买 S 股票，每股价格 P_s 为 1 美元，购买量 T_s 为 1000 万股，总资产 $M+P_sT_s=1000$ 万美元。满仓，$M=0$。

阶段3，S 股票每股价格 P_s 在 10 秒钟的时间内从 1 美元上升到 100 美元，你仍然满仓，总资产 $M+P_sT_s=10$ 亿美元。这只是账面盈利，如果你此时卖掉全部股票兑现，账面盈利就成为实际盈利。

你入场时带入股市的货币是 1000 万美元，离场时带走的货币是 10 亿美元。在此期间，你的盈利没有给任何人带来财富减少，你的财富总量增长 100 倍，股市创造了 9.9 亿美元的货币，其他买入 S 股票的人的财富总量也增长 100 倍。

6.4.1.2　股价下降时，把上面的过程重来一次

携款 10 亿美元进入股市，全仓购买 S 股票，每股价格 P_s 为 100 美元，购买量 T_s 为 1000 万股，S 股票每股价格 P_s 在 10 秒钟的时间内从 100 美元下降到 1 美元，你的总资产下降为 1000 万美元，卖掉股票兑现。你入场时带入股市的货币是 10 亿美元，离场时带走的货币是 1000 万美元，在此期间，你的亏损没有给任何人带来财富增加，财富总量消失 99%，股市消灭了 9.9 亿美元的货币，其他买入 S 股票的人的财富总量也消失 99%。

6.4.2　股价指数

上面说的是单一股票价格升、降带来的货币“创造”或“消灭”。

这里说的是整个股价指数升、降与货币的“创造”或“消灭”。

美国股民在 2007 年的次贷危机中，美国股市市值蒸发 7.3 万亿美元。在此期间，如果股市的货币存量 M 不变，股票数量 T 不变，市值蒸发 7.3 万亿美元就是股价 P 下降带来的。即市值 PT 蒸发 7.3 万亿美元在股市总资产 $M+PT$ 中是由股价 P 下降导致的。

6.4.2.1　流量分析，用 $MV=PT=LE$ 解释股市崩盘

股市平均货币量是 M，货币被交易的平均次数是 V，股票均价是 P，股票数量是 T，股民人数是 L，股市人均股值是 E，股票总市值则是 MV 或 PT 或 LE。

当股市货币存量 M、股票数量 T、股民数量 L 均不变时，股市市值 MV 蒸发 7.3 万亿美元，一定是交易的平均次数 V 下降带来的，也一定表现为股票均价 P 下降，继而是股民的股市再分配财产总量 LE 减少 7.3 万亿美元。结果就是，股市人均股值 E 下降。

6.4.2.2　存量分析，用剑桥方程式 $K=M/PT$ 解释股价崩盘

股市平均货币量 M 不变时，在 $K=M/PT$ 中，市值 PT 蒸发 7.3 万亿美元一定是 K 值提高带来的，人们纷纷抛弃股票，增持货币，但无人购买股票，在 $K=M/PT$ 中只能靠股票价格 P 下降做适应性调整，则股票均价 P 下降。

美国股民在 2007 年的次贷危机严重时离场，兑现出局，资产减少了 7.3 万亿美元。

在此期间，美国股民的亏损没有给任何人带来财富增加，财富总量消失了 7.3 万亿美元，负和博弈，股市消灭了 7.3 万亿美元的货币。

股价指数上升、股市市值上升 7.3 万亿美元时，上面的过程重新演绎。

股民的股市再分配财富总量 *LE* 增加 7.3 万亿美元。在此期间，股民投资股票收入的增加没有给任何人带来财富减少，财富总量增加了 7.3 万亿美元，正和博弈，创造了 7.3 万亿美元的货币。

6.4.3 一般价格

上面说的是单一股票价格、整个股价指数波动带来的货币“创造”或货币“消灭”。

下面说的是一般价格指数波动带来的货币“创造”和货币“消灭”。

通常用 CPI 代表一般价格指数。真实的一般价格指数应该比 CPI 宽泛，在 $MV=PT=LE$ 中，正常交易品 T 的价格即一般价格。现实中，一般价格指数不仅包括消费价格指数 CPI，还应该包括资产价格指数。

1929—1933 年大萧条时期，美国的 CPI 下降 27%，GDP 下降近 50%，企业破产超过 14 万家，失业者超过 1700 万，失业率由 3.2% 上升到 25.2%。其中 1931 年货币流通速度下降了 18.1%。

在契约社会，企业的人力成本、材料成本、资金成本多是前期预付的（既定），一般价格水平下降 5% 时，企业产品的本期销售价格也会平均下降 5%；如果企业的平均利润率只有 3%，一定会有大量企业亏损倒闭，大量人员失业。如同 1929—1933 年的大萧条。

6.4.3.1 流量分析，用 $MV=PT=LE$ 解释 1929—1933 年的大萧条

全社会平均货币量是 M，货币流通速度是 V，一般价格水平是 P，商品和服务交易量是 T，就业人数是 L，就业者人均收入是 E，一定时间内，则 $GDP=MV=PT=LE$。

因为需求 MV 不可能既定，价格 P 下降 27% 不是像古典经济学解释的那样意味着交易量 T 将上升，而是大量企业因入不敷出而倒闭，企业提供的能够用于交易的产品量 T 也将下降。

在 $GDP=MV=PT=LE$ 中，GDP 下降近 50%，也是 MV 下降近 50%，货币存量 M 不变时，MV 下降只能是货币流通速度 V 下降的结果。如果肯定凯恩斯的“需求 MV 决定供给 PT”，更准确的逻辑是，价格 P 下降导致货币流通速度 V 下降，然后，导致 PT 再一次下降；继而，就业人数 L、就业者人均收入 E 下降。即 $P \to V \to MV \to PT \to LE$。

在 $MV=PT=LE$ 中，假定总需求 MV 仅用于消费、投资，继续分解 GDP，则：

$GDP=MV=C+I=P_cT_c+P_iT_i=LE=$ 工资 + 利息 + 租金 + 税收

$C=P_cT_c$，是购买的消费品。其中，C 是消费总支出，P_c 是消费品均价，T_c 是购买的消费品数量。

$I = P_iT_i$，是购买的投资品。其中，I 是投资总支出，P_i 是投资品均价，T_i 是购买的投资品数量。

消费品 P_cT_c 没有余值，投资品 P_iT_i 有余值。

投资赚钱了，$I < P_iT_i$，投资品 P_iT_i 的余值大于 0，$P_iT_i - I > 0$。

投资没赔没赚，$I = P_iT_i$，投资品 P_iT_i 的余值等于 0，$P_iT_i - I = 0$。

投资赔钱了，$I > P_iT_i$，投资品 P_iT_i 的余值小于 0，$P_iT_i - I < 0$。

这里的所谓投资品 P_iT_i 余值，还指本期投资的销售收入 P_2T_2 减去上期相关预付 L_1E_1（工资 + 利息 + 租金 + 税收）有剩余，也是经营利润（$M_2V_2 = P_2T_2 > L_1E_1$）。前文已述，这个剩余源于分工报酬递增，前提是货币政策确保当时的价格水平能够容纳这个分工水平。

投资盈亏，类似于股价波动中的股民盈亏。

货币存量 M 不变，投资盈利时，投资品 P_iT_i 的余值大于 0，卖掉余值兑现，投资人的货币收入增加了。在此期间，投资人收入的增加没有给任何人带来财富减少，社会财富总量增加了，正和博弈，创造了货币。

货币存量 M 不变，投资不盈不亏时，投资品 P_iT_i 的余值等于 0。在此期间，投资人支付完工资、利息、租金、税收后，没有获得收入增加，投资人白干了。

货币存量 M 不变，投资亏损时，投资品 P_iT_i 的余值小于 0。在此期间，投资人亏损，投资人收入的减少没有给任何人带来财富增加，社会财富总量减少了，负和博弈，消灭了货币。

6.4.3.2　存量分析，用剑桥方程式 $K = M/PT$ 解释 1929—1933 年的大萧条

在剑桥方程式 $K = M/PT$ 中，GDP 下降近 50%，也是 PT 下降近 50%，货币量 M 不变时，PT 下降 K 值上升。

1929—1933 年大萧条时期，美国的 CPI 下降 27%，货币大幅度升值，也意味着同期美国的非货币资产价格在大幅度下降，非货币资产在大幅度贬值。

在投资需求方面，价格水平下降的通货紧缩会给投资人带来悲观的未来预期。于是，减少投资，现金为王，K 值上升。

在消费需求方面，物价下降时持币待购比持物更合算，购买行为（将货币换成商品的过程）在财富总量最大化的博弈中是得不偿失的。减少消费、推迟消费、持币待购、持币不购都是通货紧缩时期的消费策略，K 值同样会上升。

"理性"投资和消费的结果是提高了剑桥方程式 $K = M/PT$ 中的 K 值，降低了 $MV = PT = LE$ 中的货币流通速度 V，在货币量 M 不变的条件下，需求 MV 降低，价格水平 P 继续下降，全社会的再分配总量 LE 也将下降。大家通过销售商品和服务得到的货币在减少，因为货币被价格"消灭"了。

货币存量 M 不变时，房价下降，房产所有者资产减少的同时，同样没有给任何人带来财富增加，则社会财富总量减少。

应用经济学

一般价格崩溃，为什么必须救市？

只要持续、更大幅度加息，减少货币供给，没有不可抑制的通货膨胀。当降息存在“利率不能为负”的凯恩斯陷阱时，通货紧缩反而是众多经济学家头疼的问题。在新古典经济学的分析架构内，通货膨胀能治，通货紧缩难医。

不同的价格水平，包容不同的分工水平和经济效率。

一般价格崩溃，就是货币恶性升值、商品和服务价格持续下降的结果。一分人民币就能买下全世界，经济分工消失，人类将重新回到自然经济状态，回到丛林，回到树上。由此，在货币经济社会，主要由消费价格、资产价格组成的一般价格水平持续下降，多会带来经济衰退、经济危机，而经济繁荣时期多伴随着一般价格水平适度上升。

严重通货膨胀带来的，多是慌乱；而严重通货紧缩带来的，多是灾难。

回顾历史，严重通货膨胀时期，人们可以拒绝货币，可以寻找其他货币作为替代货币，可以回到金本位，甚至可以直接以物易物。

通货紧缩则不同。轻度通货紧缩时，物价下降，物品便宜，社会一片安宁、祥和，人们只是感觉商品卖不掉了，工作找不到了。严重通货紧缩时，则是数以十万计的企业倒闭，数以百万计甚至千万计的人失业。极度悲观预期迫使人们减少消费、减少投资，储备货币防止经济严冬。殊不知，经济严冬就是物价下降、货币升值、通货紧缩带来的。而人们储备货币是在减少流通货币，结果让货币升值更快，通货紧缩更严重，经济严冬更寒冷。

价格崩溃时，为什么需要救市？

1929—1933 年大萧条时期的美国，消费价格、资产价格、股价同时崩溃。一方面，商品价格、服务价格、股价直接跳水，人心惶惶，经济好像走向了末日。另一方面，人们在心理恐惧的同时也能看到，现实世界毫发无损：摩天楼依然高耸，工厂依然雄伟，马路依然平坦。只是，因为价格体系崩溃，大量货币被市场“消灭”、被股市“消灭”，导致货币经济严重“失血”，摩天楼无人承租，工厂没有订单（图 6－4）。

货币是流通媒介。因为货币流通速度严重下降，货币不流动了，购买商品、服务的货币消失了。

价格整体崩溃时，在实物投资市场和股票投资市场，上个月花 1 亿美元购买的非货币资产、股票在本月价格腰斩。卖掉非货币资产、股票，立即亏损 5000 万美元；不卖，则无钱购买其他资产、股票，甚至无钱消费，马上面临流动性短缺。在 $MV = PT = LE$ 中，不得已的理性策略是减少买卖，甚至停止买卖，货币流通速度 V 继续下滑，总需求 MV 继续下滑，价格 P 继续下滑。

一般价格崩溃的后果是灾难性的，任其自由放任，通货紧缩会更加严重，货币经济的末日就会真的到来。

需求 MV 决定供给 PT，继而决定收入 LE。

对于大萧条时期价格体系的崩溃，凯恩斯认为是"有效需求不足"，是有支付能力的需求不足，是公众有钱不敢花、不愿花。在 $MV=PT=LE$ 中，也就是收入 LE 没有转化为需求 MV，是 $MV<LE$，M 不变时是货币流通速度 V 下降所致。此时，公众增加消费、投资都是吃亏的，中央银行增加货币量 M 落入凯恩斯陷阱，也不能逆转公众出于自我财产最大化的本能提高剑桥方程式 $K=M/PT$ 中 K 值的行为。因此，凯恩斯认为，需要政府出来充当"赔钱投资"的傻瓜：财政支出政策，就是政府把公众的货币借来投资，修路架桥，以工代赈，直接提高货币流通速度 V，继而提高总需求 MV。

货币主义也承认，经济萧条是因为需求 MV 不足。但是，是货币量 M 不足导致的需求 MV 不足，不是因为货币流通速度 V 下降导致的有效需求 MV 不足，直接扩大货币供给 M 就解决了。凯恩斯主义说，直接扩大货币供给 M，前面有"凯恩斯陷阱"在等着你。

凯恩斯主义、货币主义两大阵营急论再起。

包括股票的非货币资产，其价格涉及太多复杂因素。非货币资产价格，是预期收益的贴现值，资产价格波动的方向取决于公众对现实政策、未来趋势的判断。股票，是流动性最好的非货币资产形式。股票指数，是对经济政策、经济形势最快速的反应。股票价格，是对股票表示的实物资产状态最快速的反应。乐观未来，股价会上升；悲观明天，股价会下跌。

图 6－4　大萧条时期接受免费食品救济的芝加哥失业者，穿着很体面，只是古典经济学教条让他们失去了工作

无论如何，一般价格体系崩溃，中央银行必须救市，挽救崩溃的一般价格 P，就是挽救全社会的资产总量 $M+PT$，就是挽救基于分工的就业 L，就是挽救人均收入水平 E。

一般价格体系崩溃时，本书给出的救市策略则是降低实际利率 r（也是降低货币收益率），$r=i-p$，即降息幅度 i 要大于价格下降幅度 p，$i\downarrow>p\downarrow$。价格崩溃、通货紧缩是货币升值带来的经济灾难，降低实际利率就是逆转货币升值，同时降低消费成本和投资成本。

6.5　通货膨胀率阈值

无论是黄金还是白银，商品货币的共同特征是"物以稀为贵"。因为稀少，在金本位时代，作为货币的黄金始终是不足的①。

① 凯恩斯.货币论[M].北京:商务印书馆,1997:251.

有限的商品货币量抑制了经济的发展。在中国历史上的“盛世”，多有官府不垄断货币发行，甚至对假币睁一只眼闭一只眼的不作为之举。只要假币不过分到发生严重通货膨胀，这种假币实际上弥补了货币量的不足。

传统理论上，抛弃金本位后，信用货币不存在货币量不足的问题，也不应该发生通货紧缩，货币政策的主要任务似乎只是防止通货膨胀，这也是通货膨胀目标制的初衷。

实践上，至2018年，日本的通货紧缩持续了近30年，货币政策无效，财政政策难以为继。次贷危机后，通货紧缩在欧盟、美国、日本、加拿大、澳大利亚等主要市场经济体蔓延。多国中央银行为解决通货紧缩、需求不足问题，几乎将各式各样的货币政策用尽：存款准备金率为0，利率接近0，公开市场业务落入凯恩斯陷阱。

货币量既定时，前文已经证明，在宏观经济 $MV=PT=LE$ 中，物价水平 P 上升，货币流通速度 V 趋于上升，总需求 MV 上升。物价水平 P 下降，货币流通速度 V 趋于下降，总需求 MV 下降。

这表明，存在一个通货膨胀率临界值（阈值）。在这个值，总需求没有上升，也没有下降。通货膨胀率低于阈值时，总需求下降，经济停滞或衰退，通过货币政策保持适度通货膨胀率可以常规性抑制有效需求不足。

在经济增量的三位一体中：

$m+v=p+t=l+e$

m、v、p、t、l、e 分别是货币量 M、货币流通速度 V、商品服务交易量 T、交易均价 P、就业人数 L 和就业者人均收入 E 的增长率。则通货膨胀率：

$p=m+v-t=l+e-t$

此时，在经济总量的三位一体 $MV=PT=LE$ 中，总收入 LE 全部用于消费和投资，总需求 MV 与总收入 LE 相等，这是一个“均衡”经济，也是一个不增长、不衰退的停滞经济。此时的通货膨胀率 p，是总需求不上升也不下降的临界值（阈值）。

通货膨胀率 p 大于这个阈值时，通货膨胀率上升引致总需求 MV 上升，总需求上升加重了通货膨胀。通货膨胀，是加重通货膨胀的原因。

通货膨胀率 p 小于这个阈值时，通货膨胀率下降引致总需求 MV 下降，总需求下降加重了通货紧缩。通货紧缩，是加重通货紧缩的原因。

从抽象回到现实，当一个国家逐渐陷入通货膨胀、通货紧缩时，说明这个国家目前的通货膨胀率 p 高于或低于这一阈值。

应用经济学

“明斯基时刻”中的大萧条、次贷危机

没有金融杠杆，就没有金融。

价格变动率、负债率、置入成本等，在金融体系安全中是相互关联的。

（一）自有资金的 q^R 值

1. 托宾 q 值

托宾 q 值，指资本的市场价值与其重置成本之比。

q = 公司市场价值／资产重置成本

托宾认为，$q>1$，企业市值高于企业的重置成本，企业会增加投资。$q<1$，企业市值低于企业的重置成本，企业会减少投资。

人，不可能两次踏入同一条河流。准确意义上，公司“资产重置”几乎不可能，尤其是其中的人力资本贡献、分工效率等。托宾 q 值，存在分子分母范畴不一致，公司资产重置成本无法准确计量、核算等问题。

2. 从托宾 q 值到 q^R 值

资产价格变动率 p =（资产现值 $P2$ − 资产基值 $P1$）／资产基值 $P1$

即

$p = (P2 - P1)/P1$

托宾 q 值，把简单问题复杂化了。

把托宾 q 值中的公司市场价值用资产现值 $P2$ 代替，资产重置成本用资产基值 $P1$ 代替。即变形托宾 q 值为 q^R 值，则

q^R = 资产现值 $P2$/资产基值 $P1$

$q^R = P2/P1$

把上面的 p 值、q^R 值放在一起考虑，则

$q^R = p + 1$

这个结果表明，无论用价格变动率 p、托宾 q 值，还是用 q^R 值考虑，其逻辑是一致的：

非货币资产升值（$p>0$，即 $q^R>1$），是货币贬值，企业、个人的投资意愿趋强。

非货币资产贬值（$p<0$，即 $q^R<1$），是货币升值，企业、个人的投资意愿趋弱。

（二）负债的“明斯基时刻”

1. 杠杆率、杠杆倍数与资产负债率

杠杆率、杠杆倍数、资产负债率，是衡量个人、公司负债的重要指标。

杠杆率 = 实际投入/置入成本 $\times 100\%$

杠杆倍数 = 置入成本/实际投入

资产负债率 = 总负债/总资产 ×100%

例如，Jefferson 首付 10 万美元，向商业银行抵押借款 90 万美元，买了一套价值 100 万美元的房子，他的杠杆率是 10%，杠杆倍数是 10，资产负债率是 90%。商业银行在考虑风险控制前提下借给 Jefferson 的资金数量决定了初始的杠杆率、杠杆倍数、资产负债率。

有意思的是，此后房价的变动不会影响杠杆率、杠杆倍数，但会影响资产负债率，而全国性的房价下降，会导致资产负债率整体恶化，继而导致系统性金融危机。如 2007 年美国的次贷危机。

资产价格上升。若 Jefferson 的房子在购买后升值一倍达到 200 万美元，资产负债率则下降为 90/200 ×100% =45%，财务良好，金融风险大幅度下降。

资产价格下降。若 Jefferson 的房子在购买后贬值一半降为 50 万美元，资产负债率则上升为 90/50 ×100% =180%，资不抵债，金融风险大幅度上升。

基于合法的止损，Jefferson 在房价下降至 90 万美元以下（如 89 万美元）时就应该放弃房子的所有权而任由商业银行将房子作为抵押物收回、拍卖。当数以十万计的美国人不得不这样做时，美国就发生了 2007 年的次贷危机。

2. 个体明斯基时刻

托宾 q 值回避了负债问题。

而明斯基时刻的前提是负债，是负债资产的价值崩溃问题。

明斯基时刻（Minsky Moment），是指经济学家海曼·明斯基（Hyman Minsky）所描述的时刻，是指负债前提下资产价值崩溃的时刻。

不考虑已付贷款本息，在上述 Jefferson 的例子中，当房价下跌至 89 万美元及以下时，债务人 Jefferson 放弃原购房子重新买房（重置房产）只需要支付 89 万美元，继续还房贷还需要支付 90 万美元。此时，债务人 Jefferson 主动放弃原购房将房产所有权转归债权人银行是正确的（爆仓，亏损 11 万美元大于自有资金 10 万美元），债权人银行拍卖房产收回 89 万美元也是正确的（平仓债务人资产）。结果是，债务人 Jefferson 损失 10 万美元，债权人银行损失 1 万美元。

对于 Jefferson 而言，房价下跌 10% 及其以上就是明斯基时刻。

3. 系统性金融风险的明斯基时刻

在 Jefferson 的例子中，只有 Jefferson 一人面临明斯基时刻，商业银行作为债权人似乎损失可控，损失也不是难以承担。

当债权人银行打算拍卖 Jefferson 的房产收回 89 万美元，但无人购买，而且当此房产价格继续下跌至 80 万美元、70 万美元、60 万美元，甚至更低时，若无契约特殊约定，这些损失将全部由债权人银行承担。

当上面的 Jefferson 例子同时发生成千上万起，甚至同时发生十万百万起的时候，债务人 Jefferson 们经济损失惨重的同时，系统性金融风险必将发生，这就是系统性金融风险的明斯基时刻，因为债权人银行不可能承受如此巨大的损失。1929—1933 年的大萧条、2007 年的次贷危机即是如此。

结论：

（1）高杠杆不可怕，可怕的是高杠杆遇上了非货币资产价格（股价、房价等）大幅度下降，货币恶性升值。

（2）一般价格崩溃，是货币恶性升值，必须救市。

（3）金融杠杆率必须提前控制。而且金融杠杆率是市场行为，应该由商业银行等金融机构在遵守巴塞尔协议前提下自己决定，不应该进行行政干预。

6.6 通货紧缩的必然性

人造地球卫星的速度有三种境界：大于第一宇宙速度会脱离地球，等于第一宇宙速度会绕地球飞行，小于第一宇宙速度会坠落。没有外力带来的速度，在引力的作用下，人造卫星一定会回到地球“自由”落体。

海水蒸发后进入空中，这些水蒸气并没有脱离地球引力。只有水蒸气才能够飘上青藏高原，成为雨水，滋润大地，成为流动的大江大河。没有“外力”太阳能蒸发海水的过程，水不可能从海里“爬上”陆地，那样地球上的陆地将全部成为荒漠。

在没有中央银行提供信用货币的秦、西汉时期，黄金为主要流通货币，皇帝动辄赏赐大臣黄金数千斤[①]。到东汉年间，这些巨量黄金逐渐消失，储币、窖藏货币的结果是，黄金退出货币媒介的角色成为深埋地下的“财宝”。货币短缺加上战乱，东汉时期经济凋敝，物物交换频繁出现。

中国古代思想家有很多极具重要的货币理论、货币政策思想。这些思想的境界，今天的经济学家仍然难以超越，直到今天仍然有现实意义。

唐代经典通货膨胀、通货紧缩观点是，“夫物贱则伤农，钱轻则伤贾。故善为国者，观物之贵贱，钱之轻重。夫物重则钱轻，钱轻由乎钱多。多则作法收之使少，重则作法布之使轻[②]”。通货紧缩的负面影响则是“物轻钱重，民以为患”[③]，物价下跌给生产者带来直接损失，商业萧条，经济萎缩。

在宋代，经济快速发展曾经导致“铜钱已竭，民甚苦之”，以至于“公私上下，并苦乏钱。百货不通，万商束手。又缘青苗、助役之法，农民皆变转谷帛，输纳见钱。钱

① 彭信威. 中国货币史[M]. 上海：上海人民出版社，1958.

② 《旧唐书》，《食货上》。

③ 《新唐书》，《食货志》。

既难得，谷帛益贱，人情窘迫，谓之钱荒”①。

在现代经济中，中央银行的货币政策是抑制通货紧缩的终极动能。

6.6.1 增长、竞争、储币与通货紧缩

在货币经济中，钱，不是万能的；但是，没有钱，是万万不能的。

持有货币，是持有流动性。流动性，是人们持有货币的万有引力，尤其是在货币升值的时期。流动性被“持有”，已经使得货币失去了流动性，如同没有洋流的海水，如同被截流的大江大河。抵抗“持有”的力量，使得货币恢复流动性的力量，就是适度的通货膨胀率。货币适度贬值，也是非货币资产适度升值。

对于2010年代的中央银行行长们来说，有时，想提高通货膨胀率，实现适度的通货膨胀率，似乎比登天还难。因为“钱，不是万能的”。

经济增长、企业竞争、储币等，都会导致通货紧缩，降低货币流通速度，使货币失去流动性。

增长。在 $MV = PT = LE$ 中，因为产出 T 增加，若货币流通速度 V 不变，货币量 M 也不变，则总需求 MV 不变，唯一的可能就是价格 P 趋于下降。这也是金本位时代始终存在的问题，即货币量 M 不足。

竞争。古典需求理论是适用于同质商品竞争的需求理论，价格上升，需求下降，反之反是。同质商品竞争的结果，是运用替代效应，通过降价占有竞争对手的市场份额，价格 P 趋于下降。

储币。在 $MV = PT = LE$ 中，即使货币供给量 M 不变，若人们没有（或减少）将收入 LE 用于消费、投资 MV，而是持币，货币流通速度 V 将下降，总需求 MV 将下降，若厂商不想失去自己的市场份额，降低价格 P 是唯一策略。

6.6.2 产品质量与通货紧缩

北宋黄庭坚的书法作品《砥柱铭》在2010年的拍卖价是4.368亿元人民币。远古的遗产至今还能有价买卖。遗产的价值，即“遗值”，如何影响目前的一般价格变动率?

一方面，1930年代铺设的人行道水泥砖至2010年代还在使用，坚如磐石。在无任何重载的情况下；另一方面，过街人行道上的水泥砖不到两年就烂了，几乎每隔3年就需要拆除，重新铺设。水泥砖的质量如何影响目前的一般价格变动率?

在 $GDP = MV = PT = LE$ 中，假定总需求 MV 仅用于消费、投资，继续分解GDP，则：

$$GDP = MV = C + I = P_c T_c + P_i T_i = LE$$

① 《四库全书·宋史》。

其中：

$C=P_cT_c$，C 是消费支出，P_c是消费品均价，T_c是交易的消费品数量。

$I=P_iT_i$，I 是投资支出，P_i是投资品均价，T_i是交易的投资品数量。

假定两个经济周期总需求 MV 不变：

周期 1，$MV=P_{c1}T_{c1}+P_{i1}T_{i1}=LE$

周期 2，$MV=P_{c2}T_{c2}+P_{i2}T_{i2}=LE$

一般情况下，消费品 P_cT_c没有经济残值，而投资品 P_iT_i多有经济残值。在这里，我们把这个经济残值称为"遗值"，即"遗产的价值"。如果投资品没有遗值，今天我们所能看到的高楼、公路、工厂就不会存在，万里长城、故宫、颐和园也不会存在。

问题是，两个经济周期的总需求 MV、总供给 PT、总收入 LE 均不变，周期 1 的消费品 $P_{c1}T_{c1}$无遗值，周期 1 投资品 $P_{i1}T_{i1}$有遗值 $P_{s1}T_{s1}$；并且，遗值 $P_{s1}T_{s1}$成为周期 2 的交易品时，将如何影响周期 2 的一般价格变动率？

周期 1，$MV=P_{c1}T_{c1}+P_{i1}T_{i1}=LE$

周期 2，$MV=P_{c2}T_{c2}+P_{i2}T_{i2}+P_{s1}T_{s1}=LE$

（1）周期 1 投资品 $P_{i1}T_{i1}$的遗值 $P_{s1}T_{s1}>0$

总供给增加了 $P_{s1}T_{s1}$，若交易量 T_{c2}、T_{i2}不变，可比交易价格 P_{c2}、P_{i2}必然下降，一般价格水平 P 将下降。即若无货币政策去扩大总需求 MV，大于 0 的历史遗值将带来通货紧缩。

（2）周期 1 投资品 $P_{i1}T_{i1}$的遗值 $P_{s1}T_{s1}=0$

总供给未增加，若交易量 T_{c2}、T_{i2}不变，交易价格 P_{c2}、P_{i2}不变，则一般价格水平 P 不变。即无须货币政策去影响总需求 MV，经济总量重复了一次。

（3）周期 1 的投资品 $P_{i1}T_{i1}$的遗值 $P_{s1}T_{s1}<0$

优质人行道水泥砖可以使用 200 年，劣质的只能使用 2 年。$P_{s1}T_{s1}$是一堆水泥垃圾，需要投资更换新水泥砖，还需要投资进行垃圾处理。

在公式 $GDP=MV=C+I=P_cT_c+P_iT_i=LE$ 中，更换新砖、处理这堆垃圾的支出是 G 时，G 购买了新砖、垃圾处理能力 P_gT_g。

$GDP=MV=C+I+G=P_cT_c+P_iT_i+P_gT_g=LE$

总需求 MV 不变时，G 将挤占消费 P_cT_c、投资 P_iT_i。其结果，要么消费量 T_c、投资量 T_i下降，要么消费价格 P_c、投资价格 P_i下降，等等。

高质量的历史杰作具有持续的遗值，哪怕是往事千年，也是人类文明不可多得、不可复制、不可再生的结晶。产权清晰化后，这些人类文明将会进入交易过程，带来收入、就业，如金山岭长城的门票。在货币理论中，这些遗迹的遗值也会带来通货紧缩。

人行道水泥砖是消费品，终局无残值，不能再次交易（即不可能再次成为 PT），也不能再次成为收入 LE。但是，优质人行道水泥砖可以使用 200 年，劣质的只能使用 2

年。对于后者，需要投入100次才能达到前者的使用寿命。在漫长的200年中，后者每两年就挤占一次国民支出，也挤占一次财政支出，而这些国民收入、财政收入本应该用于教育、医疗等其他公共服务。

颐和园、故宫、卢浮宫等文物、古迹，不仅是文化遗产，也是实际财富。

6.6.3 心理预期与通货紧缩

日本从20世纪80年代开始进入通货紧缩时期。此后，日本实实在在投放了大量货币，但是通货紧缩只是偶有缓解。到2018年，已经30余年，日本仍然没有逃离凯恩斯陷阱。通货紧缩的主要原因是总需求 MV 不足，总需求由货币量 M 和货币流通速度 V 决定，货币量 M 萎缩是中央银行的货币供给问题，而货币流通速度 V 下降有时是心理预期问题。

2016年6月20日，日本基础货币量 M 达400.47万亿日元，与美国3.8万亿美元的基础货币量 M 不相上下（1美元约合104.5日元）[①]。2016年日本 $GDP=MV$，只相当于美国的1/4，意味着日本的货币流通速度 V 只是美国的1/4。

流量意义 $MV=PT$ 表现的货币流通速度 V 下降，存量意义 $K=M/PT$ 中则表现为 K 上升，资产结构中货币资产 M 趋于上升、非货币资产 PT 趋于下降。当经济增长表现为货币流通速度下降、资产结构中货币资产趋于上升时，经济增长的唯一动力是中央银行增加货币量 M。货币流通速度下降、货币量增长率大于经济增长率时的经济增长类比于一个人，便是人在长胖，但没有长高，经济活力将下降，因为货币流动较慢。

“治大国，若烹小鲜。”（《老子·道德经》）对于中央银行来说，无论是对抗通货膨胀，还是消灭通货紧缩，都是一场战争。最好的战争策略不是用货币子弹硬拼，而是上兵伐谋，兵不厌诈，实则虚之，虚则实之。

格林斯潘曾经掌管美联储18年，媒体的一些措辞表达了格林斯潘用肢体语言、心理暗示对货币政策的掌控：“格林斯潘一打喷嚏，全球就得下雨。”

心理预期对于治理通货紧缩至关重要。在通货紧缩时期，要有明确的目标（如通货膨胀率必须达到3.7%），实施坚定的利率政策（明确规定：在通货膨胀率达到3.7%之前，每月降息0.5%，而且负利率无底限），在强烈的通货膨胀预期面前，人们会主动增加消费、投资，继而提高货币流通速度 V，提高总需求 MV，通货紧缩问题也就迅速得到解决。

南宋张端义在《贵耳集》中记载了这样一段故事：“京下忽阙见钱，市间颇皇皇。忽一日，秦桧之呼一镊工栉发，以五千当二钱犒之。谕云：此钱数日间有旨不使，早用

① 日本基础货币量首次突破400万亿日元[EB/OL]. http://finance.sina.com.cn/roll/2016-06-24/doc-ifxtmwri4362524.shtml.

之。镊工亲得钧旨，遂与外人言之。不三日间，京下见钱顿出。”

大意是：

南宋时局不稳，老百姓不敢花钱，出现“有效需求不足”，人心惶惶。一天宰相秦桧找来一个剃头匠理发，拿出五千钱来支付本是二钱的理发费。他告知剃头匠：皇帝说这钱很快就废除不用了，拿回家赶快花掉吧。剃头匠四处宣扬秦桧的话，不到3天，“有效需求不足”结束。

应用经济学

假币的功劳

在商品货币、金本位货币规制意义上，2019年世界各国使用的信用货币本质上都是假币，无论美元、欧元、人民币还是日元。

货币量不足，必然抑制经济发展。经济在发展，而金本位时代黄金的储藏量、开采量都不能满足经济发展对货币量的需求，货币短缺导致货币升值，通货紧缩，窖藏货币盛行，正是这个原因酿成了金本位时代一次又一次的经济危机。若货币流通速度相对稳定，没有增量货币的配合，经济增长终将受到总需求不足的抑制，这也是金本位、银本位最终让位于信用货币的根本原因。

如何判断货币“应该”发行多少是复杂的货币理论、货币政策问题。直到2020年的今天，这个问题也没有彻底解决，历史上这个问题更严重。中国历史上的经济“盛世”，多有官府对假币睁一只眼闭一只眼的不作为之举。西汉建国时，为迅速恢复经济，汉高祖甚至鼓励、命令民间铸币。《汉书·食货志》记载：“汉兴，以为秦钱重难用，更令民铸荚钱。”再如《旧唐书·食货志》写道：“如闻官铸之外，私铸颇多。”只要假币不过分以至于导致通货膨胀，这种假币实际上弥补了货币量的不足。宋朝的交子是世界上最早的纸币，有效解决了商品货币量的不足问题，比欧洲纸币早诞生600年。宋纸币持续时间大约为204年（1004—1208年），占宋朝存续时间319年的近三分之二。用商品货币（金、银、铜、铁）衡量，纸币当属假币。官方“假钱”促进了经济发展，市场一派繁荣，宋朝巅峰时的GDP占当时全世界GDP的80%。

1. 假币，是制度问题，不是技术问题。其一，法定造币工厂管理不善，一个印刷工人偷出一张纸币用于消费、投资，这张纸币是假币吗？其二，私印一张纸币，与中央银行发行的真币完全一样，可以通过任何验钞机的检测，这张纸币是真币还是假币？其三，私印一张与真币一样的纸币，比中央银行发行的货币更精致，人们常把中央银行发行的货币当假币，把私印货币当真币，此时，哪个是假币？

答案并不复杂。真币、假币是制度问题，不是技术问题。任何未通过中央银行发行渠道流向社会的货币都是假币。

问题并不如此简单。例如李四出售合法商品得到了上述3种假币后，李四持有的这3张假币似乎已经是真币了，即使是在法律判定上。

2. 假币的可能功劳。1980—2010年代日本的通货紧缩持续了30年。通货紧缩导致货币的实际利率偏高、使用成本偏高，增加货币量的量化宽松政策并没有有效解决日本的经济疲软问题。在这种状况下，如果有人用一张与真币完全一样的1000日元面值的假币购买食品，然后食品商又去购买理发服务……这张假币在一年中流通了10次，使得10000日元的商品或服务实现了销售。逐次还原其过程会发现，假币的使用微不足道地缓解了通货紧缩，有很多人从这张假币得到了好处，恰恰没人受到损害。

3. 进一步演绎。一个人的自身造血系统如同一个国家的中央银行，提供的血液是当之无愧的“真血”。与之对应，输入人造血液、别人的血液，都是“假血”。但是，当这个人自身的造血系统出现障碍，或者这个人突遇伤害严重失血，如果不输入外来的假血，此人将有生命危险。输入假血，反而能帮助他渡过难关。实际上，具有血液功能，不排异，不过量，已经流动起来的血液，就是真血。时势造英雄，英雄不问出处。

人有造血系统，不等于就能提供质量、数量都符合健康要求的血液。道貌岸然的中央银行，行为合理合法，不等于中央银行的货币政策都是正确的。弗里德曼对1980年代美联储的评价是：“如果美国没有设立美联储，美国人在那70年里显然会过得更好。”(We would clearly have been better off for those 70 years if the Federal Reserve System had never been established.)①

6.7 通货膨胀目标

医生的常识是，人的正常体温在36.8℃左右，上下不超过1℃。这不是一个推理结论，更不是一个实证结果，事实的存在是生物进化中自发秩序、试错演进的结果。人的体温高于42℃时大脑会被烧坏，低于30℃甚至更低，血流速度降低，肌肉、神经系统无法工作，生命危矣。

历史，不能告诉未来。最佳通货膨胀率，也不可能是一个推理结论，只能是中央银行试错的结果。因此，本书所建议的3.7%的通货膨胀率目标值，与其说是推论，不如说是直觉，把分工经济体类比于恒温生物，把通货膨胀率类比于经济体温。当然，兵无常势，水无常形，不可能构设一个放之四海而皆准的通货膨胀率目标值。如同生物进化中的“变异”一样，“例外”的经常出现才使得我们这个世界丰富多彩。经济学的魅力也在于此。

如果3.7%成为通货膨胀率目标值，3.7%也就是通货膨胀与通货紧缩的边界。$p >$

---

① M Friedman. He has set a standard[Z]. 2006-02-31.

3.7%是通货膨胀，$p<3.7\%$是通货紧缩。

6.7.1 通货膨胀控制目标与零利率下限

经济陷入通货紧缩时，利率对策就是降息，降低实际利率，降低货币的使用成本，促进需求。

2000—2018年，欧盟、美国、日本、英国、加拿大、澳大利亚等经济体的通货膨胀率控制目标多在2%。在此期间，这些经济体频繁陷入通货紧缩，并且在人类历史上首次动用了负名义利率政策。至2016年，负利率货币区的GDP一度占全球GDP的24%。

前文已述，当这些国家陷入通货紧缩时，表明这些国家的通货膨胀率低于阈值。

大量研究表明，2%的通货膨胀率控制目标偏低。

传统理论认为，0名义利率是利率政策的下限。只要通货膨胀率目标在2%上下浮动，零利率下限就不会被突破。

2004年美联储开始实施紧缩政策，连续17次加息25个基点，利率从2004年的1%上升至2006年6月的5.25%。持续加息使得非货币资产价格崩溃，触发了明斯基时刻，导致2007年的美国次贷危机，引发全球金融动荡。

面临如此重大危机，降息，是首选策略。

在应对次贷危机期间，多家中央银行降息至零后仍然无果，于是，动用了负名义利率政策。美国虽然没有像其他中央银行那样突破零利率下限执行负名义利率，然而，2009—2014年美联储的联邦基金利率连续6年距离零利率下限不足0.2%，其中4年仅为0.1%。见表6-2。

表6-2 美国2004—2014年的相关数据

项目	2004年	2005年	2006年	2007年	2008年	2009年	2010年	2011年	2012年	2013年	2014年
通货膨胀率目标（%）	2										
通货膨胀率（%）	2.7	3.4	3.2	2.8	3.8	-0.4	1.6	1.7	2.8	1.5	2
联邦基金利率（%）	1	3.2	5.3	4.5	1.9	0.2	0.2	0.1	0.1	0.1	0.1
实际利率（%）	-1.7	-0.2	1.8	2.2	-1.9	0.6	-1.4	-1.6	-2.7	-1.4	-1.9
GDP年度增长率（%）	3.8	3.4	2.7	1.8	-0.3	-2.8	2.5	1.6	2.2	1.7	2.6

要稳妥保证零利率下限不会被突破，免于频繁动用非正常的负名义利率政策，同样需要将通货膨胀率控制目标从2%向上提，如定为4%。

要消除经济萧条，有意义的降息是降低实际利率，即降息幅度要大于通货膨胀率下降幅度。

要抑制经济过热，有意义的加息是提高实际利率，即加息幅度要大于通货膨胀率上升幅度。

经济萧条，而零利率下限是不可逾越的鸿沟时，如美国2009年通货膨胀率为-0.4%，此时中央银行需要降息消除通货紧缩，美联储将名义基础利率从2008年的1.9%降到2009年的0.2%；而实际利率不降反升，从2008年的-1.9%上升为2009年的0.6%。

还以2009年的美国为例。为了迅速逆转当时的次贷危机，将名义利率降为负值-1%，实际利率则为-0.6%，通货紧缩会更快逆转。

同期，瑞典、瑞士、丹麦、欧元区、日本等都遇到过这类问题，名义利率降到0不能扭转经济衰退和通货紧缩。于是，零利率下限这个鸿沟被逾越了，负利率政策写进了历史。

如果实施负利率政策属于“不得已”之举，实施负利率政策的瑞典、瑞士、丹麦、欧元区、日本都表明，把货币政策的通货膨胀率目标设置为2%明显偏低。

6.7.2 通货膨胀率是经济体温

因为温度的不同，赤道与南北极的生物活跃度也迥然不同。

通货膨胀率如同“经济体温”，有高有低：过热、繁荣、正常、萧条、冬眠、衰退。

通货膨胀率适度，有助于经济繁荣。偏高，会带来社会不安；偏低，会带来经济萧条。

当通货膨胀率趋于负值，或者已经是负值，利率也降为0，而经济萧条没有改善迹象时，负名义利率政策就是中央银行不得不动用的政策。

适度正值、稳态的通货膨胀率，利于企业利润、公众就业、收入增长，也会对应正的基础利率，避免“负名义利率政策”出现。

在产权清晰、市场机制有效运行的前提下，在不同的经济发展阶段可以寻求偏高或偏低的通货膨胀率目标。设置适度偏高的通货膨胀率目标，如4%，会获得较高的经济活跃度和经济增长速度，工作机会更多，人均收入增长更快。设置适度偏低的通货膨胀率目标，如1%，经济节奏会放慢，工作机会会减少，收入增长速度会降低。

通货膨胀率的容忍区间是0~5%时，可以以CPI为标准划分经济体的活跃度，见表6-3。

表6-3 按照CPI划分经济的活跃度

CPI	大于5%	3.7%~5%	3.7%	1%~3.7%	0%~1%	小于0
经济类型	过热	繁荣	正常	萧条	冬眠	衰退

适度通货膨胀可以抑制需求萎缩，有助于经济发展。前提是“适度”。

前文已述，在 $GDP=MV=PT=LE$ 中，GDP 的增长率是 g，价格 P 的增长率是 p（常用通货膨胀率表达，范畴有差距），交易量 T 的增长率是 t 时：

$g=pt+p+t$

可以看出，在适度通胀状态下，通货膨胀率 p 与经济增长率 g 之间存在有条件的正向关系。

在高通胀状态下，二者的正向关系肯定会发生逆转。通货膨胀率过高时，持币会很“烫手”，商家会拒绝这种货币，转而寻找其他货币作为替代货币，回到金本位，甚至直接以物易物。过高的通货膨胀率不可容忍，而这些主动、自发拒绝货币的行为，将导致经济体系无法正常运转。

最佳通货膨胀率不是设计出来的，是试错演进的结果。如同人的最佳体温为 36.8℃不是设计出来的一样。最佳通货膨胀率需要考虑的因素包括：①不同的价格水平包容不同的分工水平。②就业与收入。③大型自然灾害。④国力之间的竞争。⑤货币之间的竞争等。

一般价格上升，不是一个简单意义上的“通货膨胀”问题。在 $PT=LE$ 中，如果商品价格 P 上升的同时商品交易量 T 在上升，而且人均个人收入 E 和就业人数 L 同步上升，这样的“通货膨胀”未必是坏事。如果商品价格 P 上升的同时商品交易量 T 上升更快，人均个人收入 E 和就业人数 L 也上升更快，这样的“通货膨胀”是可取的。

通过中央银行的利率政策，可以维持经济的适度恒温状态，也可以让经济处于严冬（萧条）、盛夏（过热）以及春秋（适宜）状态，还可以制造经济的四季变换（所谓的经济周期）。在终年温度低于 0℃的南极核心地带，生物不可能生长。通货膨胀率偏低的货币也不可能永远将通货膨胀率维持在 -1% 以下。在通货膨胀率为负数的经济区，整体经济处于冬眠、衰退状态，基于分工效率的报酬递增不可能存在，相当于在温度持续为负数的地球南、北极，植物不可能存活，更不可能像热带雨林一样繁茂。

在漫长的人类进化史上，经济增长不是唯一的目的。

对于季节性动物，如果在秋天有足够的粮食储备、能量储存，当冬天来临的时候，减少活动、完全冬眠也是一种享受。

人的正常体温在 36.8℃左右，这个体温是人体实现正常机能的手段，不是目的。通货膨胀率是经济体温。经济体温，同样是手段不是目的。本书作者不是高通货膨胀率的倡导者，甚至认为，“慢时光”是高质量的生活方式，幸福感也很高。处于轻度通货紧缩环境中的人们活得很放松，但前提是通货紧缩适度，有生活资金储备。无论如何，像美国 1929—1933 年那样严酷的通货紧缩一定是灾难。

不妨做个试验。对通货膨胀率偏低（如 -1%）的货币，在适当的时候，通过降息制造适度的通货膨胀，让通货膨胀率回升到 4%，再通过加息，把通货膨胀率打回到 -1%，在一个 4 年的周期里主动让经济呈现规律性的冬眠、复苏、繁荣、萧条的周期性变化，如同自然季节的春、夏、秋、冬更替，对于保持全球经济活力的多样性大有好处。

准确的预期很重要。不期而遇的高通货膨胀率会带来慌乱，不期而遇的高通货紧缩率则会带来灾难。知道冬天将要来临时，提前备好棉衣，知道春天将要来临时，提前做好大干一场的准备，冬夏，似乎不是大不了的事情，但前提是冬天不要太冷，夏天不能太热。

仅仅通过中央银行的利率政策，就可以控制物价变动率（通货膨胀率）。即使是中央银行的无意识行为，甚至是错误行为，其利率控制也在影响着物价的变动率。当跨国资本自由流动不受干扰时，就像冷暖空气在地球表面自由流动、洋流在海里自由流动一样，一个货币区利率的变化也会影响其他国家、其他货币区的经济增长、就业、物价，美元、人民币、欧元这类重要货币更是如此。无论你高兴还是不高兴，区域经济一体化、全球经济一体化正在到来。

6.7.3 保持适度通货膨胀有利于经济增长

保持适度通货膨胀有利于经济增长、个人收入增长、就业增长。

货币经济的发展，伴随着分工深化和物价的逐渐上升。分工带来了效率，也带来了新的就业、竞争力和经济增长。分工水平的提高伴随着价格水平的提高，价格水平下降则多伴随着经济衰退、经济萧条。

适度通货膨胀有利于经济繁荣，任何通货膨胀率小于0的通货紧缩都将带来经济萧条、经济衰退。严重通货膨胀带来的，是慌乱；严重通货紧缩带来的，则是灾难。1929年大萧条、1998年亚洲金融风暴、2007年次贷危机等经济危机的共同特征就是消费价格、资产价格的下跌、崩溃。

不同价格水平容纳了不同的分工水平和分工效率，价格下降降低了分工水平，失业摧毁了分工链，也降低了分工效率。

1990—2010年，中国的通货膨胀率年均值为4.7%，日本的通货膨胀率年均值为0.8%，中国高于日本近6倍。同期，中国GDP增长21.8倍，被誉为“中国奇迹”；日本GDP增长1.8倍，日本饱尝通货紧缩之苦，被称为“日本病”。1990年日本的GDP是中国的7.9倍，2010年中国的GDP则是日本的1.1倍，到2017年中国的GDP已经是日本的2.5倍。中国1990年人均工资为2140元，2013年人均工资为51474元，23年增长24倍。同期，日本人均工资不升反降，2013年的人均工资是1990年以来的最低。①

严重的通货紧缩导致大规模的企业破产，继而员工大量失业，历史上的大萧条就是经历了这一传导过程。1930—1933年美国的通货膨胀率分别为－2.5%、－9.2%、－10.8%、－5.2%。在大萧条中，美国CPI下降27%，消费、投资均衰退，GDP下降近50%。美、德两国工业生产的下降幅度都超过一半，即1932年的工业生产只相当于

① 2013年日本劳动力月平均工资1.8万，为1990年以来最低水平[EB/OL]. http://news.163.com/14/0219/10/9LELK78V00014JB6.html.

1905 年和 1896 年的水平。美国破产企业超过 14 万家，失业工人达 1700 万。至于企业破产数量，德国 6 万家，法国 5.7 万家，英国 3.2 万家。整个资本主义世界的失业人数高达 3000 万人以上。

在经济总量的三位一体 $MV = PT = LE$ 中，我们很难要求就业 L 上升、人均收入水平 E 上升的同时，商品价格 P 不上升，那就像去苛求一个动物在身高增加的同时体宽维持不变一样。

有工资收入的就业，是分工的就业，不是自给自足的就业。在分工经济 $MV = PT = LE$ 增长中，M、V、P、T、L、E 等是一连串相辅相成、相互关联的事件。

在分工经济中，一家一户小规模半自然经济的低价格产品未必有市场竞争优势。

草原牧歌很有诗意，物价低廉，但并不经济。游牧生产方式正在被淘汰，取而代之的是集中养殖场，分工获得的全价配合饲料代替了直接取自自然的草料。完全自给自足的游牧方式生产的牛奶、牛肉的货币成本几乎是 0，售价也低廉，但是游牧方式生产的产品并没有市场竞争力。在市场竞争中，游牧生产方式规模小，远离城市，远离牛奶、牛肉、羊肉的消费需求者，难以把这些产品运出去。如果专门为这些游牧产品建冷库、修公路的成本，加上长途运输费用，灭菌的安全成本等，游牧业的产品成本可能比建在城市附近养殖场的成本更高。

7

货币政策的逻辑

实际利率，是货币的使用成本。

不考虑战争、产权、垄断、公共安全、公共服务等环境因素或制度因素，货币经济的繁荣与萧条是由实际利率决定的。实际利率高，经济将趋于萧条；实际利率低，经济将趋于繁荣。

荒漠与繁茂的雨林，差别源于获得水的成本之不同。

当然，实际利率高、低的影响不仅如此。实际利率过高，会让价格水平趋于下降，终将出现通货紧缩；实际利率过低，会让价格水平趋于上升，终将出现通货膨胀。

在政策意义上，持续提高实际利率，能消灭通货膨胀；持续降低实际利率，能消灭通货紧缩。

事态严重时，较大幅度提高实际利率，能迅速消灭通货膨胀，较大幅度降低实际利率，能迅速消灭通货紧缩。

货币政策，主要对消费价格负责，难以对房价、股价等非货币资产价格负责。例如股票价格波动就不是货币政策的主要责任。中央银行有能力控制消费价格，也有能力控制资产价格。中央银行对资产价格的控制是在帮助一部分人大赚，也可能是在迫使一部分人巨亏。这是不公平的。

从2009年到2017年，美国股市持续走高，股票指数上涨了6倍，而同期美国的消费价格指数CPI一直徘徊在通货紧缩的边缘。在这种情况下，美联储的货币政策只能是低利率的宽松货币政策。

但是，当经济危机导致非货币资产价格大幅度崩溃时，如1929年大萧条、1998年亚洲金融危机、2007年次贷危机，将导致流动性短缺，经济运行困难，人们丧失经济信心，继而会影响投资和消费，影响总需求。因此，在出现严重经济危机时，降息挽救资产价格，也是挽救消费价格，挽救经济体系。

经济危机、经济萧条，会带来失业，带来产业退化、逆城市化，进而导致全社会的分工体系崩溃，分工效率丧失。因此，实施货币政策必须认真对待经济危机、经济萧条。

中央银行降息、降低实际利率抗击通货紧缩时，消费价格指数CPI会上升。一般情况下，非货币资产价格，如股票等也会上升，反之亦然。抗击通货紧缩的利率政策会导致非货币资产价格上升，这是利率政策履行职责的副产品。

中央银行必须对消费价格负责。股票价格指数在一年内上升一倍，或下降一半，一般不会影响公众的日常生活。但若是消费者价格指数CPI在一年内上升一倍将直接影响公众的生活质量，甚至天下大乱；在一年内下降一半，绝大多数企业都会倒闭。另外，以陡然增加的高价购买、使用消费品，而消费品（如大米、牛肉）无时间残值，将大大减少全社会可支配的经济资源。非货币资产则不同，基于自身利益出发的购买者购买非货币资产（如房产、股票），这些非货币资产不会被消费掉，假以时日甚至会成为升值资产，成为全社会的增量经济资源。一栋闲置百年的老屋重新进入市场出售，甚至卖了一个好价格，这栋老屋也是增量经济资源。

经济上存在一个通货膨胀率临界值（阈值）。通货膨胀率低于阈值时，总需求下降，经济停滞或衰退。保持适度通货膨胀率可以常规性抑制有效需求不足。

当货币政策的价格变动率（通货膨胀率）控制目标为3.7%时，中央银行的任务是通过基础利率维持这个价格变动率目标，价格变动率大于3.7%是通货膨胀，小于3.7%是通货紧缩，偏离3.7%这个目标，中央银行需要调整基础利率进行干预。

物价适度上升是经济增长、分工深化的伴生品，前提是处于宽松的货币环境。信用货币时代，货币环境就掌握在中央银行手中。中央银行的责任是消除过高的、波动的价格变动率，而不是消灭适度的、稳定的价格变动率。

7.1 基础利率，是主要货币政策工具

马－凯经济学的三大货币政策工具包括：再贴现政策、存款准备金政策和公开市场操作。

再贴现政策，是很古老的利率政策方式。进入 21 世纪后，仍然运用再贴现政策的中央银行已经不多。利率政策，即直接的利率调整政策取代了再贴现政策，方式是中央银行直接参与商业银行之间的拆借业务，中央银行提高拆借利率就是加息，中央银行降低拆借利率就是降息。

马－凯经济学的货币理论存在诸多矛盾，体现在货币政策上，是工具用尽而政策目标难以达到，这在次贷危机时期得到了集中体现。2007 年美国爆发次贷危机后，波及全世界。美国、中国在次贷危机期间最后解决总需求不足问题的，是财政政策，不是货币政策，是美国的 7000 亿美元财政支出和中国的 40000 亿元人民币财政支出。但巨额财政支出也带来了诸多后患。

马－凯经济学三大货币政策工具中的两个，似乎已经废了。至 2018 年，美国、日本的存款准备金率接近零而且 20 多年没有调整过，英国、加拿大分别于 1981 年和 1992 年取消了法定存款准备金。公开市场业务增加货币供给的主要目的是降低利率，但一些货币的利率已经极低，进入凯恩斯陷阱。直接的利率政策，同样面临低利率状态如何操作的问题。

7.1.1 逐渐逝去的新古典三大货币政策

7.1.1.1 存款准备金政策

马－凯经济学三大货币政策工具之一，是存款准备金政策。

存款准备金制度最初是作为商业银行的安全工具出现的，如防止挤兑。法定存款准备金迫使存款资源闲置，是一种巨大的资源浪费。随着金融制度的演进，商业银行资本充足率监管（如巴塞尔协议）基本覆盖了存款准备金的商业银行安全工具功能。作为货币政策的存款准备金政策，正在逐渐走向消亡。

至 2018 年，除中国外，主要市场经济体的存款准备金率大多是零或极低。英国、加拿大、澳大利亚、瑞典、墨西哥等国家都取消了法定存款准备金。日本中央银行在 1991 年以后、美联储在 1993 年以后再未调整存款准备金率。

按照马-凯经济学简单货币乘数理论，取消法定存款准备金的国家会因为商业银行货币创造而出现货币供给泛滥，但这个结果从未出现过。

借款有利息成本。因此，利率，才是控制货币量的关键变量。这也从侧面说明了，在低成本货币政策意义上，调控利率比控制存款准备金率更重要。

7.1.1.2　公开市场业务

在 $GDP=MV=PT=LE$ 中，通货紧缩时，货币流通速度 V 下降，增加货币供应量 M 未必能提升总需求 MV，增加货币供应量 M 绕不开凯恩斯陷阱。

马-凯经济学三大货币政策工具之二，是公开市场业务。增加货币供给，是要降低利率；减少货币供给，则是要提高利率。

通货紧缩时期，通过公开市场扩大货币供给降低实际利率，必须使市场利率下降幅度大于通货膨胀率下降幅度。但是，公开市场业务不能确定控制这个过程。

例如，目前市场利率为1%，通货膨胀率为0，实际利率则为：$r=i-p=1\%-0=1\%$。

通过公开市场增加货币供给，市场利率降为0.5%后，若通货膨胀率已经降为-1%，此时的实际利率不降反升：$r=i-p=0.5\%-(-1\%)=1.5\%$。公开市场业务无效。

前文已述，量化宽松（QE）是扩大版的公开市场业务，多指中央银行在二级市场购买长期国债来增加货币供给。市场利率趋近0时，量化宽松增加了货币供给，但不能降低市场利率，更不能降低实际利率。因此，QE不能逃脱凯恩斯陷阱。

公开市场业务是控制货币量，影响了利率。在弗里德曼那里，货币量与价格水平直接正相关，也与总需求直接正相关，增加货币供给将提高价格水平。

弗里德曼的实证结论是局部现象、阶段现象，是条件结论，而不是公理，也不是真理。

在 $P=MV/T$ 中，V/T 值的变动决定着货币量 M 上升时价格水平 P 是否上升。通货紧缩时，货币升值，中央银行购买国债增加了货币供给 M，但人们没有将货币用于投资、消费，货币流通速度 V 下降，则货币量 M 上升价格 P 可能下降。

同理，货币量 M 下降时，若货币流通速度 V 上升更快，需求 MV 可能不降反升。

前文已详细阐述过，增加货币供给 M，不是通货膨胀率 p 上升的充分条件，也不是总需求 MV 上升的充分条件。

实际利率，是货币的使用成本。对于货币政策来说，降息可能增加货币供给，而增加货币供给未必能降息。不能降息，也就不能降低货币的使用成本。

7.1.1.3　再贴现率政策，被中央银行参与的拆借利率取代

马-凯经济学三大货币政策工具之三，是再贴现率政策。

在没有中央银行的金本位、银本位时代，商业银行靠自有资本经营。票据，是商业企业“良好的抵押品”，也是商业银行贷出货币的基础。那时，票据被认为是商业行为的基础，继而被认为是商业银行发放贷款的基础。因为这样发放贷款是以真实的商业票据作抵押。因此，这种贷款理论被称为“真实票据理论”。

这种贷款也是对商业票据进行贴现，贴现率就是由贷款利率换算得到的。

中央银行出现后，其重要角色是“最后贷款人”。当商业银行资金短缺，用所谓“真实票据”向中央银行再贴现时，再贴现率就出现了；当中央银行用这种方式调整利率、调节货币量时，再贴现率政策就出现了。

在现实操作中，“真实票据理论”遇上“假票据”大盗时，后果很严重。而在票据制造技术日新月异的今天，鉴定票据真假的成本巨大。

同业拆借市场是商业银行之间进行短期资金融通的市场。同业拆借利率，能敏感反映银行之间的资金余缺。中央银行成为同业拆借市场的参与者后，如果中央银行降低其拆借利率，因为成本低，商业银行之间的拆借就会转向中央银行，市场利率就会下降。如果中央银行提高拆借利率，之前商业银行在中央银行的到期借款成本就会上升，加上中央银行政策风向标的作用，市场利率就会上升。

进入21世纪后，仍然运用再贴现政策的中央银行已经不多。中央银行利率政策，即直接的利率调整政策取代了再贴现政策。其方式是中央银行直接参与商业银行之间的拆借业务，中央银行提高拆借利率就是加息，中央银行降低拆借利率就是降息。

应用经济学

麦金农“中国货币之谜”

各国的货币层次分类都不同。

一般意义上的货币层次分类是：

M0 = 流通中现金（直接购买力）

M1 = M0 + 活期存款（直接购买力 + 现实购买力）

M2 = M1 + 定期存款（直接购买力 + 现实购买力 + 潜在购买力）

按照货币数量论，货币供应量过多，将带来通货膨胀。其政策含义也简单明白：减少货币发行，就可以遏制通货膨胀。

很多实证研究都证明了货币数量论上述结论的正确性。但是，实证，不是证实。实证结论不是放之四海而皆准的真理。

麦金农曾经看到，一个时期中国货币供给量的快速增长，带来了经济增长却没有引发高通胀，由此，提出了“中国货币之谜”问题①。

改革开放以来，中国以M2为统计口径的货币快速增长，明显超过经济增长速度，也超过经济增长率与CPI增长率之和，却没有出现持续失控的通货膨胀。

在麦金农发表“中国货币之谜”观点之后，让货币数量论更尴尬的是，中国在

---

① Ronald Ian McKinnon. The order of economic liberalization: Financial control in the transition to a market economy [M]. Johns Hopkins University Press, 1993.

1998—2003 年长达 6 年的时间里，宽松货币政策与通货紧缩并存。见表 7－1。

表 7－1　中国 1990—2015 年的 GDP、M0、M1、M2、CPI 数据（根据统计数据整理）

年份	GDP、增长		M0		M1		M2		CPI
	亿元	%	亿元	速度 V	亿元	速度 V_1	亿元	速度 V_2	%
1990	18667	3. 8	2644	7. 1	6950	2. 7	15293	1. 2	3. 1
1991	21781	9. 2	3177	6. 9	8633	2. 5	19349	1. 1	3. 4
1992	26923	14. 2	4336	6. 2	11731	2. 3	25402	1. 1	6. 4
1993	35333	14	5864	6. 0	16280	2. 2	34879	1	14. 7
1994	48197	13. 1	7288	6. 6	20540	2. 3	46923	1	24. 1
1995	60793	10. 9	7885	7. 7	23987	2. 5	60750	1	17. 1
1996	71176	10	8802	8. 1	28514	2. 5	76094	0. 9	8. 3
1997	78973	9. 3	10177	7. 6	34826	2. 3	90995	0. 9	2. 8
1998	84402	7. 8	11204	7. 5	38953	2. 2	104498	0. 8	－0. 8
1999	89677	7. 6	13455	6. 7	45837	2	119897	0. 7	－1. 4
2000	99214	8. 4	14652	6. 8	53147	1. 9	134610	0. 7	0. 4
2001	109655	8. 3	15688	7. 0	59871	1. 8	158301	0. 7	0. 7
2002	120332	9. 1	17278	7. 0	70881	1. 7	185006	0. 7	－0. 8
2003	135822	10	19745	6. 9	84118	1. 6	221222	0. 6	1. 2
2004	159878	10. 1	21468	7. 4	95970	1. 7	253207	0. 6	3. 9
2005	183217	10. 2	24031	7. 6	107278	1. 7	298755	0. 6	1. 8
2006	219438	12. 7	27072	8. 1	126035	1. 7	345603	0. 6	1. 5
2007	270232	14. 2	30375	8. 9	152560	1. 8	403442	0. 7	4. 8
2008	319515	9. 7	34218	9. 3	166217	1. 9	475166	0. 7	5. 9
2009	349081	9. 4	38245	9. 1	220001	1. 6	606225	0. 6	－0. 7
2010	413030	10. 6	44628	9. 3	266621	1. 5	725774	0. 6	3. 3
2011	489030	9. 5	50748	9. 6	289847	1. 7	851590	0. 6	5. 4
2012	540367	7. 9	54659	9. 9	308664	1. 8	974148	0. 6	2. 6
2013	595244	7. 8	58574	10. 2	337291	1. 8	1106524	0. 5	2. 6
2014	643974	7. 3	60259	10. 7	348056	1. 9	1228374	0. 5	2
2015	689052	6. 9	63216	10. 9	400953	1. 7	1392278	0. 5	1. 4
	增长 36. 9 倍 3591%	均值 9. 55%	增长 23. 9 倍 2291%	增长 54%	增长 57. 7 倍 5669%	下降 －37%	增长 91 倍 9004%	下降 －58%	均值 4. 25%

注：以 1979 年价格指数为 100，1990 年 CPI 累加指数约为 208. 3；2015 年 CPI 累加指数约为 592. 2。2015 年较 1990 年增长 2. 84 倍，增长 184%。

一般而言，中央银行借给商业银行的货币（商业银行借入的债务货币，是从商业银行角度而言的），或者中央银行在公开市场买入债券投放的货币（商业银行、券商买入的债权货币，是从中央银行角度而言的），都是中央银行对社会的负债，是对公众的负债，是M0。

商业银行从中央银行借来货币，把这些货币置于“存款状态”（超额准备金）是亏的。在这个意义上，商业银行没有把这些货币置于“存款状态”的本能。商业银行把货币贷出去后，借款人把这些货币用于购买商品和服务，出售商品和服务的企业和个人获得的这些货币是自己拥有货币所有权的债权货币。购买过程将影响货币流通速度 V，存入银行（无论是定期还是活期）将影响 M1、M2 的总量。

基于上述，影响 M0 总量的是中央银行（存款准备金率为 0 或既定时）；最终决定 M1、M2 总量与货币流通速度 V 的，是企业行为，是公众行为。中央银行有权最终决定 M0，无权最终决定 M1、M2。

公众把更多的货币用于消费和投资（货币流通速度 V 将上升，M1、M2 的总量将下降），还是把更多的货币置于存款状态（货币流通速度 V 将下降，M1、M2 的总量将上升），是宏观经济政策的难题。

1990—2015 年，中国 M2 极速增长 91 倍是公众的存款行为导致的，中央银行货币发行量 M0 增长 23.9 倍，而且在此期间的 GDP 增长了 36.9 倍。

$MV=PT=LE$ 中的 M，是 M0（准确说，M0 是中央银行的货币发行总量），不是 M1，更不是 M2。

而且，货币流通速度 V 应该用 $M0$ 计算。用 $M1$ 或者 $M2$ 计算货币流通速度 V_1、V_2，会误导货币政策的方向，也会误导公众。虽然这里也用 $M1$、$M2$ 计算货币流通速度 V_1、V_2，但其目的只是解释主题。

为什么会有麦金农的“中国货币之谜”，即中央银行货币供给量 M0 高速增长而没有出现高通胀？或者说，为什么 M2 极速增长，但不仅没有出现高通胀，还不时出现通货紧缩，且在此期间创造了高速经济增长的“中国奇迹”？

货币流通速度，是指单位货币在一定时期内的周转（实现交易）次数，它等于 GDP 与相应货币供给量（层次）M0、M1、M2 之比。从表 7-1 可以看出，从 1990 年至 2015 年，M0 的货币流通速度 V 上升 54%。虽然 M1、M2 增长更快，但 V_1 下降 37%，V_2 下降 58%。

在 $GDP=MV=PT=LE$ 中，设定 GDP 的增长率是 g（也是 MV、PT、LE 的增长率），货币量 M 的增长率是 m，货币流通速度 V 的增长率是 v，价格 P 的增长率是 p（用通货膨胀率表示，有范畴误差），交易量 T 的增长率是 t，则 GDP 总量增长率 g 与 m、v、p、t 4 项增长率之间的关系为：

$$g=mv+m+v=pt+p+t$$

已知 1990—2015 年 $g=3591\%$，$m=2291\%$，$v=54\%$，$p=184\%$。

$$g=mv+m+v=pt+p+t$$

$$pt + t = g - p$$

$$t\ (p + 1) = g - p$$

$$t = \frac{g - p}{p + 1} = \frac{35.91 - 1.84}{1.84 + 1} = 1200\%$$

这里的 t，也是古典经济学的所谓“实物增长率”。

准确地说，从 1990 年到 2015 年，中国经济的商品和服务交易量 T 增长 13 倍，经济总量 MV 增长 36.9 倍，远高于价格 P 的增长 2.84 倍。

麦金农“中国货币之谜”的答案，就在这里。

1990—2015 年的中国，在 $GDP = MV = PT = LE$ 中，货币量 M 高速增长，货币流通速度 V 也增长 54%，但商品和服务交易量 T 的增长，大大快于一般价格水平 P 的增长。因此，通货膨胀率均值并不很高，而且全社会的再分配收入总量 LE 也增长了 36.9 倍。

增加货币总量 M 未必能带来经济增长，也未必会导致通货膨胀，甚至还可能会带来通货紧缩。

例如日本为了抗击通货紧缩，持续增加货币供给。截至 2016 年 6 月 20 日，日本基础货币量首次突破 400 万亿日元（1 美元约合 104.5 日元），达 400.47 万亿日元，与美国 3.8 万亿美元的基础货币量不相上下。[①] 2016 年日本国内生产总值（$GDP = MV$）只相当于美国的 1/4，而基础货币量 M 比肩美国，意味着日本的货币流通速度 V 只是美国的 1/4。

7.1.2 用利率控制价格、货币收益、资产收益

没有加息不能消灭的通货膨胀，也没有降息不能消灭的通货紧缩。

通货膨胀时，利率政策就是加息。将利率从 3% 提高到 5% 不行，那就将利率从 5% 提高到 10%，没有上限。没有加息不能消灭的通货膨胀。因为加息，贷款减少，货币存量 M 减少。还是因为加息，存款、贷款利息增加，消费和投资支出减少，货币流通速度 V 下降。M、V 同时下降，总需求 MV 必然下降，通货膨胀消失。

通货紧缩时，实施的利率政策就是降息。将利率从 5% 降低到 3% 不行，就继续降低到 0。但是，若通货紧缩仍然持续，如凯恩斯说，货币政策无效，进入凯恩斯陷阱。因为利率不能为负数[②]。

利率不能为负，所以货币政策会无效。货币政策无效，成就了主张财政支出政策的凯恩斯主义。

---

① 日本基础货币量首次突破 400 万亿日元[EB/OL]. http://finance.sina.com.cn/roll/2016-06-24/doc-ifxtmwri4362524.shtml.

② 凯恩斯. 就业、利息和货币通论(第 13 章)[M]. 北京：商务印书馆，1988.

负利率，不是不可逾越的鸿沟。如果通货膨胀率的目标值是3.7%，将利率从3%降低到0不能复苏经济，那就继续降息，从0降到-2%，甚至降到-3%、-4%、-5%，直至通货膨胀率回升到目标值3.7%。

没有中央银行主动决定的负基础利率，市场决定的利率永远不可能为负（参阅第3章，货币理论）。负利率政策是工具，目的是实现既定通货膨胀率目标，如3.7%，而这个既定通货膨胀率目标可以常规性抑制有效需求不足或需求过旺。作为工具的利率政策如果没有这个目标，则如同漫无目的的无头苍蝇。

利率政策不可能无效。因为降息，商业银行从中央银行的贷款增加，货币存量 M 增加。还是因为降息，市场存款、贷款利息下降，减少存款，增加消费、投资支出，货币流通速度 V 上升。M、V 同时上升，总需求 MV 上升，通货紧缩解除，经济萧条消失。

降息扩大总需求、抑制通货紧缩，或者加息降低总需求、控制通货膨胀，没有比利率更有效的货币政策。理论探讨的极端假设，看上去很凶猛，实际上，各国中央银行调整利率很温柔，多以0.25%为基本幅度单位。

中央银行调整基础利率的意义，是同时调整货币资产收益率和非货币资产收益率。更准确地说，是同时反向调整货币资产收益率、非货币资产收益率。

货币收益率=实际利率=货币租金率（名义利率）-通货膨胀率

如果把货币资产、非货币资产放在一起考虑，则：

货币收益率 $v_m = i_m - p$，是货币租金率 i_m（利率）与通货膨胀率 p 之差。

非货币资产收益率 $v_{nm} = i_{nm} + p$，是非货币资产租金率 i_{nm} 与升值率 p（通货膨胀率）之和。

当货币收益率=非货币资产收益率，则：

$v_m = v_{nm}$

$i_m - p = i_{nm} + p$

中央银行调整基础利率的意义，首先是影响价格变动率 p，并且在影响总需求后，还会再一次影响价格变动率。降息，价格上升，增加了非货币资产收益率，同时减少了货币收益率。反之亦然。

$v_m > v_{nm}$，将抑制总需求，$v_m < v_{nm}$，将扩大总需求。见表7-2。

表7-2　中央银行调整基础利率 i_m 对价格的意义

	利率政策	价格变动	v_m 与 v_{nm}	政策目标
初始			$i_m - p = i_{nm} + p$	
降息	$i_m \downarrow$	$p \uparrow$	$i_m - p < i_{nm} + p$	扩大总需求
加息	$i_m \uparrow$	$P \downarrow$	$i_m - p > i_{nm} + p$	抑制总需求

以对利率最敏感的股价指数（属于非货币资产价格）为例。利率对价格的影响包括两部分：首先，利率突然大幅度降低，心理预期使然，股价指数会上升。然后，随着

股票收益率上升，货币对股票的需求增加，股价指数会再次上升。加息则反之。

货币政策的目标锚点是通货膨胀率 p，工具是货币租金率（利率 i_m）。如果把利率当作目标，如所谓的利率走廊（interest rate corridor），那是把手段当作了目的。

货币收益率 v_m，即实际利率，是利率 i_m与通货膨胀率 p 之差。一般而言，货币收益率 v_m不应该高于非货币资产的收益率 v_{nm}；否则，人们会选择持币，持有流动性，把货币当作投资品，那么总需求、经济增长都会受到负面影响。

应用经济学

降息，资本会流出吗?

中国人民银行加息，同时，美联储降息，资金将流出美国、流入中国吗?

中国人民银行降息，同时，美联储加息，资金将流出中国、流入美国吗?

古典经济学的答案是肯定的。基于金本位的古典经济学认为，各国之间的利差是金融资本国际流动的主要原因。古典经济学对这个问题的理解还是金本位时代的遗迹，因为当时各国都是用黄金本位的货币，当然是谁家利率高黄金就往哪里跑。

金本位时代，西装革履的中央银行行长们对于货币量的作用，不如破衣烂衫的淘金工人的作用。当各国都面临货币（黄金）不足时，加息能把国外的黄金吸引进来，增加货币供给，但高息导致货币的使用成本高昂，不能促进经济发展，甚至会带来经济萧条。"把商品卖到国外，拿回黄金，把黄金留在国内"，能增加货币（黄金）供给，还无须提高利率，是两全之策，也成就了金本位时代重商主义的经典思想。

信用货币时代，中央银行制造货币的成本几乎是0，只要经济体需要，便可以无限供给。

国内资金缺乏，就是货币缺乏，将导致通货紧缩。中央银行降息，是鼓励商业银行从中央银行贷出更多货币，满足企业与个人的货币需求，是通货紧缩的解决之道。

国内资金过多，就是货币泛滥，将导致通货膨胀。中央银行加息，提高货币使用成本，迫使商业银行将货币归还给中央银行，减少货币供给，是简单可行策略。

信用货币时代，一国中央银行加息、降息，是为了抑制、扩张国内市场的总需求，而不是为了从国外市场抢夺资金，也不是为了将资金赶出国门。信用货币，是中央银行能够无限量供给的符号，不必抢夺，也不值得抢夺。

因此，通货膨胀率不变时，加息是为了抑制国内商品和服务总需求，提高货币资产收益率，降低非货币资产收益率。降息，则反之。

如果国际流动资金的目的是实现货币的无风险收益，如投资债券、储蓄等，加息时资本会流入，降息时资本会流出。这种情况符合古典经济学的观点，但这种行为本身只能是信用货币时代利率政策的一种副产品。而且，考虑汇率变动后，也可能得不偿失。

如果国际流动资金的目的是投资非货币资产，如投资服务业、工业、农业、股票等，加息时资本将流出，降息时资本将流入。利率调整后的跨国资金流动中，资金对非货币资产的投资不仅不支持古典经济学，而且与古典经济学的观点相反。

跨国资本流动多是为了非货币资产的投资收益，而不是为了存款利息。在信用货币时代，当一种货币在国际汇兑市场趋于贬值时，要维持（干预）汇率稳定，应该降息而不是加息。

加息，虽然提高了货币收益，但同时也提高了投资、消费成本，将减少资本需求，降低投资、消费总需求。当跨国流动资本大量离开时，将抛售本币，加息加剧了本币贬值。

降息，则会提高本国的投资水平和投资收益，也降低了借贷消费成本。当跨国流动资本大量进入时，需要购买本币，降息促使本币升值。

汇率，应该由市场决定，而政府不应该干预。从根本上说，利率政策应该以国内通货膨胀率为控制目标，不应该以国际汇率作为利率政策目标。

7.2 中央银行的首要责任，是控制通货膨胀率

7.2.1 货币政策目标的演变

货币政策目标，有一个长期的试错演进形成过程。

在古典经济理论中，货币是中性的，货币对实际经济没有任何影响，货币量的多少只影响价格水平。因此，货币供给当局的目标就是物价稳定，并且以此为目标确定货币供给量。

古典经济理论中的“物价稳定”，多指通货膨胀率 $p=0$。

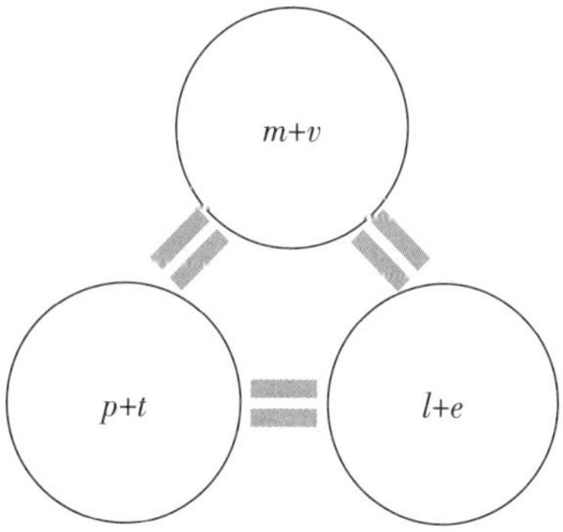

图 7－1 古典“物价稳定”与经济增长、就业增长、收入增长不可兼得

1930 年代世界经济大萧条给凯恩斯的启示，是货币政策还有扩大商品、服务总需求，实现经济增长、充分就业的作用，即凯恩斯主义将货币政策目标由古典经济理论中的 1 个扩大为 3 个：物价稳定、经济增长、充分就业。

新古典综合学派将保持国际收支平衡纳入货币政策目标后，马－凯经济学的货币政策目标扩展为 4 个：物价稳定、经济增长、充分就业、国际收支平衡。

马－凯经济学多重目标的货币政策看上去很美，但经常是鱼和熊掌不可兼得。如果

货币流通速度不变，经济增长的必要条件之一是货币供给增长，而货币供给增长会带来物价上升的压力，减少货币供给则会抑制经济增长，进而抑制充分就业。

前文已述，货币量增长率 m、货币流通速度增长率 v、价格增长率 p、交易量增长率 t、就业量增长率 l 以及人均收入增长率 e 之间的关系为：

$$m+v=p+t=l+e$$

如图 7－1 所示。

7.2.1.1　市场经济中，“国际收支平衡”难以成为货币政策目标

根据蒙代尔的三元悖论，一个国家的开放经济政策有三种选择：①独立的货币政策；②官定汇率；③资本自由流动。对于这三者，一国只能三选其二。

①、③是市场经济不可或缺的基本要素，那么，②就必须放弃，即汇率不能官定，只能由市场决定。

2017 年，全球最大的贸易顺差国家是中国，全球最大的贸易逆差国家是美国。有趣的是，中、美两个国家的货币政策都较少涉及国际收支平衡。

实际上，按照蒙代尔的三元悖论放弃官定汇率时，“国际收支平衡”也就不重要了，无非是，贸易盈余，可以多买国外的商品，贸易赤字，则少买国外的商品。

7.2.1.2　经济增长，有利于充分就业，很难做到物价稳定

古典、新古典经济理论中的“物价稳定”，多指通货膨胀率 $p=0$。

在 $m+v=p+t=l+e$ 中，经济增长是由 m、v 的增长率共同决定的。

也就是说，$m+v$ 与价格增长率 p、就业增长率 l 都是有条件的正相关关系。意味着在“经济增长”时，有利于“充分就业”，很难做到“物价稳定”。

更大的困难是，弗里德曼提出“自然失业率”概念后，已经没有人知道什么是“充分就业”，使得“充分就业”的货币政策目标完全没有了衡量“充分就业”的标准。

7.2.1.3　物价稳定（通货膨胀率 $p=0$）时，不利于经济增长，很难做到充分就业

在 $m+v=p+t=l+e$ 中：

$$p=m+v-t=l+e-t$$

上式表明，价格增长率 p 与决定经济增长的 $m+v$ 以及就业增长率 l 都是有条件的正相关关系。意味着“物价稳定”（通货膨胀率 $p=0$）不利于“经济增长”，很难做到“充分就业”。

经济增长是一连串事件的结果，涉及太多因素，诸如产权、政府作为、社会安全、战争、市场规模、公民的平均年龄、人口存量、人口增量等。中央银行对这些因素鞭长莫及。在兵荒马乱的年代，神仙做中央银行行长也不可能完成物价稳定、经济增长、充分就业和国际收支平衡等四项目标任务。

因此，自 1990 年代以来，主要市场经济国家的货币政策目标基本上放弃了马－凯经济学的“四大”货币政策目标。

中央银行的首要责任，也是货币政策的首要目标，是控制通货膨胀率，兼顾就业率。

7.2.2 通货膨胀点目标

信用货币彻底脱离金本位后，需要一个锚点去衡量货币供给量的适当性。这个锚点，无疑是通货膨胀率，或者说，信用货币是“通货膨胀率本位”。

正常人的体温是很稳定的，但不是0℃。保持稳定、适度的体温，是保证新陈代谢和生命活动正常进行的必要条件，是数亿年试错演进的结果。人的体温调节中枢将人的体温控制在36.8℃左右（正常范围在36.3℃~37.2℃）。

通货膨胀率，是经济体温，不可过高，也不可过低。中央银行是经济体的温控机构，用基础利率把通货膨胀率控制在一个恰当的点，就是中央银行的任务目标。

利率，可以控制和影响通货膨胀率。但是，在没有确定通货膨胀率目标之前，无法确定“合适”的利率水平。

进一步的问题是，通货膨胀率目标，是点目标、区间目标、上限目标，还是下限目标？

区间目标，如2%~5%，涉及区间幅度如何规范的问题。在这个区间目标里，2.1%、4.9%都符合要求，但这两种通货膨胀率匹配的经济运行状态，差距很大。区间目标增加了中央银行的裁量权，也降低了中央银行的责任。

上限目标，例如不高于5%，便意味着中央银行没有控制通货紧缩责任。

下限目标，例如不低于2%，便意味着中央银行没有控制通货膨胀责任。

本书的规则是，用基础利率控制通货膨胀点目标是中央银行必须完成的任务和责任，不能高，也不应该低。通货膨胀点目标设定为3.7%时，高于3.7%就是通货膨胀，低于3.7%就是通货紧缩。这样一来，相对固化了通货膨胀率，也有了评判基础利率恰当性的标准。

实际利率，是影响消费、投资的重要指标。实际利率=名义利率－通货膨胀率。严守通货膨胀率3.7%的点目标，就稳定了通货膨胀率预期，也基本稳定了实际利率预期。此时，实际利率=名义利率－3.7%。

明确通货膨胀率点目标后，甚至在法律确定通货膨胀率点目标后，货币政策才有可能不受政府干预，不受错误舆论左右。

对于通货膨胀点目标，需要防止高于目标，也需要防止低于目标。若把通货膨胀点目标设定为3.7%，当CPI高于3.7%时，需要提高基础利率，用高成本货币把CPI降下来；当CPI低于3.7%时，需要降低基础利率，甚至实行负利率，用低成本货币把CPI拉起来。

维持稳定的3.7%的适度通货膨胀点目标时，负利率这种非常手段也许就没有用武之地了。中央银行发行的货币需要在质量、数量上同时符合经济要求。所谓质量，就是相对稳定的通货膨胀率点目标。

泰勒规则的利率政策有三个目标：通货膨胀率、GDP 缺口和失业率①。GDP 缺口大和失业率偏高，归根到底是总需求不足问题，是通货膨胀率控制问题。用基础利率控制通货膨胀目标，兼顾了 GDP 缺口的弥补和就业的改善，即只需将通货膨胀目标提高一些。

而且，泰勒规则的逻辑是基于费雪效应，而信用货币条件下不存在费雪效应。见本书 10.2.7。

此外，各个国家之间的 GDP 可比，而货币层次 M0、M1、M2 分类并不完全可比。M1、M2 总量不仅与 M0 有关，也与人均收入水平有关，还与一个国家间接金融、直接金融的体制有关。一个国家，如果直接金融不发达而间接金融较发达，如股票市场不发达而商业银行较发达，M1、M2 就会偏高；否则偏低。因此，不能用 M1/GDP 或者 M2/GDP 来衡量货币发行数量的恰当性，更不能用 M2/GDP 来评判是否“货币超发”。

7.2.3 用基础利率控制通货膨胀点目标

利率政策，是指中央银行的“调整基础利率政策”，而不是指政府的“管制市场利率政策”。市场利率由市场决定，是市场经济的基础要件。

基础利率，能控制总需求 MV、价格 P 等。

通货膨胀率，则能影响总需求 MV、价格 P 等。

多变量扰动，会增加货币政策的难度。设置通货膨胀点目标的好处是固化预期，对于数值确定的通货膨胀率预期，人们不再博弈于通货膨胀率 p，剑桥方程式 $K = M/PT$ 中的 K 值，交易方程式 $MV = PT$ 中的货币流通速度 V，也将相对稳定。

决定债务货币需求量及债权货币使用的，是实际利率，不是名义利率。实际利率 = 名义利率 - 通货膨胀率。实际利率不仅和名义利率有关，还和通货膨胀率有关。

债务货币、债权货币的需求量与使用，关乎货币总量 M，也关乎货币流通速度 V，二者共同决定了总需求 MV。

基础利率，既控制货币量，也控制名义市场利率，继而影响实际市场利率。将通货膨胀点目标作为中央银行的名义锚时，出现通货膨胀，中央银行就提高基础利率；出现通货紧缩，中央银行就降低基础利率。

有效需求是经济增长的动力，通货膨胀率是影响有效需求的关键变量，通货膨胀率低于阈值是通货紧缩、有效需求不足的主要原因，保持适度通货膨胀率可以常规性抑制

---

① Taylor, John B. Discretion versus policy rules in practice[J]. Carnegie - Rochester Conference Series on Public Policy,1993(39): 195 - 214.

有效需求不足。基础利率，则是控制货币量和通货膨胀率的工具，当然也是控制总需求的工具。

通货膨胀点目标设为3.7%时，CPI高于3.7%就是通货膨胀。需要提高基础利率，用高成本货币抑制投资和消费，直至CPI降到3.7%；CPI低于3.7%就是通货紧缩，需要降低基础利率，包括运用负利率，用低成本货币鼓励投资和消费，直至CPI升到3.7%。如图7－2所示。

通货膨胀时，提高基础利率并且实际利率上升，将增加债务货币的使用成本，迫使商业银行将贷款归还给中央银行，减少了货币供给 M，也将提高债权货币的收益率，降低货币流通速度 V。于是总需求 MV 下降，价格下降，通货膨胀也就得到了控制。

通货紧缩时，降低基础利率，不惜负利率，并且实际利率下降，降低了债务货币的使用成本，鼓励商业银行从中央银行增加贷款，增加了货币供给 M，也将降低债权货币的收益率，提高货币流通速度 V。于是总需求 MV 上升，价格上升，通货紧缩将得到缓解。

图7－2表明，货币流通速度 V 不变时，增量货币 m 用于投资与消费，是总需求 MV 上升、经济增长的必要条件。因此，用适度通货膨胀率维持货币流通速度 V 的稳定，用增量货币 m 保证货币总量 M 增长，是经济总量GDP（也是总需求 MV）长期稳定增长的重要条件。

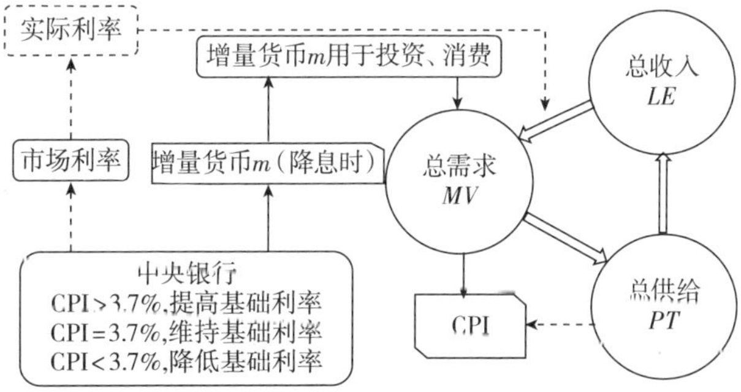

图7－2　通货膨胀点目标为3.7%时，基础利率与国民经济循环 $MV \to PT \to LE$ 之间的关系。实际利率决定总需求 MV，即实际利率同时影响总收入 LE 和增量货币 m 用于投资和消费

另外，在没有达到3.7%的通货膨胀点目标值之前，降息，降低了货币使用成本，不仅促进了国内经济增长，提高了收入增长速度，还能提高本国居民投资国外的货币成本竞争力，增加本货币区居民的海外资产。

在 $MV=PT=LE$ 中，若货币流通速度 V 相对稳定，未突破通货膨胀率目标，经济持续增长，则意味着货币量 M 必须持续增长。若 M 是中央银行对债权货币持有者的负债，也就意味着中央银行的负债表将持续扩张。在货币流通速度 V 稳定不变时，中央银行减少货币供给、资产负债表“缩表”，就意味着经济将衰退。

负责货币发行、实施货币政策的中央银行，其资产负债表与企业的资产负债表仅仅是名称一致，两者的内涵、功能、意义则完全不同。用企业的资产负债表去衡量中央银行的资产负债表注定很荒唐。

CPI，是经济自身状况警示信号，不是经济发展前方的指路明灯。货币政策，不仅是主动控制变量，也可能不得不被动接受不可改变的当前经济环境。加息，会抑制需求 *MV*，也会抑制供给 *PT*，反之亦然。通货膨胀点目标，不是一成不变的永恒。通货膨胀点目标为 3.7%时，也不一定在通货膨胀率高于 3.7%时就要加息，低于 3.7%时就要降息。具体情况，需要具体对待。例一，2019 年 11 月中国 CPI 同比上涨 4.5%，就应该加息吗？究其原因，非洲猪瘟导致生猪存栏量大幅度下降，当月猪肉价格上涨 110.2%，猪肉影响 CPI 上涨约 2.6%，扣除猪肉价格上涨因素的 CPI 是 1.9%，远低于 3.7%的通货膨胀点目标。例二，2020 年 1 月中国 CPI 同比上涨 5.4%，就应该加息吗？因为新冠肺炎疫情，很多地区封城、封路，生产、物流处于半停顿状态，消费品供给不畅，需求 *MV* 下降的同时，商品或服务供给 *T* 下降更多，导致 *P* 上升（变动率主要表现为 CPI 上升）。若此时加息，对消费需求的抑制不明显，对消费供给的抑制则后果严重。

7.3 负利率政策的有效性

7.3.1 负利率政策的逻辑

降低名义利率，但是实际利率上升。债权货币收益提高，持币不购是上策，债权货币的流通速度 *V* 将下降。债务货币成本提高，继续持币是下策，债务货币将退出流通回归商业银行，商业银行将其再归还给中央银行，货币存量 *M* 将下降，总需求 *MV* 下降，货币政策无效。

降低名义利率，而且实际利率下降。债权货币收益降低，减少持币，增加投资和消费是上策，债权货币的流通速度 *V* 将上升。债务货币成本降低，货币需求扩大，更多的货币从中央银行贷出用于消费和投资，货币存量 *M* 将提高，总需求 *MV* 上升，货币政策有效。

因此，通货紧缩时，降息扩大总需求，可能有效，也可能无效。而决定利率政策是否有效的关键因素是实际利率是否降低，以及降低多少。

消费价格、资产价格崩溃，也是货币价格恶性升值，导致实际利率居高不下。降低名义利率，不惜负利率，并且降低实际利率，才能够降低债务货币的使用成本，降低货币价格，逆转实际利率上升，消除经济危机。

凯恩斯主义认为，将名义利率降到 0，依然不能逆转以通货紧缩为特征的经济萧条，意味着货币政策进入了“流动性陷阱”，货币政策不再有效。

事实是，发生通货紧缩，例如通货膨胀率为 –4% 时，即使名义利率为 0，实际利率仍然高达 4%；即使名义利率为 –1%（负名义利率，已经超出了凯恩斯理论的解释范畴），实际利率仍然高达 3%。这种不到位的降息行为，难以增加流通中的货币量 M，也难以提升货币流通速度 V，当然难以提升总需求 MV。

但是，依然是发生通货紧缩，例如通货膨胀率为 –4% 时，若将名义利率降至 –6%，迫使实际利率降至 –2%，通货紧缩、经济萧条将立即得到逆转，“流动性陷阱”立即消失。

通货膨胀率目标值为 3.7% 时，为了挽救崩溃的价格，降低基础利率没有幅度限制，甚至可以实施负利率，直至通货膨胀率回升到目标值 3.7%。危机解除后，再逐渐将利率调整到正常状态。

实施利率政策，甚至负利率政策，不可能无效，见图 7–3。利率政策是工具。要达到目的，加息，必须提高实际利率，降息，必须降低实际利率。利率政策、负利率政策是否有效，在通货膨胀率（图 7–3 右轴 p）既定时，取决于加息、降息（图 7–3 左轴 i）的幅度，取决于是否提高、降低了实际利率 r。

不考虑政治因素、自然灾害等原因，在经济方面，若货币供给量未变，价格变动率突然崩溃至 –4% 是公众丧失经济信心所致。降息，是维护非货币资产价格，维护消费价格，挽救公众信心。在实际操作中，中央银行也许无须上述那么极端地把名义利率降至 –6%，就可以逆转公众信心。

通过降低基础利率抑制通货紧缩、消除经济萧条，必须达到两点：第一，降低实际利率。第二，通货膨胀率要回到阈值之上的点目标。

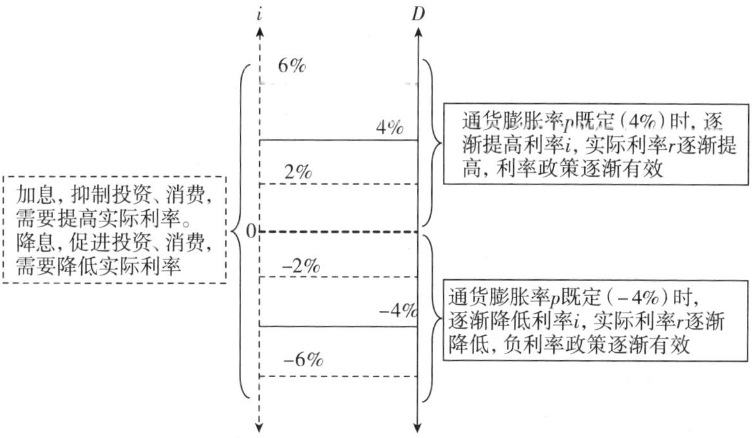

图 7–3　实施利率政策，甚至负利率政策，不可能无效

7.3.2 负利率政策的实践

2009年8月，人类首次实施名义负利率，至2018年已近10年。这近10年里，欧元区、丹麦、瑞士、瑞典和日本等经济体的中央银行都实行过负利率政策。有大量实证研究这10年负利率政策有效性的论文，也有一大堆高大上的公式、模型等。其结论大抵一致：负利率政策无效。

通货紧缩时期，负利率政策是否有效取决于实际利率下降幅度，以及能否推升通货膨胀率回到正常目标值。从这些经济体的中央银行实施负利率政策过程及结果看，虽然他们在执行负利率政策，但降低基础利率的步伐太小。看似降低了名义利率，实施了负利率政策，实则提高了实际利率。例如，通货膨胀率从0下降到-2%，若利率仅仅从0下降至-0.1%，实际利率不降反升1.9%。

$r=i-p=-0.1\%-(-2\%)=1.9\%$

通货紧缩时期，反而提高了实际利率，当然不可能让通货膨胀率回到阈值之上的点目标。

实际利率降低，负利率政策将“拦截”通货紧缩，推升通货膨胀率，利率政策有效。

实际利率没有降低，甚至实际利率继续上升，负利率政策只是在“尾随”通货紧缩，利率政策当然无效。

严重经济危机（1929年美国经济大萧条、1998年亚洲金融危机、2007年美国次贷危机）的共有特征是资产价格、消费价格崩溃，实际利率飙升。

表7-3显示，尽管1929—1933年美国的名义利率在下降，因为通货膨胀率下降太快，实际利率反而在上升。其中1932年实际利率达到14.8%。

表7-3 美国大萧条时期的名义利率、通货膨胀率、实际利率

项目	1929年	1930年	1931年	1932年	1933年
名义利率	5.3%	4.4%	3.1%	4.0%	2.6%
通货膨胀率	0	-2.5%	-9.2%	-10.8%	-5.2%
实际利率	5.3%	6.9%	12.3%	14.8%	7.8%

从表7-3也能看出，美国大萧条时期发生了严重通货紧缩，美联储像小脚老太太一样迈着小碎步在降息，实际利率反而成倍上升，导致利率政策无效。1929—1931年美联储一直在降息，因为通货膨胀率下降更快，实际利率却从5.3%上升到12.3%。在通货紧缩继续恶化的1932年，美联储反而加息，当年的实际利率则高达14.8%。

利率政策不可能无效。水没有沸腾、汽化，是因为温度还没有高于沸点；水没有结冰，是因为温度还没有低于冰点。想象一下中央银行将利率提高到100%或者降低到-100%时公众的反应，就能瞬间理解：利率政策，不可能无效。

在仅中央银行有权发行货币的信用货币时代，理论上加息一定能够控制通货膨胀；降息，不惜负利率，一定能够消灭通货紧缩。实施负利率政策，需要方向正确，还需要力度合适。

负利率政策，不可能无效。

为了摆脱2007年次贷危机带来的经济萧条，美联储采取了量化宽松政策，并且从2008年11月开始连续84个月将联邦基金利率降至0.25%。如果2009年美联储也实施负利率政策，如Vasco Cúrdia（2019）模拟美联储将利率继续降至-0.25%与-0.75%的结果表明，把利率降至-0.75%可以更快逆转美国的通货紧缩，加速经济复苏，增加就业机会，美国经济衰退时间将缩短一半。

实证，不是证实；存在，不是合理。诸多实证研究结论认为“负利率政策无效”。究其原因，不是负利率政策无效，而是这些央行实行负利率政策力度不足，才导致政策无效。用这些中央银行的错误行为结果去做实证研究，可以证明中央银行操作错误，不能证明负利率的道理错误，更不能证明负利率的逻辑错误。

负利率政策之所以“无效”，是因为这些央行实施负利率政策力度不足。用这些央行的错误行为结果去做实证研究毫无意义。正因如此，前文“经济学的方法论”部分才会对“实证经济学方法论”持否定看法。

经济危机时，消费价格和资产价格崩溃，货币升值导致市场上流动性短缺，负实际利率可以迅速消除流动性短缺，避免危机蔓延、扩大。在1929年大萧条、2007年次贷危机发生消费价格、资产价格大崩溃时，尤其是这样。

8

全球经济一体化

斯密在《国富论》第三章中提出了斯密定理：分工带来效率；分工，是受市场规模限制的。市场规模的限制，也是一些国家在"中等收入陷阱"里无法爬出来的原因。

地球人，正在走向经济、政治一体化，形成全球共同体。

全球经济一体化，即信息市场、商品市场、服务市场和劳动市场的一体化，将解决抑制分工经济效率提高的市场规模问题。信息、商品、资金和人口的自由流动，是发达国家的投资机会，也是不发达国家的经济改善机会，是各方得利的制度安排。

全球政治一体化，即公共安全和公共服务的一体化，意味着有全球共同遵守的规则、法律。出现冲突时，任何人、机构、组织、国家政府都必须接受高于国家法律的全球性法律裁决，这些规则、法律、裁决将取代国家之间的国防、外交。

全球一体化后，从某方面说，一位律师甚至比国防部部长、外交部部长重要。

中国的改革开放之所以取得了成功，得益于明确产权和实施市场经济。明确产权，让市场发挥作用，也是全球经济一体化的基础。中国改革开放带来的高速经济增长还得益于13亿人口的庞大市场规模，得益于一体化的中国市场。到2017年，中国广东省的GDP总量超过欧盟排名第五的西班牙，也超过了澳大利亚、俄罗斯。

在今天看来，“互通有无”的传统贸易已经少了很多。

对于第一产业，即农业、采矿业等，有的农产品无法在不同地区种植，如香蕉不可能在俄罗斯种植，有的矿产在地球上分布不均匀，因此，第一产业在未来仍然是全球陆海空运输中“互通有无”的大宗商品。

对于第二产业的商品，可以在需求地设厂，也可以在原料地设厂，主要考量成本。相对完整的产业链也是设厂的重要考量。如美国的苹果手机多是由中国台湾企业在大陆生产的。

服务业的特征，是在实现前、实现后都不能储存，无法规模化生产、销售。开普敦人在本地可以买到巴黎的化妆品，不可能买到纽约的医疗服务。第三产业很难异地服务，这也是城市会越来越大、有专业技能的人才逐渐趋于短缺的原因。

中国的近代史中有“欧洲列强”概念。“欧洲列强”，实际上是诸多小国。小镇市场、小国市场要进行高度分工，获得分工效率，必将受到市场规模的限制。这也是欧盟必须统一市场、实现经济政治一体化的价值所在。国家之间的统一市场必须达到信息、人员、资金、商品的自由流动。当不同国家的公民自由流动于不同国家时，国家之间用“某国人”衡量的边界也就模糊了，政治一体化则是顺理成章的结果。

8.1 被政治分裂、被经济统一的世界

在人类漫长的历史中，民权与王权、威权的冲突持续最久。即使到了未来，由于价值观、宗教、民族、党派等不同，各种政治冲突仍将存在。

天下，分久必合，合久必分。曾经，在所有权边界不清时，土地为“天下”。合与分，多是以争议方式开始，以战争方式结束。

远古人类群居社会之初，没有产权去区分权利边界，也没有市场去交易权利。“溥天之下，莫非王土；率土之滨，莫非王臣”强调的是王权政府集立法、司法内、行政、家长角色于一身的威权。

在产权清晰的社会里，自然资源是企业、个人的资源，政府只是为服务企业和个人而存在。国界、州界、市界、县界内的政府，拥有的唯一资源是愿意交税接受政府服务的人，当政府辖区内所有的人全部用脚投票迁徙离开时，或者当政府辖区内所有的人用手投票更换政府领导人时，某个政治家的政府就自然消失了。区域政府之间是竞争关系，即用最低的税收提供最佳的公共安全和公共服务，吸引更多的公众迁入。

在产权边界清晰的未来，领土边界是普通的土地边界，人是“天下”，人是“世界”。合与分，仍是以争议方式开始，但是，会以法律判决方式结束。

在未来，正常党派、宗教对成员是服务而不是控制。政府提供公共安全和公共服务则是无差别面向全体公民，而不应该受到不同价值观、党派或宗教的影响。

政治在分裂世界的同时，经济则在统一世界。无论价值观、宗教、民族、党派有什么不同，地球上的任何人都有无差别的安全需求、商品需求和服务需求。

1958 年，里德在其文章《铅笔的故事》中证明，世界上没有人可以独自做出一支铅笔。

你用日工资可以买很多支铅笔，但你终生辛劳也不可能独立做出一支铅笔。能够用日工资的一小部分买到一支铅笔，你需要感恩世界上数亿人的共同努力、分工与合作。

当全球实现经济一体化时，信息、人员、资金和商品自由流动，跨国刑事犯罪就会频繁出现，各国共同认可的可以跨国调查罪犯的权力架构就会出现；跨国民事纠纷也会频繁出现，各国共同认可的跨国民事纠纷裁决机构、法院也会出现。从 2018 年看，这些权力架构、裁决机构、法院可能侵犯了国家主权。但是，提高了效率，有益于个人，有益于社会，也降低了各国政府的成本。

全球实现经济一体化、政治一体化是复杂工程，即使有益于人类，也不会一帆风顺。

$PT = LE$ 表明，更大的市场规模 PT 能容纳更多的就业 L、更高的人均收入 E。分工带来效率。但是，分工也是有成本的。地球人很难与外星人进行劳动分工，至少在目前是这样。

基于清晰产权和市场经济的全球一体化，能降低分工成本，降低交易成本，使得分工效率有益于普通居民。当分工成本大于分工收益时，人们会退出分工。

区域经济一体化是全球经济一体化的基础。已经初具雏形的区域经济一体化包括东亚、北美、欧洲等。俄罗斯远东地区距离欧洲核心约 1 万千米，就区域经济一体化而言，未来，俄罗斯远东地区与中国、日本、朝鲜半岛会实现更密切的东亚经济一体化，难以与欧洲实现密切的经济一体化。这或许不会是主动的政治安排，而是上帝之手的经济安排。

2018 年 470 万人口的岛国新西兰人均 GDP 全球排名较高，是因为其较高的国际分工依存度（意味着更大的市场规模）支持了岛内经济的分工深化。

蒙古国约有300万人口，相当于上海市浦东区人口数量的一半，这个人口数量不足以在内部独立支撑高度分工的经济效率。在地缘经济上，蒙古国与中国建立经济分工、协作关系，可以达到成本最低；如果刻意选择与其他国家建立分工、协作关系，则成本高昂。2016年，比邻蒙古国的中国内蒙古自治区的人均GDP是蒙古国的3倍。

8.2 经济一体化中的法律问题

8.2.1 产权与主权

国家，是与领土、公民相关的约定、契约。形式上，国家是立法机构法人、司法机构法人、政府法人等与相关自然人的集合。

合法的现代国家公权力，来自公民通过民主程序对立法机构法人、司法机构法人、政府法人的赋权。

任何一个法人架构都可能会被操控，如同公司治理中的“内部人控制”。如果一个国家的民主制度形同虚设，极权者出于私利，轻则腐败、侵占，重则杀害众多无辜，“二战”之后，仍然出现了很多极权政权导致的惨剧，这同时说明两个问题：第一，国家、主权、内政等概念的定义中还有很多王权思想的遗存；第二，联合国形同虚设。当然，官员的领带，都很漂亮。

当一个极权者出于私利、权欲而屠杀国民的时候，国家还在吗？主权还在吗？内政的边界在哪里？

在王权至上的社会，皇帝有权剥夺公众的生命、土地以及其他财产权利。在民权至上的社会，皇帝没有了，政府领导人是公民的服务者、社会的公仆。土地产权、商品产权的变更是买卖双方的自由交易。对于一个任意剥夺本国民众生命的总统（国王），国际社会（其他国家）有权剥夺这个统治者的位置、权力，恢复民主的立法、司法、行政系统。

8.2.2 联合国的局限性

高度经济一体化的世界，必然需要一定程度的政治一体化。比如跨国犯罪的立法、司法、执法问题。在目前的联合国架构下，跨国犯罪的立法、司法、执法问题不可能得到有效解决。

联合国作为第二次世界大战后成立的由主权国家组成的国际组织，为维护战后几十年的全球政治、经济秩序做出了贡献。但是，这种体制的局限性也很明显。

第一，无力统一全球的可比标准。在当今世界，国家之间的CPI、财政收支、就业衡量、收入水平、产权保护、市场化程度、破案率、道路质量、汽车拥堵、政府的支持率、政府的满意度等，名称相似，内容、范畴则各不相同，严格意义上也没有可比性。这就无法横向准确比较各国政府促进经济增长和提供公共安全、公共服务方面的质量。

第二，作为全球政治组织，联合国存在的合法性不足，既无力解决世界上迫在眉睫的问题，也不能在全球范围内为公众提供有效的公共安全和公共服务。

第三，靠决议管理世界，决议却没有强制执行的法律基础，而且决议可以被一个国家否定。

目前的联合国，没有未来；有未来的联合国，需要彻底改革。

在人类安全意义上，核武器等大规模杀伤性武器，是比疾病、病毒、地震、海啸更有危害性的恶魔，而联合国却既无权核查，也无权禁止。

8.2.3 宪法之间的同盟

全球经济政治一体化的目的，不是要削弱各个国家的政治经济权力或权利，而是使信息、人员、资金和商品自由流动，增进人类的共同福利。

美国政府，是各州（State）放弃国防、外交、跨州犯罪管控、跨州公路建设维护等权力而组成的联邦政府。State，原本含义是“国家，政权”。美国全称是“United States of America”，从美国的官方中文名称“美利坚合众国”，也能看出 State 的地位。

欧盟，作为未来的欧洲经济、政治共同体，与美国则不同。

地球联邦也罢，地球同盟也好，有意义的全球经济政治一体化需要保证信息、人员、资金、商品在全球的自由流动。例如，一个中国人可以自由地去任何一个中国地域定居、工作、投资，把自己的产品无关税卖到中国各地，说明中国已经实现了经济一体化；一个地球人可以自由地去任何一个国家定居、工作、投资，把自己的产品无关税卖到世界各地，说明全球已经实现了经济一体化。

关税，保护了落后，增加了消费者负担，政府则顺手抢劫了一笔财产。

实现理想主义的全球经济政治一体化，需要时日，需要从基础做起。例如，从两个国家、多个国家建立有利于全球经济政治一体化的同盟开始，诸如零关税同盟、自由市场同盟、自由移民同盟、禁止宗教歧视同盟、禁止性别歧视同盟、打击刑事犯罪同盟等。

8.3 全球视角的货币

2018 年 6 月 28 日，北半球的北京 35℃，正值高温酷暑；而南半球的墨尔本 2℃，冬意泛滥。

在一国内部，必须统一货币，不能并存两种或者两种以上的货币。因为货币竞争的结果，必然是通货紧缩。

在全球，则颠倒过来。世界上，不能只有一种货币。一种货币只有一个通货膨胀率，通货膨胀率是经济体温。即使全球实现了经济政治一体化，也不可能在全球统一货币。就像在地球上不应该只有一个季节、一种天气一样。即使实现了全球经济一体化，全球至少应该并存3种以上的货币，通货膨胀率目标分别为适度偏高、居中、偏低。当然，最好能够并存20种以上的货币。

货币，是交易媒介，无关国家主权。中央银行行长的人选也与国家主权无关，外国人也可以担任本国中央银行行长。英国财政大臣奥斯本2012年11月26日宣布，时任加拿大中央银行行长马克·卡尼（Mark Carney）将出任下一届英国中央银行行长。

对于英国来说，加入欧洲共同市场，加入全球共同市场，对英国有好处。但是，放弃英镑，统一使用欧元或者“地球元”将使英国失去很多选择。

妥善执行一种货币政策是复杂的技术问题，很小的经济体未必有能力建立一个“小而全”的货币体系。大国选择货币政策，小国则选择货币。就像2010年代有很多国家选择美元、欧元作为本国流通货币一样。

8.3.1 垄断铸币中的铸币税与铸币亏损

信用货币时代，中央银行的钞票多是“租”给商业银行的，基础利率（再贴现率、拆借利率）是租金收入。在货币发行中，商业银行把中央银行的钞票“借”走了。中央银行不是在“花钱”，它没有“买到”任何东西。中央银行不能支配货币发行收入，不能直接用自己印制的钞票去购买，去支付。正因如此，在现代社会，中央银行的“收入”、其员工的工资与中央银行的货币发行量无关。

而且，当基础利率为负时，中央银行的发行收入是负值，是在“亏损”。

这在历史上的金属本位货币时代，则区分为铸币价值大于金属价值或小于金属价值两种情况。

当铸币价值小于等重的金属价值时，铸币是件不划算的事情，得不到铸币税。或者说，铸币税是负值，有铸币权的官方缺少铸币的积极性，导致货币供应量不足，出现通货紧缩。

当铸币价值大于等重的金属价值时，铸币是件赚钱的差事，有铸币税可赚。有铸币权的官家有铸币的积极性，会导致货币供给过剩，出现通货膨胀。这时，私铸现象也会出现，假币泛滥则加剧了通货膨胀。

中国历史中，毁钱铸器有利可图，会导致货币供给减少，货币短缺。北宋时期，

“销熔十枚铜钱，能得精铜一两，造作器物，获利可达五倍”。[①] 到了南宋，“百姓以十文钱销熔得铜一两，铸为器可得钱一百五十文”。[②] 在这个意义上，人类历史上第一张纸币“交子”出现于宋朝也有其必然性。

在某些欧洲国家的历史中，官方用20克黄金铸造1个金币，而20克黄金的价格超过1个金币，即1个金币买不到20克黄金。于是，官方已经铸造出来的金币就会被民间熔化为黄金，货币消失了，因此货币还是短缺。这也是另类的货币竞争、货币价格相对论问题。

税，是政府收入。而信用货币，是中央银行按照货币规则“发行”出来的。在发行过程中，中央银行不能自发货币作为自己的工资，也不能自发货币后用来购买商品或服务。

在一国内部无限法偿的信用货币时代，没有印上符号的纸张与印上符号的纸币（信用卡上的货币纯粹是数字符号）之间有天壤之别。纸张不能购买任何商品或服务，因此非商品本位的信用货币不存在铸币税问题。

应用经济学

美国的对外贸易战

前文已述，非商品本位的信用货币不存在铸币税问题。但国家之间则不同。2010年代，美元是各国主要的外汇储备。对于全球最大的外贸逆差国美国来说，相当于用一张纸买到了贸易顺差国实实在在的商品或服务。一张100美元的钞票印刷成本也许只有1美元，却可以购买100美元的国外商品。其中的99美元相当于美国向其他国家征收的铸币税。

当美元是各国主要的外汇储备时，任何国家都可以争取对美出口多于进口，获得外贸净顺差，获得美元外汇。唯独美国不可以。当美国也是出口多于进口，获得外贸净顺差时，美国之外的国家靠贸易得到美元外汇的可能性是0甚至为负数。那么，美元的国际货币地位，即主要外汇储备货币地位将不保。对全球经济而言，这未必是坏事。

商品、信息、资金、人员的自由流动，即经济一体化，是大势所趋，是终极结论。无论城市内部、国家内部还是全球，经济一体化中商品的自由流动，当然是以0关税为前提的。

经济一体化，会彻底冲击既有的政治、经济体系。比如，一个司法管辖机构或许有权在全球范围内独立调查刑事犯罪。而在今天看来这是侵犯国家主权。

国家之间的贸易争端，看似源于商品，而实际上源于信息、资金、人员没有同步自

① （宋）张方平《乐全集》卷二十六。

② （宋）章如愚《群书考索》后集卷六。

由流动。

中国改革开放取得的巨大成就得益于国内经济一体化形成的庞大市场。例如，在这个市场中，广东、甘肃是中国国内经济一体化的组成部分，商品、信息、资金、人员自由流动是天经地义的事情。如果广东、甘肃是互设边界、关税的独立体，广东卖给甘肃一只电饭锅，甘肃卖给广东一盒枸杞，都会成为贸易争端的起源。

顺差者降关税，最终互相零关税，是正途。顺差者拒绝降关税，逆差者报复，则是在倒退。补贴出口，是补贴外国消费者，没有比这更傻的事情了。

目前的困难是，国家之间缺少“准货币”。如果美国没有逆差，全球就没有外汇，国际贸易就没法进行。美国，想打破既有规则，而没有新规则。

这一部分，是对2018年7月美国同时发起美中、美欧、美日、美加、美墨、美印等贸易战的一个点评。

8.3.2 经济体内部的货币竞争与贾谊法则

8.3.2.1 经济体内部的货币竞争

全球应该有多个货币区，并存多种货币。但是，在一个货币区内部，则只能存在一种货币。在一个货币区内部多种货币并存，将是灾难性的。

哈耶克在《货币的非国有化》中反对货币由政府垄断发行①。在哈耶克的理论体系中，要彻底解决通货膨胀问题，就应当让商业银行自由发行货币。不同的货币在市场上互相竞争，为了不被淘汰，发钞的商业银行就会极力维持币值稳定，减少货币供给。

货币竞争会减少货币供给。如费雪方程式拓展 $MV = PT = LE$ 的一个推论是，在货币流通速度相对稳定的前提下，没有增量货币供给，不可能有长期经济增长。古今中外，概莫能外。弗里德曼的研究表明，货币数量下降全部伴随着经济萧条②。梅耶等的研究还表明，不仅货币供给数量不可下降，货币供给增长率也不可下降，“美国1908年以来的经济衰退多与货币供给增长率的下降有关”③。

基于此，弗里德曼需要否定奥地利学派、芝加哥学派的重回金本位，还要否定哈耶克的《货币的非国有化》等货币理论。但是，自由主义者弗里德曼同样不希望货币量是一个受控于政府的经济变量。因此，弗里德曼的“单一规则”，指货币供给量每年增长3%～5%，而且，不受政府左右④。

单一规则，没有在任何一个国家持续实践过。经济过热时，实施单一规则是火上浇

---

① Friedrich A. Hayek. Denationalization of Money[M]. London: The Institute for Economic Affairs, 2nd Edition, 1978.

② 弗里德曼.资本主义与自由[M].北京:商务印书馆,1982:50.

③ 梅耶,杜森贝里,阿利伯.货币、银行与经济·导言[M].北京:上海三联书店,1994.

④ 弗里德曼.资本主义与自由[M].北京:商务印书馆,1982:54.

油；经济萧条时，3%～5%的货币供给量增长可能远远不够。

今天看来，坚持自由主义的哈耶克和弗里德曼的货币理论把货币政策等同于政府干预，把少用货币政策等同于减少政府干预。理想主义有余，应用价值不足。

哈耶克的“货币的非国家化”，竞争货币并存，在历史上屡见不鲜，就是复本位、多货币并存。

8.3.2.2　贾谊法则

多货币并存，互相竞争，人们卖掉贬值货币买入升值货币，就能无风险套利。在市场表现上则是“劣币驱逐良币”，也被称为贾谊法则（Jiayi's Law），或者叫格雷欣法则（Gresham's Law）。

公元前2世纪即我国西汉时期允许私人铸币，这是另类的复本位，因为不同货币内在价值不同。贾谊（公元前200—前168年）向汉文帝指出了“奸钱日繁，正钱日亡”①现象。这里的“奸钱”指的就是劣币，“正钱”指的是良币。因为有价值的“正钱”被人们保留、储藏，而没有价值的“奸钱”充斥市场用于购买。贾谊认为，私铸货币，不同钱币同时流行（类似复本位）后果严重，铸钱各不相同，钱币混乱，私铸盈利丰厚，弃农铸钱，妨碍农业生产，致使“奸钱日多，五谷不为多”②。

在贾谊法则提出1700年之后的英国，金币与银币并存，官方定价与市场比价不同，被官方低估的良币会被人们保留、储藏，而被官方高估的劣币充斥市场。托马斯·格雷欣（1519—1579年）将此现象称为“劣币驱逐良币”，也称格雷欣法则。

在现象上，是劣币驱逐良币；在本质上，是良币驱逐劣币。

在流通职能上，是劣币驱逐良币；在储藏职能上，是良币驱逐劣币。

8.3.3　社会达尔文意义的货币威权与货币竞争

在一个国家内部，要统一市场，只能存在一种货币。

哈耶克认为，货币发行者是通过货币升值来抢夺货币使用者的，如同商品生产者是用高质量、外观漂亮的商品来争取消费者。在多货币并存的、竞争性的自由发行货币体系中，迅速贬值的货币终将被淘汰。问题是，最容易被抢夺的货币不仅是币值稳定的货币，更是不断升值的货币。货币不断升值必然导致货币流通速度下降和对商品需求的下降，持币者对商品和服务将失去兴趣，货币成为投资品，持币成为目的，后果可想而知。也就是说，不断升值的货币将使“货币购买商品”的逻辑颠倒为“商品购买货币”的逻辑，不是货币选择商品，而是商品选择货币。基于货币媒介的市场交换经济的基本伦理将出现问题。即商家出售商品时，指定只要升值的A货币，不要币值稳定的B货

---

① 贾谊. 新书·铸钱［EB/OL］. http://www.cssn.cn/shujvkuxiazai/xueshujingdianku/zhongguojingdian/zb/rj/xs/201311/t20131120_850668.shtml.

② 司马光. 资治通鉴(第14卷)［M］. 北京:中华书局,2004.

币或贬值的C货币。

为了不被市场淘汰，劣币倾向于成为良币，良币倾向于成为升值更快的“财宝”，等于货币在整体升值，商品在贬值，通货紧缩自然出现。于是，货币流通速度下降，货币对商品的需求下降，结果是经济衰退。

另外，私人货币不是被市场选择，而是被地方官僚控制、垄断并且无度发行时，将会助长地方官僚的政治势力。在历史上，图谋自己发行货币并且限制区外货币流通的地方官僚、军阀、叛军，都有越界的政治企图。

在一个国家内部，只能存在一种货币，而且，只能是货币购买商品，而不是商品购买货币。在“货币购买商品”的市场经济中，是货币选择商品。尽管纸币面相呆板、道貌岸然而且严肃，但只要信用货币币值相对稳定，为了取悦货币会不断设计新品种商品，当然也包括漂亮的包装。因此，我们看到市场经济中的商品琳琅满目、多姿多彩、赏心悦目，而厂家之间的竞争也会不断提高商品质量，降低价格。

在社会达尔文意义上，我们则无法判断应该是“货币选择商品”，还是“商品选择货币”。无论“货币选择商品”，还是“商品选择货币”，都是单向选择。可以肯定的是，货币与商品双向选择、自由恋爱，选择成本和交易成本极高。

在配偶选择权上，人类经历了漫长的男权社会，孔雀则经历了漫长的雌权社会。被选择的时间结果是，女人多很美丽，雄孔雀多很漂亮，而雌孔雀与人类的很多大老爷们一样与漂亮基本无关。人类学家对母系社会的考察也是如此，在男人无权选择女性配偶，女人有权选择男性配偶的母系社会人类部落里，持续进化、淘汰的结果是，女人的面部特征多是刚毅、强悍，而男人似乎更柔美。因此，美女稀有，俊男众多。

社会达尔文的观点并不适合基于货币媒介的市场经济，即货币选择商品，而不是商品选择货币，更不是商品与货币互相选择的“自由恋爱”。货币的无限法偿，是一种单向选择权力，是基于媒介货币的市场经济基础，即法定货币支付（购买商品、偿还债务、缴纳税款），收款人不得拒绝接收，更不能自由选择其他货币。例如，在中国，不允许商家选择性要求使用美元；在美国，不允许商家选择性要求使用人民币。

货币的单向选择权降低了选择成本。适度通货膨胀、不断贬值的货币则可以避免持币者不愿意释放货币去购物和消费，避免了多货币互相竞争时货币升值带来的经济萧条。

单向选择权，只是时间简史中的一个点，是生命进化的一个阴谋，是经济进化的一个阳谋。持币的乘客在选择航空公司时，被选择者或许应该像某些航空公司那样去维护自己的高贵血统：接受货币选择自己，否则航空公司无法生存，但又有权拒绝劣迹乘客。当航空公司自定“劣迹乘客”标准时，这是反向选择权，也是最终决定权。

虽然货币选择商品，但在人们正常的资产结构中，非货币资产远大于货币资产。当人们的资产结构中非货币资产趋于减少且货币资产趋于增加时，经济一定趋于萧条。就像股市，股民持股趋于减少、持币观望趋于增加时，股市一定趋于萧条。股民持股趋于减少，股市趋于萧条，这是现象。本质是，股价下跌意味着货币升值，持币更合算。

8.3.4 选择货币政策与选择货币

在不同的经济发展阶段，选择不同的货币政策，有利于促进经济的稳定快速发展。

前文已述，通货膨胀率过高，会让参与货币经济分工的人抛弃货币，退出以货币为媒介的分工；通货膨胀率过低甚至为负值，则会让参与货币经济分工的人窖藏货币，退出以货币为媒介的分工。

前文用 $MV = PT = LE$ 也证明，适度偏高的通货膨胀率，如4%，会使持币者提高货币流通速度 V，经济需求 MV 也较旺盛，则商品交易 PY 趋于活跃，在竞争性的市场机制下，有利于就业量 L 和人均收入水平 E 的提高。适度偏低的通货膨胀率，如1%，会使货币流通速度下降，经济节奏放慢，工作机会增长趋缓甚至减少，收入增长趋缓甚至降低。

若视个体（自然人、企业）为经济细胞，通货膨胀率便是经济体温。

若视个体（自然人、企业）为独立经济动物，通货膨胀率则是环境温度。

一个经济落后的国家由自然经济进入商品交换经济的过程中，保持适度偏高的“经济体温”有利于缩短一个国家从低市场化状态进入高市场化状态的时间，从而迅速成为经济发达国家。这也同样意味着，一个高度市场化的国家（如美国）与一个低度市场化的国家（如阿富汗）的“经济体温”应该有所区别。如同我们用“活泼”去形容一个成长中的儿童，而用“安详”去形容一个老人。就业率很高的完全市场化国家未必适应偏高的货币流通速度。因此，同样是5%的通货膨胀率，发展中国家的居民习以为常，发达国家的居民则忍无可忍。

一个小国家取消本国货币，与其他国家一起使用同一种货币，同时与其他国家实现信息、资本、商品、人员就业的自由流动，相关国家的公众福利一般会增加，如欧元区。原因是，更大的共同市场扩大了市场范围，促进了分工，而分工可以带来报酬递增。

一个成长中的经济体与一个成熟的经济体应该有不同的“经济体温”。就2018年看来，如果“欧元”是富人俱乐部的入场券，“欧元”的目标是追求偏低的通货膨胀率，那么“欧元”注定不适合一些经济比较落后的非洲国家，欧盟内部的低收入国家也同样不适合使用欧元。在这个意义上，对于任何欧盟国家，成为欧盟统一大市场中的一员是有益的，使用欧元则未必有益。

若没有其他因素的影响，可以肯定的是，即使在一个发达国家，通货膨胀率适度偏高也会带来更好的经济活力。更深层次地考虑会发现，高通货膨胀率、高增长率未必就好。在温饱得到解决后，经济增长率的好坏是一个自我价值判断。我们无法判断只要是夏天就好，经济繁荣就好；也无法判断只要是0℃以下的冬天就不好，经济萧条就不好。

实施货币政策，是极其复杂的技术活，没有大量专业人才未必能做好这个技术活。大型经济体选择货币政策，小型经济体也可以选择适合本国的外国货币。里子、面子都要的话，还可以让本国货币通过联系汇率放弃独立的货币政策，免费搭车。诸如选择适于经济稳定的货币政策或货币，或者选择适于经济发展的货币政策或货币。

汇率自由化是趋势，保持小国货币的汇率稳定是困难的。国内市场经济正常运行的基本要求是价格由市场决定，健康的国际贸易则要求汇率由市场决定，那么，国际市场上就必然存在不同货币的买卖。在越来越庞大的国际流动资本面前，任何一个国家的货币都是被买卖或炒作的对象。小国货币因为盘子小，容易被拉抬或打压，更容易成为炒作对象。在股票市场和期货市场上，某一只股票或某一种期货价格的波动基本不涉及普通大众的生活。而汇率的剧烈波动则会影响公众的日常生活，导致社会动荡。例如，当一个国家的粮食供应主要靠进口的时候，其货币汇率波动将直接影响普通大众的生活质量。

当汇率自由化，并且货币资本国际流动自由化，一国的货币政策也会受到国外货币的影响。例如，一国国内出现严重通货膨胀，中央银行需要提高基准利率至15%以减少货币供给来抑制通货膨胀，而此刻美元基准利率为1%，欧元基准利率是负数，国内商业银行、工商企业就会从国外借入美元、欧元外债来赚取利差，外债倒逼国内增发货币，与加息的初衷相悖，低息增发货币则是火上浇油。在这个案例中，大量外债是潜在风险因素，也抵消了国内货币政策加息的作用。这段话，是对2018年8月土耳其汇率危机的一个点评。

8.4 中国的货币政策

1980—2010年代中国的高速经济增长主要得益于产权明晰、市场经济的实行以及国内经济一体化，超过10亿人口可以在这个经济体中实现信息、人员、资金和商品的自由流动。分工带来了效率，而庞大的市场成为分工的促进因素。至2018年，阻碍经济一体化继续深化的主要是北京、上海、广州、深圳、香港等一线城市对信息、人员、资金和商品自由流动的限制。

从1978年改革开放以来，中国取得了较长时间的高速经济增长，现在的经济总量已位居全球第二。尽管如此，在全球做横向比较，中国的人均GDP仍然比较落后。

2017年，中国大陆的人均GDP为9481美元，全球排名第70。卢森堡为111062美元，是中国大陆的11.7倍，全球排名第1。美国为60014美元，是中国的6.3倍，全球排名第5。日本为34486美元，是中国的3.6倍，全球排名第25。中国台湾为23940美元，是中国大陆的2.5倍，全球排名第33位。

依托法制的社会秩序，开放、竞争的商品和服务市场，民生导向的经济政策，适度宽松的货币供给，中国经济还会保持30年以上7%以上的高速增长，将成为全球最大的超级经济体，中国人也将成为世界上最富裕的群体。

基于此，未来一个时期，维持较高的经济增长速度仍然是中国货币政策的主要任务。

8.4.1 通货膨胀率目标

适度偏高的通货膨胀率目标，有利于促进经济增长、经济繁荣。

厉以宁教授曾经建议将中国的通货膨胀率警戒线提高到4.5%[①]。就经济发展阶段而言，中国目前的通货膨胀率目标以3.5%~4%为宜。2018年的中国还是一个发展中国家，人均收入不高，融资难、融资贵现象普遍存在。若通货膨胀率没有超过4%，则意味着中央银行应该降息，降低实际利率，降低资金成本，给缺乏资金的年轻人提供机会，给创业者提供机会，维持旺盛的经济活力，直至中国的人均收入达到全球领先水平，而后再行调整通货膨胀率目标区间。

8.4.2 利率市场化

利率市场化，是市场经济的基本组成部分，也是市场经济的基本要求。

基础利率调整是最重要的货币政策工具。利率没有市场化，中央银行的基础利率政策难以有效执行。在管制市场利率时，中央银行上调基础利率将导致商业银行利润大幅度下降；下调基础利率时将导致商业银行利润大幅度上升。

值得一提的是，大额可转让定期存单、理财产品本质上都是商业银行变相提高利率。所谓“金融创新”，是在利率管制背景下商业银行的不得已之举。

当P2P这类非银行体系的“金融创新”脱离金融监管时，金融风险随之而来，带来的新问题似乎成了政府机构加班、很忙、焦头烂额的原因。

管制市场利率违背了市场经济基本原则，让利率数据失真。实现利率市场化，管制利率带来的问题都可以迎刃而解。

8.4.3 存款准备金率

作为马-凯经济学货币政策工具“三大法宝”之一的法定存款准备金制度，2018年看来已经可有可无。很多国家取消了法定存款准备金。

---

① 厉以宁. 通胀警戒线可提至4.5%[N]. 新京报,2010-10-18(A23).

法定存款准备金降低了流动性，浪费了存款资源，增加了商业银行的经营成本，企业和个人融资成本上升，市场利率提高。

存款准备金制度最初是作为商业银行的安全工具出现的，如防止挤兑。巴塞尔协议的资本充足率监管已经覆盖存款准备金制度的安全工具功能。

在流动性方面，存款准备金与商业银行之间的拆借资金没有不可逾越的鸿沟。商业银行之间通过互联网可以无时差实现拆借。存款准备较少，在必要时进行银行之间的资金拆借，改善了流动性，也降低了资金成本。

9

天人合一

按照古典经济学的观点，金币、银币或许还有物品效用，而纸币、电子货币则没有任何效用。但是，没有信用货币就没有现代经济。媒介货币对于经济的重要性，如同水对于生命的重要性，获得越困难（货币不足），使用成本越高（利率高企），经济越萧条。

媒介货币，如水，在塑造着整个经济体的大环境。生存于这个大环境中的企业、个人，只能有三种生存方式：适应性生存、创造性生存和选择性生存。

达尔文的“适者生存”开阔了人们的视野，也局限了人们的思维。人类能够成为地球的顶级生物，不仅有“适者生存”方式，还有“创造性生存”方式以及“选择性生存”方式。

北极熊用厚厚的毛皮“适者生存”于北极圈，人类则用羽绒服、暖气“创造性生存”于北极圈。

今天的美国，则是欧亚非移民“选择性生存”的一个结果。

而且，“创造性生存”方式和“选择性生存”方式是人类的主要生存方式。

9.1 媒介货币，如水

(1)

水，没有任何营养，但是，没有水，就没有生命。

纸币、数字货币，用马－凯经济学衡量，没有任何“效用”，不能吃，不能穿，亦不能住。但是，没有纸币、数字货币，就没有现代经济。

(2)

月球，是地球最大的卫星。月球面对太阳一面的温度可高达127℃，背阳一面的温度可低至－183℃。

在人类的家园地球上，水大多流进了大海。如果没有太阳能，海水不可能蒸发到空中并且降雨在青藏高原和其他的陆地地区，重新流回到大海并且构成循环，基于落差的水流速度也将消失。如果没有大气层的保护将地球表面的温度控制在适度范围，“我们”生物，都不会存在。

在没有生命的星球上，时间，是没有生命的永恒。在宇宙星空，有很多星球有水，但还没发现除地球外其他星球有生命。其他星球全部的水始终都在高温汽化状态，或者在低温冰冻状态，不可能孕育和保存生命。

如果没有货币发行的控制，政府随意自由发行货币、印钱付账，如在宋朝纸币诞生的后期，必将带来恶性通货膨胀，货币经济必将崩溃。如同月球阳面127℃的高温状态使生物无法生存。

恶性通货紧缩，分工经济也将崩溃。如同月球阴面－183℃的低温，同样使生物无法生存。

在高温127℃、低温－183℃的状态，生物都无法生存。极端通货膨胀、极端通货紧缩这两种情况，都会毁掉基于分工的人类经济社会。

(3)

生物体，是自由水和结合水构成的。自由水，可以独立自由流动，结合水，是与其他物质结合在一起。骨骼、肌肉、头发等，都是结合水的一种形式。

M 是流通货币、P 是非货币资产价格、T 是非货币资产量时，全社会的财富总量是 $M+PT$，即全社会的财富总量是由货币量 M 和非货币资产 PT 构成的。流通货币 M 是

“自由水”，非货币资产 PT 是“结合水”。价格 P 是 7 元/个，你的非货币资产数量 T 为 8 个时，卖掉非货币资产，“结合水”PT 析出的就是“自由水”M，即 56 元货币（$PT=7$ 元/个 ×8 个 =56 元）。

媒介货币，如水。

自由水与结合水的比例影响着生物体的新陈代谢。

在寒冬，冬眠生物为了顺利过冬，就要降低体内自由水与结合水的比例，降低新陈代谢，降低能量消耗，此时保命要紧。春天来临时，水很温暖，而且“免费”。

剑桥方程式 $K=M/PT$ 中的 K 值，似乎是“自由水”M 与“结合水”PT 的比例。物价下降，货币升值，就是经济寒冬，人们的理性行为是储币拥有“自由水”，而不是储物拥有“结合水”。这似乎与冬眠生物的行为不同。原因在于，在经济春天到来时，货币不是免费的。而且，在经济冬天时，“自由水”货币 M 在升值，“结合水”非货币资产 PT 在贬值。

（4）

水，是生物的新陈代谢媒介，0℃以下甚至更低，生物代谢过程减缓或终止。否则，死路一条。

货币，是交易媒介。通货膨胀率为 0 甚至更低，每一次支付货币的交易都是亏的；日通货膨胀率为 -100% 时，每一次支付货币的购买交易都损失惨重，交易过程当然会像低温时生物的新陈代谢那样终止。

（5）

太阳能，是地球季节变换的动力。太阳能将水蒸气运到青藏高原，形成的落差成为水流动的动力，也滋润了陆地万物。

经济繁荣与萧条的动力也是外生的，这就是中央银行通过利率控制的适度通货膨胀率。通货膨胀率，即本书多次强调的“经济体温”。

利率，能制造货币与非货币资产之间的收益率落差，这种落差是经济增长、经济发展的动力。中央银行的货币政策则是制造这种落差的外部力量。

（6）

-30℃时，天空下的不是雨水，是雪，是冰雹。水可以帮助自然界的生物新陈代谢，雪不能。水、雪的分子结构相同，但是，温度不同。

这时，提高温度很重要。

年通货膨胀率为 -30% 时，货币是财宝，升值可期，中央银行无论发行多少货币都会被公众窖藏起来，货币如同结冰的水不再流动，不能降低交易成本，反而导致交易停顿，当然更谈不上保持经济活力、经济发展。

这时，提高通货膨胀率很重要。

(7)

130℃时，水是汽化状态，自然界的生物都不可能存活。

这时，降低温度很重要。

年通货膨胀率为130%时，货币终将是废纸。货币烫手，商家多会拒绝接受货币。交易停止，经济活动停止。

这时，降低通货膨胀率很重要。

(8)

热带雨林的生物很繁茂，雨水充沛。在热带雨林，充其量是雨水免费使用，但不会有一种体制在奖励用水。

即使媒介货币如水，租用货币也不应该为负利率，即不应该极端奖励借贷者。

负利率是不得已之举，是通货膨胀率（经济体温）过低的“加温”行为，是不得已而为之。维持适度稳定的通货膨胀率，比如3.7%，负利率政策不必使用，也不可能出现。

(9)

古典经济学把市场经济体看作一台机械设备，边际分析由此而来：货币是价格波动的罪魁祸首。货币如水，只会让这台机械设备生锈、失灵。没有水，这台机械设备运转得更好。所以，货币“面纱论”出现了。

市场经济体是有机体，不是一台机械设备。除完全的自给自足者外，每一个参与市场分工的企业、个人都是这个有机体的一个细胞。媒介货币，则如同这个有机体里的水。水，不是不可或缺，而是必不可少。

(10)

水，对于生物体来说，一刻都不能少。

纸币时代的货币，对于现代经济体来说，一天都不能缺。

数字货币时代更甚，货币是一秒都不能缺。即使在凌晨两点，每秒交易也不低于100单，在峰值时每秒交易量超过25.6万单①。

9.1.1 水量与货币量

在地球上，严重缺水的地方一定是荒漠。哪里有水，哪里就有繁茂的生命，即使偶有洪水泛滥。水的极限泛滥之地是大海，而大海恰恰是地球生命的起源之地。

在现代经济中，没有货币的后果一定是灾难性的。经济增长了，货币供给量没有增长，后果同样是灾难性的。

不仅如此，若无正确货币政策的外力作用，在信用货币经济中，货币短缺与通货紧

① 双十一开场5分22秒支付峰值达到25.6万笔/秒[N/OL].法制晚报,2017-11-11. http://www.fawan.com/2017/11/11/650872t185.html.

缩之间，货币泛滥与通货膨胀之间，会像棘轮效应一样，互相加速、锁死，直至货币经济崩溃。

配合经济增长，中央银行需要增加货币供给，这是中央银行天经地义的分内行为。中国的大众媒体常常把中央银行增加货币供给嘲讽为“放水”“灌水”。费雪方程式拓展 $MV=PT=LE$ 的一个推论是，在货币流通速度 V 相对稳定的前提下，没有货币供给 M 的增长，不可能有经济增长。古今中外，概莫能外。应用研究方面，弗里德曼的研究表明，货币数量下降全部伴随着经济萧条①。梅耶等的研究还表明，不仅货币供给数量不可下降，货币供给增长率也不可下降，“美国 1908 年以来的经济衰退多与货币供给增长率的下降有关”②。

从美国 1929 年的大萧条，到美国 2007 年的次贷危机，最严重的经济危机都有减少货币供给的前奏。要么直接减少货币供给，要么持续加息增加货币成本迫使流通货币回到中央银行，间接减少了货币供给。

“放水”，太笼统，而且是贬义。为了防止通货紧缩、促进经济增长和增加就业机会，中央银行增加货币供给应该称为“补水”；为了防止通货膨胀、经济过热，中央银行减少货币供给，应该称为“减水”。

9.1.1.1　旱季与货币短缺

对于陆生动、植物来说，10 个月不下雨是一种极限考验。即使是热带地区，在旱季极度缺水时，很多植物也会落叶。与寒冬季节植物落叶是为了减少能量散失不同，旱季极度缺水时植物落叶是为了减少水分散失。植物失去了叶子，也就不能进行光合作用，不能生长了。实行自保措施，是为了活命以图未来。

在金本位时代，因为黄金稀少，作为货币的黄金始终是不足的③。货币短缺，类似地球上某些区域的旱季。在 $MV=PT=LE$ 中，经济在发展，而货币黄金的储藏量、开采量 M 都不足，货币短缺导致货币升值，通货紧缩，窖藏货币盛行，酿成了金本位时代一次又一次的经济危机。

货币短缺、通货紧缩、经济萧条时，企业关闭工厂，裁员，与旱季极度缺水、寒冬极度寒冷时，植物落叶以求自保是类似的生存策略。旱季极度缺水、寒冬极度寒冷时继续绽放花朵、摇曳树叶的植物多是死路一条。

9.1.1.2　雨季与货币过剩

对于陆生动植物来说，雨水丰沛是生命繁茂的基础。比较热带雨林与撒哈拉沙漠，能够加深这个印象。

金本位时代与放弃金本位的信用货币时代，类似雨水的缺乏与丰沛。纸币信用货币

---

① 弗里德曼. 资本主义与自由[M]. 北京：商务印书馆，1982：50.

② 梅耶，杜森贝里，阿利伯. 货币、银行与经济（导言）[M]. 上海：上海三联书店，1994.

③ 凯恩斯. 货币论[M]. 北京：商务印书馆，1997：251.

时代，一般不会出现金本位时代黄金短缺导致的货币量不足，其经济发展速度远高于金本位时代。

信用货币存在的基础，不仅是信用的存在，还要有国家力量的强制使用和无限法偿。如果任何人都可以私造货币，想象中可能会货币泛滥、通货膨胀，实际上恰恰相反。任何人都可以私造货币，不等于你造的货币有人接受。要使别人接受你的货币，你就要减少货币供给，让你的货币升值，货币升值就是通货紧缩。相互竞争的结果，不是货币泛滥、通货膨胀，而是货币短缺、通货紧缩。

在中国历史上，当金属货币只能由官方铸造时，有时造钱是亏本的生意，铸造一文钱所用的材料成本超过一文，结果是官方没有造币的积极性，货币短缺。

在欧洲历史上，用20克黄金铸造一个金币，而20克黄金的价格超过一个金币，已经铸造出来的金币就会被民间熔化为黄金，货币消失了。结果货币还是短缺。

货币短缺，经济就会陷入通货紧缩。

人类社会的第一张纸币出现在中国的宋朝，称为“交子”。交子出现后，造币再也不会面临成本问题，造币也绝对不会亏损。

如同充沛的雨水繁荣了生命，纸币大大丰富了货币量，解决了金属货币不足抑制经济发展的问题。纸币对宋朝经济的促进作用是空前的。有图为证，如《清明上河图》；也有诗为证，如“山外青山楼外楼，西湖歌舞几时休”（宋·林升《题临安邸》）。有好事者测算，宋朝巅峰时的GDP占当时全世界GDP的80%。

黄仁宇在《中国大历史》中称：“从经济方面讲，宋朝面临中国有史以来最为显著的进步：城市勃兴，内陆河流舟楫繁密，造船业也突飞猛进。中国内地与国际贸易都达到了空前的高峰。”① 史学家陈寅恪说：“华夏民族之文明，历数千载之演进，造极于赵宋之世。”②

干旱意味着荒芜，雨水丰沛带来繁茂，而山洪暴发则是灾难。对于宋朝经济来说，成也纸币，败也纸币。南宋后期，官方滥发交子（后改名为钱引、会子）的结果，是人们拒绝接受纸币。于是，经济崩溃了，宋王朝也灭亡了。

9.1.2 水温与通货膨胀率

温度过高、过低的环境，都不利于动植物的生存。在温度适宜的季节，动植物会快速成长。

通货膨胀率极高时，货币极度贬值，“货币烫手”，人们会迅速把货币扔掉买成商品或投资品。

---

① 黄仁宇. 中国大历史[M]. 北京:生活·读书·新知三联书店,1997:129.

② 邓广铭《宋史职官志考正》序.

通货膨胀率极低，甚至为负值时，货币极度升值，货币会被人们当作财宝储存起来导致“货币消失”，消费、投资极度萎缩。1929—1933 年美国的“大萧条”就是如此。

通货膨胀率适度时，人们会热衷于消费或投资，需求旺盛，经济社会比较繁荣。

9. 1. 2. 1　寒冷与通货紧缩

在缺水的荒漠，生物物种极少，这表明水量的重要性。

仅有水量是不够的，生命的存在还需要适当的水温。在南极和北极，低温水以冰的形态呈现，这两个区域的生物物种也极少。在温度极低的冰原、冰川，无论增加多少水的供给，都是不流动的冰。

温暖潮湿，造就了约 5. 3 亿年前的“寒武纪生命大爆发”事件。

寒冷的冰雪，对于绝大多数生物来说都是有害无利的，不是促进动植物体内循环的助手，而是杀手，使之一不小心就会失温死亡。冰点温度以下时，动物获得能量的成本极高。它们的生存之道是减少、停止活动，减少能量消耗。在四季变换的地区，寒冬来临，夏天生长迅速的动植物要么似候鸟迁徙离开，要么冬眠，要么落叶停止新陈代谢降低能量散失。

“冬季，到台北来看雨”；冬季，到安克雷奇只能看冰雪。

严重通货紧缩时期，商品都在贬值，唯货币在升值。任何购买商品的行为都是吃亏的，尤其是投资购买非货币资产。大家同时储存、窖藏货币的结果，是货币处于静止状态，如同水被冰冻。

货币升值、通货紧缩时期，储藏货币是最稳妥的投资手段；货币，是最佳的投资标的。即使中央银行增加货币供给，出于自我财产最大化的本能，人们减少购买非货币资产，也减少消费，货币流通速度下降，总需求下降，经济进入冬眠状态。

寒冬带来的，不是流动的水，是不流动的冰雪。通货膨胀率过低，甚至为负值时，中央银行无论增加多少货币供给都会被人们存放在保险柜里，不再流通，如同水被冻起来。货币流通速度为 0 时，经济必然停滞。

在生命的新陈代谢意义上，南极是缺水的。冰，不是水，尽管分子相同。对于一个脱水的患者来说，输入水可以救命，输入冰则会致死。

9. 1. 2. 2　酷热与通货膨胀

温度比沸点更高，水会被蒸发掉，生命无法存活。无水的高温区域，一定是不毛之地。

与恶性通货紧缩相反，发生恶性通货膨胀时，继续持币是吃亏的。货币如同沸点后的水蒸气，持币，是要受到伤害的。货币烫手，人们会将手头的货币抛掉，买成消费品或者非货币资产。

当大家都抛弃货币后，实际上出现了“没有货币的状态”。对于交易经济来说，没有媒介货币，就如同地球上的高温沙漠必然荒芜，基于交易的经济活动将消失，分工也将消失，分工经济必然崩溃。

9.1.3 水的流动性与货币流通速度

海水是流动的，称为洋流，指大洋表层海水常年大规模沿一定方向进行的较为稳定的流动。洋流是地球表面温度环境的重要调节者。如果海水是静止的，地球生物就不是我们今天看到的这个样子。

陆地上的水，有飞流直下的瀑布，有不流动的冰雪，还有《孙膑兵法》中描述的一潭死水："不流，死水也。"

人的一生不可能两次踏入同一条河流。这句话之所以成为哲理，是因为河水在流动。

高速流动的水和不流动的冰，都不适合动植物生存。流速适当的长江、黄河成为中华民族的摇篮，尼罗河则成为古埃及文明的发祥地。

"我住长江头，君住长江尾。日日思君不见君，共饮长江水。"（宋·李之仪《卜算子·我住长江头》）如果长江水的流速为0，即孙膑所说的"死水"，那么长江水是不可饮用的，更不用说"共饮"了。

0℃以下的冰雪难以流动，-50℃的冰则不可能流动。在冬季的北极，厚厚的冰层之上，实际上缺水，尽管是冰雪世界。不再流动的冰，不是水，如同不再流动的货币已经不是货币。通货膨胀率为-50%时，交易媒介货币在恶性升值，任何用货币购买商品的行为都是吃亏的。大家同时储存、窖藏货币的结果，是货币处于静止状态，如同水被冰冻，这时的经济世界是缺钱的。而且，若不能提高通货膨胀率至正值，无论增加多少货币都不会被用于交易、流通，如同冬季-50℃的北极，无论增加多少水都会被秒冻。

没有太阳能、潮汐、季风等外力作用，海水不可能流动起来成为洋流，海水也不可能成为雨水，以及流动的河水、江水。

货币能够流动起来，以及货币流通速度的高低，都是外力作用的结果。

货币利率、通货膨胀率这两个因素控制的实际利率，制造了货币收益率与非货币资产收益率之间的落差，甚至逆转了货币收益率与非货币资产收益率之间的落差。而这个落差，正是货币流通速度上升、下降的主要动能。

通货膨胀率极高时，货币严重贬值，货币烫手，人们拒绝接受货币，使得货币退出了流通，不得已持有货币哪怕1小时都是吃亏的，迅速将货币买为商品是上策。人们抛弃货币挤兑商品，结果是货币流通速度 V 无穷大。1949年4月21日，杭州，袁大头，上午17万元，下午已23万元；米，上午140万元，下午180万元一担。① 在这种环境中，高通货膨胀率导致了极高的货币流通速度：上午发工资，最好在上午就全部买成大米，不留1分钱货币。人人如此，货币经济必然崩溃。

通货膨胀率适度是经济发展的适宜条件。1990—2010年，中国的通货膨胀率年均

---

① 竺可桢. 竺可桢日记[M]. 北京：人民出版社，1984.

值4.8%，适度偏高，M0货币流通速度从1990年的7.1上升到2010年的9.3。同期，中国GDP增长21.8倍，被誉为“中国奇迹”。

通货膨胀率极低时，如为-100%，货币高速升值，商品烫手，抛弃商品转而持币、窖藏货币是上策，货币因为被窖藏而消失，大家同时窖藏货币的结果是货币处于静止状态，如同水被冰冻，货币流通速度V趋于0。钱，很值钱，但是“经济”没有了。

关于“日本病”。经济学界所指的日本病，是指日本持续30余年至今未解的通货紧缩，导致名义利率很低，实际利率不低，经济停滞甚至负增长。1990—2010年，日本的通货膨胀率年均值为0.8%，严重偏低。某种意义上，日本病是一种状态，一种通货紧缩、“经济体温”偏低导致的“经济冬眠”状态。因为通货膨胀率极低，货币流通速度V很低，总需求MV不足。2016年日本基础货币量M与美国不相上下，$GDP=MV$只相当于美国的四分之一。这就意味着，日本的货币流通速度V只是美国的四分之一。

通货膨胀率的高、低，是货币流通速度上升、下降的主要原因，货币流通速度V直接与总需求MV相关，而总需求MV是经济增长的动力。

9.2 个体生存方式

适者生存，是达尔文自然选择学说的一个组成部分。适者生存论认为，最适应环境的个体得以保存和繁荣，不适应环境的个体则被淘汰。

如果以“个体得以保存和繁荣”衡量，本书否定达尔文只有“适者生存”这一种生存方式的论断。

如果环境是一种规则，“适者生存”只是其中的一种个体生存方式，甚至不是最重要的生存方式，也不是最佳的生存方式，更不是唯一的生存方式。更重要的，“适者生存”，不是人类改变这个世界的生存方式。除了“适者生存”方式，“创造性生存”“选择性生存”才是地球生物，尤其是人类更主要的生存方式。

适者生存，适应性生存，是改变自己，适应环境。

创造性生存，是改变环境，改变对方，而不改变自己。

选择性生存，是不改变自己，不改变对方，不改变环境，而是选择适合自己的环境、制度、对象。

给达尔文带来灵感的加拉帕戈斯群岛（Islas Galapagos）与世隔绝，岛上的生物没有能力创造生存环境，也无法选择生存环境，只能“适者生存”。

如果没有创造性生存，人类与加拉帕戈斯群岛上的鬣蜥、象龟一样，适应环境而活着，今天的人类文明便都不存在。今天的人类文明，是人类“创造性生存”的结果，不是人类“适者生存”的结果。猴子与猩猩之不同，它们的“适者生存”改变了自己，没有改变环境。人类与猴子、猩猩不同，人类创造了环境，当然也改变了自己。

如果没有人类大规模的“选择性生存”，如从农村迁移到城市，城市化就不会存在，城市当然也不会存在。在猴子、猩猩、老虎和大象的世界里，没有城市。

就职业而言，在一个不如意的公司里工作，适者生存，就得见风使舵，巧言令色。创造性生存，就是“仰天大笑出门去，我辈岂是蓬蒿人”，离开这个不如意的公司，自己开设一家公司当老板。选择性生存最简单，成本也最低，就是跳槽，直至找到一家心仪的公司。

就买股票而言，“适者生存”是指接受已经购买的表现不好的股票，捂上30年不卖；“创造性生存”则是动员其他股东，用手投票，一起把业绩不好的公司管理层赶下台，换上自己心仪的管理层；“选择性生存”更简单，用脚投票，换股票。

选择性生存，让人类从非洲的一个部落走向了全世界。无论多长，太阳的寿命是有限的，人类要持续存在，就必须在太阳寿命终结之前再一次进行选择性生存，离开地球，离开太阳系。

下面从生存地域、政治环境与婚姻3个方面阐述适应性生存、创造性生存、选择性生存。

9.2.1 适者生存

“适者生存”，就是在特定环境中改变自己适应环境。

有的蛇、虫、鱼落入深洞之后再也出不来了，经过漫长的一代又一代的进化（退化），成为洞穴生物，它们的共同特征是眼盲了，因为在完全黑暗的环境下无法看任何东西，用进废退，眼睛没有“用进”，就“废退”了。尽管眼盲，但这些生物活下来了，即适者生存。

9.2.1.1 地域

达尔文看到的加拉帕戈斯群岛与世隔绝，在他的著作中，适应环境的进化就是一种演进。相同的鸟类生存在不同的孤岛上，时间久了以后，会有完全不同的自我适应性改变：在坚果比较丰富的孤岛上，鸟类的嘴会进化为“短促而结实”；在需要从树洞内取食的孤岛上，鸟类的嘴会进化为“长而细”。

在偏僻的崇山峻岭里，“白云生处有人家”，交通极为不利，经济改善当然无从谈起。继续待在这里艰难地生活，则是人类的“适者生存”。

9.2.1.2 政治环境

在一个没有民主政治的政治环境里，人们无异于生活在监狱里，衣食住行水平的提高与一个“囚徒”的伙食标准提高无异。“二战”期间德国的纳粹政策就是希特勒的“杰作”，他“好话说尽，坏事做绝”，反而威信很高。德国公众认为地方纳粹官员的极权行为与希特勒本人无关，自我安慰的话是：“如果元首知道真相就好了。”

假话当道，当你把心里的真话说出来时，你将被关进集中营，面临杀身之祸，甚至，为了节约一颗子弹，直接被砍杀。所谓恶劣政治环境的“适者生存”，就是委曲求生、委曲求全，就是见到不同的皇帝都高呼“万岁”，尽管你内心在想着这个皇帝立即暴毙才好。

9.2.1.3　婚姻

这里讨论婚姻的“适者生存”，后面也会讨论婚姻的“创造性生存”“选择性生存”。作为制度安排，婚姻，不是“个体户联合体”，当然不可以随时破裂和随时重新排列组合。矛盾最少的持久婚姻，是适应对方、适应家庭环境，是“适者生存”。

男女两个人从不同的家庭里走出来，各自父母不同，之前生活环境不同，所受教育不同，有着不同的朋友圈子，脾气秉性也不同。不同的人结合到一起的婚姻，就是委屈自己求全家庭，尽可能地适应对方，给孩子一个稳定的成长环境。江山易改，本性难移。当双方都试图按照自己的意愿改变对方的时候，一定会矛盾四起。

9.2.2　创造性生存

“创造性生存”的特点是改造特定环境、特定对象，使之成为期待的生存环境、合作对象。如在酷热的家中加装冷气设备，在寒冷的房子里配备暖气装置。

9.2.2.1　地域

加拉帕戈斯群岛的鸟是适者生存，或者进化出坚硬的短喙，啄食坚果；或者进化出细长的喙，吸食汁液。

为达到与加拉帕戈斯群岛鸟类同样的目的，人类则是在创造性生存，造出锤子砸碎坚果，设计出吸管吸食汁液。

“创造性生存”的成本较大，“选择性生存”的成本相对低廉。在一个电视纪录片里，南亚住于喜马拉雅山南侧的一位父亲在开学时送孩子去学校住校上学，途中走了3天，根本没有路，晚上就在岩石下面搭帐篷而睡。创造性生存，则是“要想富，先修路”，改善交通，改善基础设施。问题在于，给这1户人家修一条公路的投资，足以让这户人家成为家产数亿美元的富豪，每年维护这条路的成本足以让这户人家负担数百万美元。这里的选择性生存就是迁移。愚公移山，愚公所以成功是因为感动了天帝，而天帝是不存在的。

9.2.2.2　政治环境

政治环境的“创造性生存”，不是接受既有政治环境委曲求生，而是去营造一个自己想要的政治环境。

在数以万计的苦力选择“适者生存”，用生命建筑阿房宫、秦始皇陵的同时，刘邦集合三千民众响应陈胜起义，“创造性生存”，去实现自己的一个小梦想，成为汉朝开国皇帝。

9.2.2.3 婚姻

婚姻的主流是“适者生存”，相互适应。但是，一方在不堪忍受对方的某些特质时，改变对方，以便维持婚姻，也是一种方式。成功改变对方，获得一个皆大欢喜的结果，就是婚姻的“创造性生存”。

9.2.3 选择性生存

当地域、政治环境、任职公司、投资的股票不如意时，不想委曲求生“适者生存”，也无意高成本地“创造性生存”，就“树挪死，人挪活”，去选择一个如意的地域、政治环境、公司或股票，即选择性生存。

“选择性生存”，是选择适合自己的环境、制度、对象。

9.2.3.1 地域

落入深洞的蛇，选择“适者生存”的方式，是成为洞穴生物，眼睛也放弃了。但是，也有落入深洞的蛇拒绝接受深洞的环境，“选择性生存”，拼命爬出深洞，重见天日。

当寒冬来临时，有些动物不能像冬眠的熊一样“适者生存”，也没有能力像人类那样用暖气取暖“创造性生存”，只好进行“选择性生存”，就是通过迁徙来回避温度的变化。GPS 跟踪的结果表明，体重 40 克的北京雨燕每年迁徙距离约 3.8 万千米，春天回到北京，秋天去往南非。

北京雨燕的行为类似人类的“迁移”行动，它们无法适应环境，就去寻找一个环境，“选择性生存”。

“选择性生存”，寻找机会，不仅体现在北京雨燕身上。2015 年中国在美国的留学生大约有 33 万，抽样调查资料表明，这些留学生中，初去美国毕业后想返华的只有 10%，结果学成即返华的高达 80%。因为 2015 年中国的经济增长率是 6.9%，美国的经济增长率是 2.5%，中国提供的机会更多。

当一国经济萧条，另一国经济相对繁荣时，跨国资本自由流动也是选择性生存，与“北京雨燕”的长途迁徙有异曲同工之妙。

在偏僻的崇山峻岭里，“白云生处有人家”，交通极为不利，经济改善当然无从谈起。

“适者生存”，是继续待在“白云生处”艰难地生活。

“创造性生存”，是愚公移山，成本巨大。

“选择性生存”，则是离开“白云生处”，迁入城市。

9.2.3.2 政治环境

爱因斯坦，一介书生，不愿意在纳粹德国的政治环境下“适者生存”，也无力像刘邦、项羽那样去推翻一个暴君，而是选择性生存，离开“祖国”德国，去了美国。纳粹给爱因斯坦的“封号”是“叛国”，查抄了他在柏林的寓所，焚毁其书籍，没收其财产，并悬赏10万马克索取他的人头。

今天，即使没有政治迫害，很多人也会以移民的方式进行“选择性生存”，提高自己的生活质量，改变自己的生活方式。

9.2.3.3 婚姻

当婚姻中的适应性生存、创造性生存都失败的时候，剩下的就是选择性生存：好说好散……

10

马歇尔–凯恩斯经济学之否定

本书的全部内容均可谓是在否定马–凯经济学（马歇尔–凯恩斯经济学），亦即新古典经济学，重建理论经济学体系。

本章内容则是对马–凯经济学主要理论的具体否定。

不可否认，现象实证可以归纳出一些有意义的结论。但是，实证结论不可能成为“原理”。如果实证结论与事实不符，事实，不可能有错。当实证结论成为教条时，为了维持实证结论，马–凯经济学常常将与实证结论不符的事实归类为“例外”，或者直接用“悖论”去暗示：事实可能有错。

马–凯经济学，多是现象归纳，或者是价值观的演绎。在逻辑上，马–凯经济学的重要结论大多是货币外生的结果。但是，没有货币因素，不可能讨论现代经济学。

在本书的逻辑体系中，马－凯经济学的主要结论多是费雪方程式拓展的特例。这一部分将运用费雪方程式拓展的总量、增量理论为马－凯经济学的主要理论提供一个货币内生的解释。主要包括如下内容：

（1）考虑货币因素后，微观供求曲线（$D-S$）中的“价格上升，需求下降；反之反是”未必成立。

（2）总供给、总需求必须是货币单位，不存在物质单位的总供给、总需求曲线（$AD-AS$）。

（3）奥肯定律、菲利普斯曲线等，属于指定时期的归纳结论，没有一般性。

（4）凯恩斯主义、货币主义的总需求政策，是不同前提的不同结果。

（5）对垄断理论、吉芬商品、凯恩斯乘数、索洛剩余等观点进行阐释。

10.1　古典需求与价格理论

古典经济学（一般指新古典《微观经济学》）的货币外生理论不可能运用于内生货币的经济分析。尽管如此，也不影响这些优秀理论的价值。其中的一些观点放在企业管理的生产理论、竞争定价理论中似乎更准确。

（1）马－凯经济学在讨论供求、价格理论时，供、求是实物单位，货币是外生变量

在马－凯的微观经济学中，供、求量都是实物单位，马歇尔的供求模型 $D-S$ 曲线即是如此。但是，货币已经融入“价格”之中，分不开了；没有货币，$D-S$ 曲线中的价格一定是物物之间的相对价格，“价格上升，需求下降”也一定是物物之间替代效应的结果；A、B 互相替代，因为 A 价格上升，人们去买 B 了。这样一来，货币因素导致的一般价格变动（货币价格变动，或者用货币表达的商品价格变动）也就不可能进入古典供求模型 $D-S$ 的分析范畴，在 $D-S$ 中也就找不到货币的影子了。

在古典经济学中，货币经济与实际经济是两分的，名义变量（货币单位）与实际变量（实物单位）之间没有必然联系。当实际经济变量达到均衡以后，名义变量发生的变化，例如增量货币，并不能影响实际经济变量的均衡状态，只是影响价格。

马－凯《宏观经济学》中，实物单位的总供求曲线（$AD-AS$），是古典《微观经济学》把货币当作面纱的延续。

（2）费雪方程式拓展 $GDP=MV=PT=LE$ 的解释

在总量宏观经济中，总供给 PT、总需求 MV、总收入 LE 只能是货币单位，马-凯经济学物质单位的总供求曲线（$AD-AS$）不可能存在。

新古典供求价格理论，无论是微观供求曲线 $D-S$，还是宏观供求曲线 $AD-AS$，都是将货币量 M、货币流通速度 V、就业 L、人均收入 E 作为外生变量的理论。

但是，没有货币，如何决定价格？如何决定供、求和收入？

无论微观供求 $D-S$，还是宏观总供求 $AD-AS$，新古典需求理论都有"商品价格下降，需求将上升，反之反是"的基本结论。这个结论没有考虑货币价格变化，考虑货币价格后，新古典供求理论的结论未必成立，甚至在逻辑上相反。

形态上，马-凯经济学总供求曲线 $AD-AS$ 与微观供求曲线 $D-S$ 类似，长相差不多，需求量、供给量都是物质单位，价格与需求量都是反向变化，但机理不同。

$D-S$ 是用替代效应解释的，需求曲线 D 是替代效应的一个结果。

$AD-AS$ 中的总需求曲线 AD 则是用庇古效应解释的。

这一节要解释的内容是，在内生货币的供求价格理论中，$D-S$ 曲线是 $MV=PT$ 的特例，庇古效应不成立，庇古意义上的 $AD-AS$ 曲线中的总需求曲线 AD 不可能存在。

在 $MV=PT$ 中，一般价格水平 P 对总需求 MV 的影响方向，与马-凯经济学 $AD-AS$ 曲线中价格水平 P 对总需求 AD 的影响方向相反。在 $MV=PT$ 中，价格水平 P 上升一般会导致总需求 MV 上升（见本书 6.3），特殊情况（例如，受货币政策的影响）才会导致总需求 MV 下降。

价格上升，需求下降，反之反是。马-凯微观供求曲线 $D-S$ 成立，是因为替代效应。米、面互相替代，米的价格上升导致对米的需求下降，因为人们去买面了。

在宏观经济中，物价水平上升表示全部商品价格都在上涨（米、面价格同时上涨），不可能有商品之间（米、面之间）的替代效应，但是有商品与货币之间的替代效应。物价水平上升是货币贬值，持币是吃亏的，将货币替换为商品，降低持币、增加持物，则总需求 MV 上升。即物价水平上升，总需求也上升，全部商品成为吉芬商品（Giffen Goods）。

以货币为计量单位的总需求 MV 就是经济总量 GDP，即 $GDP=MV=PT=LE$。与 $AD-AS$ 中马-凯总需求曲线 AD 的逻辑相反，从"二战"结束至今，各国价格水平 P 大幅度上升，各国总需求 MV 同样大幅度上升（即价格水平上升，总需求上升）。不仅如此，同期各国的国民收入总量 LE，人们能够享用的商品、服务总量 PT，也就是经济总量 $GDP=MV=PT=LE$ 中的总需求、总供给、总收入全部大幅度增长，无一例外。

不仅全球的长期史实，而且短期、区域史实也同样否定了 $AD-AS$ 中马-凯总需求曲线 AD 的逻辑。绝大多数的史实是：价格上升时总需求上升，价格下降时总需求下降。

美国在1929—1933年大萧条期间的价格指数CPI下降27%，结果没有像马-凯$AD-AS$曲线中AD的逻辑那样“价格下降，总需求上升”，而是“价格下降，总需求也大幅度下降”，同时伴随大量企业倒闭、员工失业。

中国1988年发生严重通货膨胀，CPI上升18.8%，价格猛涨。结果也没有像马-凯$AD-AS$曲线中AD的逻辑那样“价格上升，总需求下降”，而是“价格上升，总需求猛升”，人们将百货公司的商品抢购一空。

比较中国与日本1990—2010年的通货膨胀率，中国是适度偏高（均值4.8%），日本则是持续偏低（均值0.8%）。适度偏高的通货膨胀率促进了总需求，促进了经济发展。同期，中国的经济增长、人均收入增长大大高于日本。

10.1.1 古典微观需求与价格的内生货币解释

外生货币、内生货币的价格理论是互相矛盾的。凯恩斯曾经述及这个矛盾：经济学家们在讨论价值论时，说物价取决于供求、边际成本、供给弹性等；当他们讨论货币与物价论时，恍若进入了另一世界，说决定物价的，是货币数量、货币流通速度、交易量等①。

前者是外生货币价格理论，即马歇尔的古典$D-S$曲线。

后者是内生货币价格理论，即费雪的交易方程式$MV=PT$。

“收入”为M时，以互相替代的两商品T_1、T_2为例，古典的消费者预算约束为：

$M=P_1T_1+P_2T_2$

这里的M实际上是支出，是需求，而不是收入。古典的消费者预算约束，在理论的开始已经进入了歧途。在费雪方程式拓展$MV=PT=LE$中，MV是需求，PT是供给，LE是收入。古典的消费者预算约束把货币量M当作收入，是假定收入与支出完全相等，也是假定收入与需求完全相等。

马歇尔需求函数（$D-S$中的D曲线），是指收入M、两商品价格P_1和P_2同时既定时，效用最大化前提下对互相替代的两商品T_1、T_2的最大需求，是效用线与预算线的切点。效用线与预算线的切点，通俗地讲，就是在价格水平P_1和P_2把货币收入M全部花掉用于购买T_1、T_2的点。

希克斯需求函数，则是指在同一效用水平下，消费者面对可替代的两种商品T_1、T_2的支出最小化问题。

将效用最大化的马歇尔需求函数与支出最小化的希克斯需求函数合并考虑，新古典经济学在$M=P_1T_1+P_2T_2$的约束条件下是这样解释需求的，要满足预算线约束，货币收入M需要全部买为商品（满足效用最大化），一种商品T_1的价格P_1上升，消费者为了

① 凯恩斯.就业、利息和货币通论(第21章)[M].北京:商务印书馆,1988.

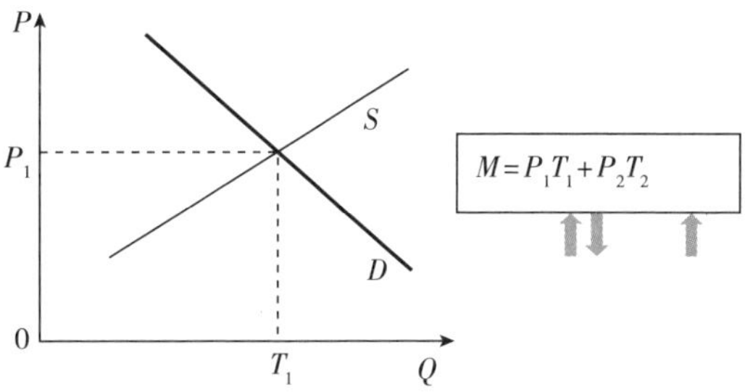

图 10 - 1　P_1 上升时，对 T_1 的需求下降，因为，人们用 T_2 代替了 T_1

在预算条件下达到支出最小化，将减少对商品 T_1的需求，增加对商品 T_2的需求（满足支出最小化），对商品 T_1的需求量将下降，新古典的需求理论得以成立。即图 10 - 1 左侧的 D 曲线。

在预算约束 $M = P_1T_1 + P_2T_2$条件下，马 - 凯经济学中的供、求是物质单位，不是货币单位，即最后成交量 T_1、T_2都是物质单位。如当大米价格 P_1为每千克 5 元时，需求量 T_1即成交量为 5 千克（单位是千克，是物质单位）。

而在 $MV = PT$ 中，费雪供 PT、求 MV 都是货币单位（元），费雪供求的两商品模型则为 $MV = P_1T_1 + P_2T_2$，与新古典的消费者预算约束 $M = P_1T_1 + P_2T_2$比较，$MV = P_1T_1 + P_2T_2$中的货币流通速度 $V \neq 1$。

满足马歇尔需求函数效用最大化的条件是将货币收入 M 全部买为商品，把货币收入全部花掉，则货币流通速度 $V = 1$。$V = 1$ 时，费雪两商品供求模型 $MV = P_1T_1 + P_2T_2$也就转化为马歇尔供求两商品模型 $M = P_1T_1 + P_2T_2$。

前文在讨论货币流通速度时已述，物物交易的货币流通速度 $V = 1$，而且物物交易的货币流通速度 V 永恒为 1，马歇尔的微观需求、价格理论实际上是基于物物交易的一次性交易。之后，无法继续进行以货币为媒介的交易，如同物物交易都是一次性的。

在马 - 凯需求 $M = P_1T_1 + P_2T_2$中，M 既定，T_1、T_2互相替代，当 T_1的价格 P_1上升时，人们对 T_1的需求量下降，因为人们买 T_2了。即价格 P_1与交易量 T_1呈反方向变动（价格上升，需求下降；反之反是）。因此，马 - 凯微观需求曲线 D 是费雪供求 $MV = P_1T_1 + P_2T_2$的特例，是假定 $V = 1$ 的结果。

在图 10 - 1 中，图左的粗线是马 - 凯经济学需求曲线 D，P_1、T_1是两个相关变量；图右 $M = P_1T_1 + P_2T_2$则表明，货币收入 M 全部用于支出，价格 P_1上升时，需求 T_1下降，因为人们增加购买 T_2了。

马 - 凯经济学预算约束 $M = P_1T_1 + P_2T_2$中，P_1上升则 T_1下降是替代效应的结果；在马 - 凯需求曲线 D 中则只是表现了 P_1、T_1与预算约束 M 的关系，没有表现出旁观者或者第三者 P_2、T_2的作用；在 $M = P_1T_1 + P_2T_2$中，P_1上升 T_1下降恰恰是 P_1上升时人们用第三者 T_2替代了 T_1才导致对 T_1需求的下降。

此外，马－凯经济学 $D-S$ 曲线（见图 10－1）中的价格虽然是用媒介货币表达的（如 2 美元/1 单位），但马－凯经济学从古典经济学那里继承过来的 $D-S$ 曲线，其中的价格单位实际上是商品的相对价格（如 2 匹马/1 头牛），不是媒介货币价格（如 2 美元/1 单位）。马－凯经济学将古典的相对价格偷梁换柱为货币媒介价格，但并没有把历史背景、来龙去脉交代清楚。

10.1.2 庇古效应之不可能性

马－凯经济学以物质量为计量单位的总需求、总供给曲线 $AD-AS$，其逻辑基础是庇古效应，结论是：价格水平上升，总需求下降，反之反是。

对于新古典经济学说，$AD-AS$ 是假定庇古效应存在后的命题作文，收入效应则是庇古效应的另一件马甲。

对于经济学家庇古来说，庇古效应是为达成“价格水平上升，总需求下降，反之反是”而寻找的理由。只有这样，微观、宏观才能够一致化。

庇古效应认为①，实际货币余额（M/P）是家庭财富的一部分，随着物价水平 P 的下降，实际货币余额（M/P）增加，实物的“实际价值”没变而货币购买力上升，从而真实财富总量增加，消费增加，需求上升。即价格水平下降，总需求上升。

对庇古效应进行极端假设：当全世界的全部商品价格分别降至 1 分、0 分时，1 万亿元、1 元的实际货币余额（M/P）分别是多少?

在庇古的逻辑中，随着价格水平的下降和“实际货币余额”的增加，储蓄将减少，消费将增加。

庇古的这个思想是建立在“商品是财富而货币不是财富”的基础上的。在一个时期内（比如一年），如果交易是一个连续的不间断过程（货币流通速度 $V\neq1$），用货币衡量的社会总财富总量是：$M+PT$，而不是单一的货币 M 或者商品 T。为了使 $M+PT$ 最大化，货币流通速度 V 是货币持有者的博弈工具（决定买还是不买），价格 P 则是商品持有者的博弈工具（决定涨价、不变还是降价），并且，任何人都不是单一的货币持有者或商品持有者。即每个人的财富结构中，有货币，也有非货币资产，每个人的总财富量也是：$M+PT$。

对于消费者来说，商品价格下降总是一件好事，可以用较低的价格获得商品。这也符合希克斯需求函数中“在同一效用水平下，消费者面对可替代的两种商品（T_1、T_2）的支出最小化”的论述。

然而，鱼和熊掌不可兼得。

在 $MV=PT=LE$ 的框架中，我们可以得到的结论是，在价格 P 下降的时候，如果商

① Pigou A. C. The classical stationary state[J]. Economic Journal, 1943(53): 343－351.

品交易量 T 保持不变，必然结果是个人收入总量 LE 将下降（要么就业人数 L 下降，要么人均收入水平 E 下降，要么就业人数 L、人均收入水平 E 同时下降）。如果收入的下降带来了消费、投资的进一步降低，那么恶性的通货紧缩循环就是商品价格 P、个人总收入 LE、总需求 MV 的轮番下降。

庇古的“实际货币余额”逻辑无法成立，也无法应用于现实经济中。价格水平下降为0，全社会的经济财富总量为0。价格水平下降不可能增加社会财富总量，原因至少有三个。

（1）如前所述，价格下降时，“薄利”的高度分工生产方式立即难以为继。降低价格，将降低分工水平和分工效率，后果是商品产量 T、就业量 L、人均收入 E 同步降低。

（2）物价下降（通货紧缩）使得货币持有者与食利者的货币升值，收益增加。同时会使商品持有者与债务人的商品实物贬值、债务加重。

（3）货币经济中，社会财富量和个人财富量都是持币 M 与持物 PT 的总和 $M+PT$，P 是非货币资产价格，T 是非货币资产量。而且，非货币资产量 PT 远远大于持币量 M。以中国2010年代为例，房产价值约占国民财富总值的2/3。也就是说，中国的房产价格下降为0时，中国人的财富总量将下降2/3。物价 P 下降，实物财富的价值 PT 必然下降，货币升值只是货币购买商品实物 PT 的能力增加而实际持币量 M 不变，财富总量 $M+PT$ 肯定是减少的。

不同的价格水平，包容不同的分工水平和分工效率。只要商品价格和服务价格足够低，一分人民币就能买下全世界。

股市，也否定庇古效应。股市财富总量也是 $M+PT$，其中，M 是股民的股市持币量，P 是股民的持股价格，T 是股民的持股数量。股价 P 下跌，市值 PT 必然下降，M 不变，同样不会增加、只会减少股市财富总量 $M+PT$。如2015年6月中国股灾，股价 P 暴跌30%，市值 PT 蒸发23000亿美元。

无论是个人财富、社会财富还是股市财富，庇古效应都不成立。而古典总供求曲线 $AD-AS$ 中 AD 的基础是庇古效应。

把全社会作为整体考虑，不存在庇古效应。历史上，庇古效应是与凯恩斯进行论战的产物，庇古自己也只是把它称为“思想练习”。

本书的逻辑与庇古效应“价格水平上升，总需求下降”以及新古典宏观总供求曲线 $AD-AS$ 的逻辑相反。本书的逻辑是，商品价格 P 整体下降，总需求 MV 下降；商品价格 P 整体上升，总需求 MV 上升。

物价上升是货币贬值，持币不合算，则货币对商品的需求上升。例如1988年中国的CPI上升18.8%，需求猛增，人们将百货公司的商品抢购一空。

物价下降是货币升值，持币最合算，则货币对商品的需求下降。例如1929—1933年美国大萧条时期，CPI下降27%，消费、投资均衰退，GDP下降近50%。

持有货币的机会成本，是非货币资产收益率加上通货膨胀率。

适度通货膨胀时，持币机会成本上升，持物收益增加，减少持币，增加持物，有利于个人财富总量 $M+PT$ 最大化，也扩大了全社会有效需求，进而促进经济增长。

任何通货紧缩时，持币机会成本下降，持物收益减少，增加持币，减少持物，有利于个人财富总量 $M+PT$ 最大化，人们争相储币的结果，是全社会有效需求将减少。

通货膨胀率下降，货币升值（或者不再贬值），是货币流通速度下降的根本原因，总需求也将下降。通货膨胀率上升，货币贬值，是货币流通速度上升的根本原因，总需求也将上升。这是人的本能，无须实证。随意找两个极端的历史统计资料（通货膨胀率20%，或者 -20%）一看就明白了。

而这个道理古典供求理论不能解释，因为古典经济学认为，价格上升，需求下降，反之反是。

在市场规模不变情况下，古典微观经济学的供求理论（实际上是替代效应）可以解释基于竞争的价格理论。后来，庇古效应将古典微观供求价格理论拓展到了宏观经济分析，则荒唐至极。

10.1.3 不存在古典总需求曲线 *AD*

这里讨论的问题是，古典总需求曲线 *AD* 从何而来，能否成立？随后的问题是，基于庇古效应的古典总需求理论能否成立？

虚构的 IS - LM 模型不可能推导出总需求 *AD*（见本书 3.2.1）。

绝对严格的逻辑似乎认为，古典总需求曲线 *AD*，是个体需求曲线 *D* 的总和或加总。但是，这个严格的逻辑在这个简单的问题上并不适用。

在货币经济中，费雪需求 MV 由货币存量 M 和货币流通速度 V 共同决定；费雪供给 PT 由商品、服务交易量 T 和交易均价 P 共同决定。费雪交易方程式 $MV=PT$ 成立，要求等号两端单位相同，即同是货币单位。需求 MV 是货币单位（元），供给 PT 也是货币单位（元），不是物质单位，如千克。

当商品价格为 5 元/千克，成交了 5 千克时，则需求、供给均为 25 元。交易过程中，25 元货币量 M 流通了 1 次，货币流通速度 $V=1$。

$$\text{供给 } PT = \frac{5\text{元}}{\text{千克}} \times 5\text{ 千克} = 25\text{ 元} = \text{需求 } MV$$

需求量、供给量均为物质单位的马 - 凯经济学微观 $D-S$ 曲线属于特例性单一商品模型，在一个以上商品（包括两个）供求模型中，马 - 凯经济学的总需求函数、总供给函数均不成立。原因很简单：大米和电视机不能相加（异质品物理单位不能加总）。不可能将单一物质单位的需求 D、供给 S 加总为物质单位的总需求 AD、总供给 AS。即 5 台电视机 +5 千克大米 =？

如图 10－2 所示，因为不可能从微观供求 $D-S$ 曲线中推导出宏观实物量的总供求曲线 $AD-AS$，又难舍庇古效应的逻辑“物价水平下降，总需求上升；反之反是”，只能将实物量 T 改为国民收入 Y。亦说 Y 是总量生产函数，而生产函数 Y 同样是物质单位。这样的结果是，维持了微观供求 $D-S$ 与总供求 $AD-AS$ 的共同逻辑“价格下降，需求上升；反之反是”，图形也神似，但是，无法建立微观供求 $D-S$ 与总供求 $AD-AS$ 的相关性联系。

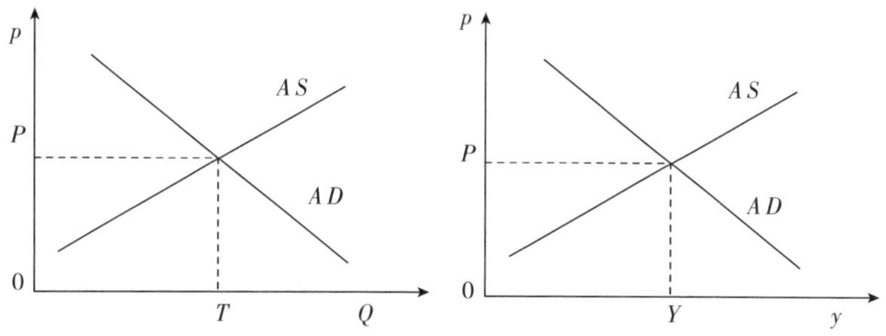

图 10－2　难舍庇古效应的“物价水平下降，总需求上升；反之反是”，就把实物单位的 T 偷梁换柱为货币单位的 Y

更准确说，微观供给曲线 S 和宏观总供给曲线 AS 有共同的理论基础，即柯布－道格拉斯生产函数，但始终面临如何将单一商品物质单位的供给 S 加总为物质单位的总供给 AS 问题（5 台电视机＋5 千克大米＝?）。而微观需求曲线 D 和宏观总需求曲线 AD 属于不同范畴，不能进入统一的分析框架，前者可以是物质量，后者必须是货币量。

将电视机和大米（两个商品，也可以推导为全部商品和服务）加总的总需求、总供给，必须是货币单位。例如：电视机价格为 2000 元/台，成交了 5 台；大米价格为 5 元/千克，成交了 5 千克，则：

$$总需求\ MV-总供给\ PT=P_1T_1+P_2T_2=\frac{2000\ 元}{台}\times 5\ 台+\frac{5\ 元}{千克}\times 5\ 千克=10025\ 元$$

现代经济都是用货币单位统计经济总量的，没有货币因素的参与，实物单位的总量生产函数不可能成为货币经济的宏观经济学基础。例如，一个国家的 GDP 总量是 5000 亿美元，不可能是：7 万吨钢＋10 万吨大米＋1 万台电视机＋502 万根黄瓜……

世界上不存在物质单位的总需求、总供给。在宏观经济中，总需求、总供给只能是货币单位。马－凯经济学物质单位的总需求 AD、总供给 AS 不可能存在。

马－凯经济学供求理论中的总需求、总供给是古典经济学把货币当作面纱的延续，也带来了诸多混乱。如总需求、总供给中的国民收入 Y，是实物加总、名义国民收入，还是实际国民收入?

所谓实际国民收入，计算的最初起点就是实物蒙上了货币面纱。如果是名义国民收入，就会涉及货币是经济的组成部分还是外在的、可以随时抛弃的面纱。

10.1.4 吉芬商品

吉芬商品（Giffen Goods），是指在价格上升时，古典经济学所认为的商品需求量本应下降，却反而上升，价格下降时，需求量本应上升，却反而下降。这是19世纪英国经济学家罗伯特·吉芬对爱尔兰的土豆销售进行研究时提出的概念。

就某一商品而言，古典微观需求理论（$D-S$ 中的 D 曲线）中量与价的互动前提，是若干个“其他条件”不变，没有这些假定前提，马－凯经济学的价格理论不能成立。即便如此，古典微观需求理论仍然不能为“吉芬商品”找到一个自圆其说的逻辑，只能用“例外”处理，也有用“收入效应”来解释的。

这个“例外”也证明，古典微观需求理论（$D-S$ 中的 D）不是普遍适用的需求理论。

为了便于分析，我们将商品简化为两种商品，即土豆 T_1 和非土豆 T_2，价格分别为 P_1 和 P_2。则：

$MV = P_1T_1 + P_2T_2$

在 $MV = P_1T_1 + P_2T_2$ 里，约束条件与古典约束条件比较，增加了货币流通速度 V，或者说 $V \neq 1$。

下面分三种情况阐述。如图10－3所示。

图10－3　吉芬商品，是穷人的无可奈何

10.1.4.1　T_1、T_2互相替代

当土豆 T_1 的价格 P_1 上升时，按照希克斯的逻辑，为了支出最小化，购买者将会在可替代商品 T_1、T_2 之间进行选择。若 MV 不变，P_2 不变，消费者将减少土豆的消费量 T_1，增加可替代土豆 T_1 的商品 T_2 的消费量。这与马歇尔需求函数（$D-S$ 中的 D 曲线）的结论一致，即土豆 T_1 的价格 P_1 上升，人们将转而增加对替代品 T_2 的需求量，对土豆 T_1 的需求量下降。P_1 上升 T_1 下降是因为 P_1 上升时人们用第三者 T_2 替代了 T_1 导致对 T_1 需求的下降。

10.1.4.2　土豆 T_1 与其他商品无替代

土豆为必需品。当土豆 T_1 的价格 P_1 上升时，穷人没钱用牛肉替代土豆，也没有其他替代品，只能拆东墙补西墙，减少对其他商品 T_c（如服装等）的购买，维持土豆购买量 T_1 以确保生存。即土豆 T_1 的价格 P_1 上升，穷人会维持对土豆 T_1 的需求量，土豆的需求量 T_1 不变，但减少了对其他商品（如服装等）的购买量 T_c。

10.1.4.3　土豆 T 是唯一

上述两种情况，一是在价格变动中，人们在可替代商品 T_1 和 T_2 之间权衡；二是在价格上升中，人们减少非替代品 T_c 的消费，来确保对必需品土豆 T_1 的消费。

当个人购买力 MV 被用来固定购买唯一的一种商品 T 时，恩格尔曲线表明，低收入者购买的低档食品很难用高档食品替代。也就是说，如果不想挨饿，穷人的固定低档食品土豆难以被高档食品牛肉替代，也没有其他低档替代品的时候，$MV = P_1T_1 + P_2T_2$ 就进一步简化为 $MV = PT$。

在 $MV = PT$ 时，必备商品土豆 T 无替代、无选择，土豆价格 P 上升意味着持币不合算，所持货币 M 在对必购物品土豆 T 的购买中将贬值。例如，1 美元今天可以买 1 千克土豆，明天可以买 0.5 千克土豆，后天只能买 0.1 千克土豆。作为理性选择，剑桥方程式将起作用，人们降低持币，增加持物，储备土豆用于未来，在 $K = M/PT$ 中 K 加速下降，在交易方程式 $MV = PT$ 中 V 加速上升，在个人能够支配的 MV 中，若本期货币收入 M 不变，个人将动用历史货币储蓄甚至借债提高货币流通速度 V。即价格 P 上升时，货币对商品的需求 MV 将上升，也就是对土豆的需求 T 上升，这就是古典意义的“吉芬商品”。

在价格变动中，如果没有商品替代的可能，出于财富总量 $M + PT$ 最大化的目的，人们在持物和持币之间的选择将导致财富结构中商品与货币的互相替代，即商品价格上升是货币贬值，货币对商品的需求将上升，反之反是。

古典微观需求理论得以成立的必要条件，是商品之间的替代性。如果没有商品之间的替代，与货币相对应的商品都可能是“吉芬商品”。价格变动导致的财富结构中货币与商品的互相替代可以解释微观经济学中的“吉芬商品”现象（价格上升，需求上升），也可以解释宏观经济学中在恶性通货膨胀时期的抢购现象（价格水平上升，总需求上升），还可以解释股票市场牛市时人们争相购买股票（股价上升，股票需求上升）、熊市时人们争相出售股票（股价下降，股票需求下降）现象。

对于 19 世纪爱尔兰的穷人而言，无替代必备品土豆价格上升时，持币机会成本上升，持有土豆的收益增加，减少持币增加土豆持有的结果，是对土豆的需求也上升。无替代必备品土豆价格下降时，持币机会成本下降，持有土豆的收益减少，增加持币减少持有土豆的结果，是对土豆的需求也下降。

“吉芬商品”是古典需求理论的例外，却不是一般需求理论的例外。古典经济学无法解释“吉芬商品”，是因为古典需求理论没有考虑货币因素，把货币视为外生变量，没有理解商品价格下降是货币升值，商品价格上升是货币贬值。

甚至，古典经济学把商品价格 P 下降曲解为实际货币余额（M/P）增加，消费者会“感到”富有，“收入效应”会起作用，从而进行更多的消费支出。

10.2 新古典主要经济理论的内生货币解释

马 - 凯经济学中的著名理论奥肯定律、菲利普斯曲线等经济理论所以引起争论，皆因为这些经济理论属于特定区域、指定时期的实证结论，难以推广到其他地区、其他时期。凯恩斯乘数、索洛剩余等，则混淆了局部与整体的范畴。

这里对新古典主要经济理论给出基于内生货币的解释。

10.2.1 垄断

竞争，是市场中的基本动力，是市场效率的来源。垄断，则是市场效率损失的重要原因之一。

如果一种商品和一种服务没有替代品，整个市场只有一家厂商提供，没有竞争对手，厂商有能力控制价格，该厂商就垄断了这种商品和服务的市场。

对垄断的解释不仅适用于经营性厂商，也适用于政府。

居民小区的物业公司，是一个收取物业费后提供物业服务的垄断厂商。物业公司不是一个外来者，物业公司所有权属于全体业主，物业公司的细分股份是业主房屋面积占小区面积的比重。业主有权决定物业费的标准，也有权决定物业公司的每一分钱支出。

政府，则是一个收税后提供公共服务和公共安全的垄断厂商。除非被侵略，政府也不是一个外来者，政府所有权属于这个国家的全体公民。

对于政府而言，如图 10 - 4 所示，拉弗曲线表明，税收总量 t 不是随着税率 r 的增高而永远增加，当税率 r 高过点 R_1 后，税收总额 T_1 不仅不会增加，反而会下降。过高的税率会削弱企业和个人从事经济活动的积极性，企业主动关停，个人主动失业，最终导致税收总额 t 减少。当税收达到企业和个人纯收入的 100% 时，无人愿意投资和工作，政府税收也将降为零。

因此，如果没有政府之外的干预力量，政府就可以自定税率为 R_1，将政府收入最大化为 T_1，这将影响公众交税后的可支配收入，降低公众的生活质量。

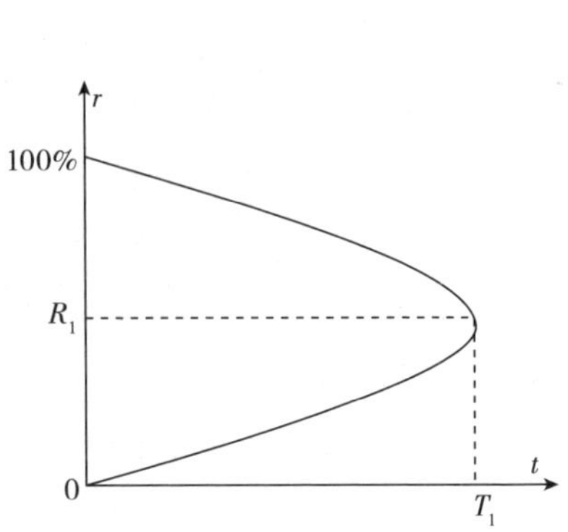

图 10 - 4　拉弗曲线，是政府税收垄断定价的一个解释

垄断企业也会像垄断政府一样，将利润率定在最有利于自己的位置，极限攫取公众的收入。

10.2.1.1 全社会角度

假定公众支出只是为了购买两种商品或服务，一种是垄断产品，如政府提供的公共安全和公共服务为 T_1，价格为 P_1；另一种是垄断产品之外的其他商品、

服务 T_0，价格为 P_0，当年收入无储蓄、无超支时，当年收入 LE 全部支出掉，当年收入就是全社会总需求 MV：

$$LE = MV = P_1T_1 + P_0T_0$$

正常社会只有一个政府，公众没有政府公共产品的其他替代品。政府提供的公共产品数量和质量不变时（$T_1\rightarrow$），政府服务价格 P_1 的变动将导致公众购买公共产品的总支出 P_1T_1 变动，必然会影响全社会对其他商品或服务 P_0T_0（衣、食、住、行、教育、医疗等）的购买。

（1）公共安全和公共服务价格 P_1 上升，公众购买同样数量公共产品 T_1 的总支出 P_1T_1 上升，公众只能拆东墙补西墙，减少购买其他商品服务 T_0。

（2）公共安全和公共服务价格 P_1 下降，公众购买同样数量公共产品 T_1 的总支出 P_1T_1 下降，将有更多能力增加购买其他商品服务 T_0。

图 10－5 表明，垄断政府的公共安全和公共服务价格 P_1 会直接影响公众的生存质量。

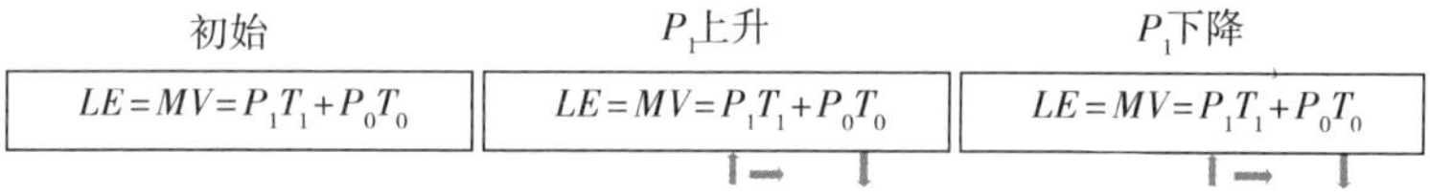

图 10－5　垄断商品和服务的价格提高，公众可支配收入将减少

尽管政府是一个垄断厂商，但在一个地区不可能有两个或两个以上的政府并存并且保持相互竞争。民主政治的重要性在于，既然不能让政府相互竞争，从而让公众得到高质量、低成本的公共安全和公共服务，就需要用民主制度去约束政府行为。既然公众不能选择政府，那就需要通过民主投票来选择政府领导人。不仅如此，还需要对政府行为进行其他法律约束，诸如政府不能自行增加税种、不能自定税率等。调整税种、税率的决定权在民选的立法机构，不在政府。

10.2.1.2　家庭角度

垄断企业、垄断政府的成本必须得到约束。极权政府时期也是政府横征暴敛、民不聊生的时期。历代皇帝的兴趣是寻找“坐江山”“君临天下”“万民朝拜”的领导感觉，只有极少数皇帝从内涵上认识到政府的职责是提供公共安全和公共服务，皇帝不是领导，皇帝是服务员、是公仆。

对于一个年收入 E 的家庭而言，当年收支相抵的财务安排，是把年收入 E 全部用于支出 M 满足公共安全、公共服务费用 P_1T_1 和衣、食、住、行、教育、医疗等生计费用 P_0T_0，即

$$E = M = P_1T_1 + P_0T_0$$

当公共安全和公共服务支出 P_1T_1 无限扩大，而衣、食、住、行等生计支出 P_0T_0 难以进一步减少时，这个家庭不得不动用往年储蓄 M_1，即

$M + M_1 = P_1T_1 + P_0T_0$

或者，借债 M_2 维持政府的横征暴敛，即

$M + M_2 = P_1T_1 + P_0T_0$

或者，同时动用往年储蓄 M_1 和借债 M_2，未来生活将难以为继，即

$M + M_1 + M_2 = P_1T_1 + P_0T_0$

政府是天然垄断的。既然公众不能选择政府，就需要通过民主程序来选择政府领导人。对于垄断企业亦是如此，公众既然不能选择天然垄断企业的替代性商品和服务，就需要通过政治途径来选择天然垄断企业的领导人，如居民小区的物业经理应该由全体业主投票决定，物业经理必须定期向业主述职。业主有权决定物业费的标准，也有权决定物业公司的每一分钱支出。

10.2.2 奥肯定律

奥肯定律（Okun's law），描述的是 GDP 变化与就业变化之间的一种关系。

奥肯研究 1954—1962 年的美国数据归纳了一个结论：GDP 每增加 3%，就业大约增长 1%[①]。

众多研究认可 GDP 变化与就业量变化之间存在相关性，但不认可奥肯归纳的“GDP 每增加 3%，就业增长大约 1%”这种数量关系。

解释之一：

在 $PT = LE$ 中，P 为商品和服务交易价格均值，T 为交易数量，L 为就业量，E 为人均收入。

$L = PT/E$

奥肯定律，是要确定就业量 L 与 PT（即 GDP）之间的关系。

公式 $L = PT/E$ 表明，在总量上确定就业量 L 与 PT（即 GDP）之间的关系，必须假定人均收入 E 为常数。E 不为常数时，我们无法确定奥肯定律中就业量 L 与 PT（即 GDP）之间确定的数量关系。

在 $PT = LE$ 的增量分析 $p + t = l + e$ 中，p 是物价水平增长率（通货膨胀率），t 是交易量增长率，l 是就业增长率，e 是人均收入增长率，则就业增长率 l 为

$l = p + t - e$

上式中，p、t 共同决定 PT（即 GDP）的增长率。公式 $l = p + t - e$ 表明，要确立就业变动率 l 与 $p + t$ 之间的关系，必须假定人均收入变动率 e 为常数。e 不是常数，就无法确定 l 与 $p + t$ 之间的确定关系。

---

① Okun, A. Potential GNP, its measurement and significance, American Statistical Association[Z]. Proceedings of the Business and Economics Section, 1962: 98 - 103.

这正是奥肯定律充满争议的原因。

在公式 $l=p+t-e$ 中解释，不同时期的收入增长率 e 不同，是造成奥肯定律饱受争议的主要原因。或者说，人均收入增长率 e 不可能为常数，奥肯定律不成立。见表 10－1。

表 10－1　用 $PT=LE$ 从总量、增量两个角度解释奥肯定律

解释方式	公式	假定条件	因	果	异常原因
总量	$L=PT/E$	E 不变	PT 增长	L 增长	E 变动
增量	$l=p+t-e$	e 不变	$p+t$ 增长	l 增长	e 变动

大多数时间里，人均收入增长率 e 可能会加速，也可能会减速。奥肯使用 1954—1962 年的美国数据陈述了一个属于这 9 年的美国事实。这 9 年的美国事实，不能成为推论美国未来或其他时期的真理，更不可能普遍适用于全世界。

奥肯定律，是总量分析 $PT=LE$ 的一个特例，也是增量分析 $p+t=l+e$ 的一个特例。

解释之二：

在 $GDP=PT=LE$ 中，也是 $GDP=LE$。

假定 GDP 的增长率是 g（也是 MV、PT、LE 的增长率），就业量 L 的增长率是 k（英文 L 的小写 l 容易混为阿拉伯数字 1，这里把小写英文 l 改为 k），人均收入 E 的增长率是 e，则

$$g=ke+k+e$$

$$e=(g-k)/(k+1)$$

原汁原味的奥肯定律“GDP 每增长 3%（$g=3\%$），就业将增长 1%（$k=1\%$）”，可以在 $e=(g-k)/(k+1)$ 中给出公理性解释，即

要达到：GDP 增长率 $g=3\%$，同时就业增长率 $k=1\%$。

则要求：$e=(g-k)/(k+1)=(3\%-1\%)/(1\%+1)=1.98\%$

也就是说，奥肯定律“GDP 每增长 3%，就业增长大约 1%”成立的条件是人均收入增长率 $e=1.98\%$。

准确说，奥肯限定时间（1954—1962 年）、限定区域（美国）的实证结论，应该属于“奥肯案例”，难以称为“奥肯定律”。

10.2.3　菲利普斯曲线

关于 $PT=LE$ 中就业量 L 与物价水平 P 之间的关系，马－凯经济学代表性的理论描述是菲利普斯曲线。

以新西兰统计学家 A. 威廉·菲利普斯的名字命名的菲利普斯曲线，多年来都是宏观经济学争论的焦点和主线。诺贝尔经济学奖曾经颁给多名研究菲利普斯曲线的经济学家，却忘记给 A. 威廉·菲利普斯也发一纸奖状。

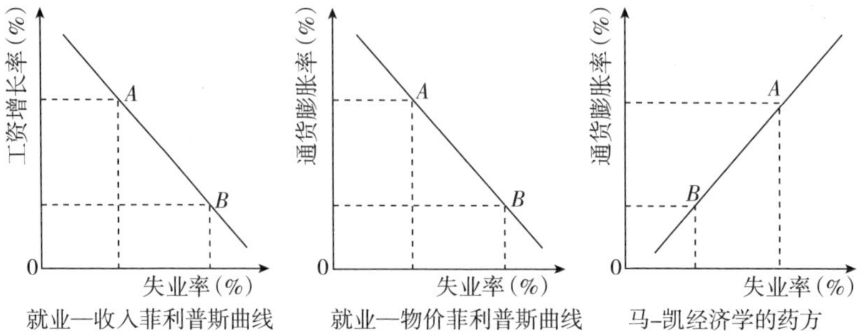

图 10－6　两种菲利普斯曲线与马－凯经济学对策

1958 年菲利普斯发表论文《1861—1957 年英国失业率和货币工资变化率之间的关系》,[①] 用近 100 年的英国统计资料，讨论了工资变动率和失业率之间的关系。菲利普斯发现，货币工资（隐含通货膨胀因素）的增长率与失业率反向变动。经济增长时（通常也表现为通货膨胀率偏高），工资上升，失业减少；经济衰退时（通常也表现为通货膨胀率偏低，甚至通货紧缩），工资下降，失业增加。菲利普斯的研究，后被称为“就业—收入菲利普斯曲线”，探讨的是就业量 L 和平均收入 E 之间的关系。见图 10－6 左图。

萨缪尔森、索洛 1960 年在论文《关于反通货膨胀政策的分析》中首次提出“菲利普斯曲线”概念，让菲利普斯一夜扬名[②]。论文用美国数据代替英国数据，用通货膨胀率代替货币工资增长率，结论是，通货膨胀率与失业率之间反向变动（即，通货膨胀率与就业率之间正向变动），被称为“就业—物价菲利普斯曲线”。见图 10－6 中图。

有了菲利普斯曲线，新古典综合经济学就可以方便地开出药方：要增加就业率，不妨提高通货膨胀率。见图 10－6 右图。

就业—收入菲利普斯曲线，是统计资料的归纳结论。就业—物价菲利普斯曲线，是就业—收入菲利普斯曲线的进一步演绎，同样是统计资料的归纳结论。

菲利普斯曲线在新古典综合的理论体系占有重要地位。但是，菲利普斯曲线没有理论基础。归纳结论不能成为“原理”，也不能成为推论未来和其他的依据。

一个已经“是”的东西，未必是一个“应该是”的东西。

实证，可以证伪，但不能证实。

---

① Phillips A. W. H. The relation between unemployment and the rate of change of money wage rates in the United Kingdom, 1861－1957[J]. Economica, 1958(25): 283－299.

② Samuelson P. A., Solow R. M. Analytical aspects of anti－inflation policy[J]. American Economic Review, 1960, 50(2): 177－194.

卢卡斯[①][②]、弗里德曼[③]、泰勒等[④]，都否定菲利普斯曲线的理论价值。曼昆[⑤]用美国1961—1973年的数据证明，菲利普斯曲线的合理性在1970年就被打破了。20世纪70年代美国出现的“滞胀”现象，也实质上宣告不存在菲利普斯曲线的确定相关关系。

下面从总量（$PT=LE$）、增量（$p+t=l+e$）两个方面，分别解释就业—收入菲利普斯曲线、就业—物价菲利普斯曲线成立的条件和被否定的原因。

10.2.3.1　就业—收入菲利普斯曲线

就业—收入菲利普斯曲线探讨的是就业增量 l 与人均收入增量 e 之间的关系：经济增长时，人均收入增长，就业也增长。

在总量分析 $PT=LE$ 中，$L=PT/E$，就业量 L 与人均收入 E 成反比。因此，就业量 L 与人均收入 E 同时增长的必要条件，是 PT（GDP）较快增长。

在增量分析 $p+t=l+e$ 中，p 是物价变动率（通货膨胀率），t 是交易量变动率，l 是就业量变动率，e 是人均收入变动率。

在 $p+t=l+e$ 中，要得到就业—收入菲利普斯曲线中人均收入增长率 e 上升就业增长率 l 也上升的确定关系，即 l、e 同时增长的必要条件，是 $p+t$ 增长。$p+t$ 不增长，就业—收入菲利普斯曲线则不成立。如表10-2所示。

表10-2　从总量、增量两个角度解释就业—收入菲利普斯曲线成立的条件

解释方式	公式	假定条件	结论	异常原因
总量	$L=PT/E$	PT 增长	L 增长，E 增长	PT 未增长
增量	$p+t=l+e$	$p+t$ 增长	l 增长，e 增长	$p+t$ 未增长

从 $p+t=l+e$ 和表10-2我们还可以看到，即使 $p+t$ 增长，若人均收入增长率 e 增长过快，经济增长未必能带来就业量 l 的增长。或者，即使 $p+t$ 增长，若就业量增长率 l 增长过快，经济增长未必能带来人均收入 e 的增长。

10.2.3.2　就业—物价菲利普斯曲线

就业—物价菲利普斯曲线探讨的是就业增长率 l 与物价增长率 p 之间的关系：通货膨胀率 p 上升，就业增长率 l 也上升。

在 $PT=LE$ 中，$L=PT/E$，就业量 L 与物价水平 P 成正比。在这个意义上，就业—物价菲利普斯曲线应该比就业—收入菲利普斯曲线更可靠。

在 $L=PT/E$ 中，要得到就业—物价菲利普斯曲线中物价 P 增长就业量 L 也增长的

① Lucas R. Expectations and the neutrality of money[J]. Journal of Economic Theory, 1972, 4(2): 103-124.

② Lucas R. Some international evidence on output-inflation tradeoffs[J]. The American Economic Review, 1973, 63(3): 326-334.

③ Friedman M. Inflation and unemployment: Nobel lecture[J]. Journal of Political Economy, 1977(85): 451-472.

④ Solow R. M., Taylor J. B. Inflation, unemployment, and monetary policy[M]. MIT Press, 1999.

⑤ Mankiw N. G. Principles of economics[M]. The fifth edition. South-Western Cengage Learning, 2009.

确定关系，必要条件是 T/E 不变。如果 T/E 不变，就业—物价菲利普斯曲线成立，即价格水平 P 上升时，就业量 L 上升。如果 T/E 变动，就业—物价菲利普斯曲线则未必成立。

在增量分析 $p+t=l+e$ 中，p 是物价变动率（通货膨胀率），t 是交易量变动率，l 是就业量变动率，e 是人均收入变动率。

在 $l=p+t-e$ 中，要得到就业—物价菲利普斯曲线中通货膨胀率 p 上升就业增长率 l 也上升的确定关系，必要条件是 $t-e$ 不变。如果 $t-e$ 不变，就业—物价菲利普斯曲线成立，即通货膨胀率 p 上升，就业增长率 l 上升。如果 $t-e$ 变动，就业—物价菲利普斯曲线则未必成立。如表 10－3 所示。

表 10－3　从总量、增量两个角度解释就业—物价菲利普斯曲线成立的条件

解释方式	公式	假定条件	因	果	异常原因
总量	$L=PT/E$	T/E 不变	P 增长	L 增长	T/E 变动
增量	$l=p+t-e$	$t-e$ 不变	p 增长	l 增长	$t-e$ 变动

因此，就业—收入菲利普斯曲线和就业—物价菲利普斯曲线，都是 $PT=LE$ 的特例，是假定前提的变量关系，不是无条件的因果关系。

10.2.4　凯恩斯乘数

凯恩斯在《就业、利息和货币通论》中提出，增加投资，可以增加就业，增加收入。收入增加时，消费随之增加，消费品的生产也将增加，又可以增加新的就业，引起新的收入增加。当投资量增加时，所得之增量将 k 倍于投资增量。凯恩斯称 k 为投资乘数。

上述逻辑似乎很完美。

用局部衡量整体，是凯恩斯乘数错误的根源。

凯恩斯乘数是一种系数：增加一笔投资（消费、政府支出）带来的 GDP 增加，大于这笔投资额（消费额、政府支出额）。

前文已述：

支出法 $GDP=MV=$ 消费 $C+$ 投资 $I+$ 政府支出 $G+$ 净出口 NX

结合费雪方程式拓展 $GDP=MV=PT=LE$，则：

$GDP=$ 总需求 $=MV=C+I+G+NX=PT=LE$

按照上式，总需求是 MV，也是由 $C+I+G+NX$ 四部分组成，支出法计算的 GDP（MV）、生产法计算的 GDP（PT）与收入法计算的 GDP（LE）相等，消费 C、投资 I、政府支出 G、净出口 NX，都是 GDP 支出法计算的一部分。

在 $GDP=MV=PT$ 中只考虑国内部分，不考虑净出口 NX，继续分解则是：

$GDP=MV=C+I+G=P_cT_c+P_iT_i+P_gT_g$

其中：

$C=P_cT_c$，是购买的消费品；

$I=P_iT_i$，是购买的投资品；

$G=P_gT_g$，是政府购买支出。

P、T 分别是购买均价、购买量。

从逻辑上说，每 1 美元投资 I 只会带来 1 美元的 GDP，每 1 美元消费 C 同样只会带来 1 美元的 GDP。

当我们将 GDP 中的一部分（如投资 I，或者消费 C、政府购买 G）与全部 GDP（MV、PT 或 LE，这里是 $P_cT_c+P_iT_i+P_gT_g$）进行比较时，必然会出现所谓的凯恩斯乘数。即：

投资乘数 $K_i=PT/I=PT/P_iT_i$

可以看出，上式计算出的投资乘数与凯恩斯意义的投资乘数完全相等。用局部衡量整体，我们还可以参照凯恩斯投资乘数“制造”出另外的乘数：消费乘数、政府支出乘数、净出口乘数。

消费乘数 $K_c=PT/C=PT/P_cT_c$

政府支出乘数 $K_g=PT/G=PT/P_gT_g$

净出口乘数 $K_{nx}=PT/NX=PT/P_{nx}T_{nx}$

在总量分析 $GDP=MV=C+I+G+NX=PT=LE$ 中，GDP 也是总需求 MV，由四部分组成（$C+I+G+NX$）。当凯恩斯将总需求 MV 的一部分（如投资 I）的变化与 GDP 总量（MV、PT 或 LE）的变化建立数量关系时，GDP 增量要和构成 GDP 的某一部分增量（如消费 C 的增量）建立等量关系，必然要在部分增量（如消费 C 的增量）之前加上一个“乘数”，这就是“凯恩斯乘数”。

比如汽车重量的增加，无疑与轮胎重量的增加有关。但是，轮胎重量的增加仅仅是汽车重量增加的一个部分。新轮胎直径增长一倍，新汽车的其他方面也必然增加才能与新轮胎匹配。当我们要建立新轮胎重量增加与新汽车总重量增加的数学相关关系时，肯定是新轮胎重量增量的 K 倍才能等于新汽车重量的增量，那么，这个 K 也是“乘数”。

同理，GDP 总量增量要和 GDP 某一部分增量（如投资 I 的增量）画等号，意味着 GDP 的部分增量（如投资 I 的增量）的 K 倍才能够和 GDP 总量增量建立等量关系。

凯恩斯强调投资的重要性，并且创造了“投资乘数”概念来解释投资的重要性。道是正道，理是歪理。凯恩斯借鉴卡恩就业乘数的概念，提出了投资乘数概念，“我们称 k 为投资乘数，这个乘数告诉我们，当投资量增加时，所得之增量将 k 倍于投资增量”①。在之后的萨缪尔森乘数—加速数模型中，决定因素是乘数和加速数，在多变量

① 凯恩斯. 就业、利息和货币通论[M]. 北京：商务印书馆，1988：99.

扰动情况下，没有人能够确定乘数和加速数，也没有人能够保证乘数和加速数的变化方向与幅度。因此，萨缪尔森列出了多种毫无规律甚至互相矛盾的经济周期变动趋势。[1]

另一种意义的凯恩斯乘数，则是将货币流通速度世俗化。

张三买了李四的房子，张三的一笔投资成为李四的一笔收入，这笔货币流通速度为1；接下来，李四将这笔收入以投资或消费的方式花掉，又成为王五的一笔收入，这笔货币的流通速度增加为2；而后，王五继续……如此重复，世俗化的凯恩斯乘数就出来了。这个乘数，实际上是货币流通速度。

问题在于，通货紧缩时，商品、投资品在贬值，货币在升值。大概率上，张三投资后就出现亏损。把投资品卖给张三从而得到货币的李四则觉得持币合算，投资和消费均不合算，于是，世俗化的凯恩斯乘数在李四这里戛然而止。凯恩斯乘数理论立即崩溃。

按照凯恩斯的思维，$GDP = MV = PT = LE$ 中的货币流通速度 $V > 1$ 时，几乎可以得出公理性推断：增发货币 M 对 GDP 总量有“乘数”效应。

凯恩斯乘数，是想当然的；货币流通速度，则是现实的。

10.2.5 全要素生产率与索洛剩余

凯恩斯乘数，是用局部衡量整体，以偏概全。

索洛剩余，则是用整体衡量局部。

实物单位的生产函数 Y 是“黑板经济学”的经典代表，与货币单位的国内生产总值 GDP 是不同的范畴，混在一本《经济学原理》里，常常让人精神错乱，继而开始膜拜马－凯经济学的“高深”。

索洛剩余（Solow Residual），就是这种似是而非的典范。卡尔多的程式化事实也从另一角度否定过全要素生产率与索洛剩余。

10.2.5.1　生产函数与索洛剩余

古典增长理论，是劳动、资本、土地三个要素的配置，货币是外生变量。

马－凯经济学将土地并入了资本，增加了技术因素。马－凯经济学生产函数 $Y = F(L, K, A)$，是劳动、资本、技术三个要素的配置，货币，仍然为外生变量。

生产函数没有（也不可能）考虑产品的需求、成本的衡量、收入的实现。

试想，商家投入劳动、资本、技术生产一个鸡蛋的价格，等于你 3 年的收入，你会买这个鸡蛋吗？你买得起这个鸡蛋吗？这个生产函数还有意义吗？

生产函数答复说，这不是我的事情。

新古典生产函数，实际上是“不惜一切代价”的极值生产量。

---

① Samuelson. A. Paul. Interaction between the multiplier analysis and the principle of acceleration[J]. Review of Political Economy, 1939.

市场经济中的供给，首先要考虑他人需求，其次要考虑成本。一件商品的生产成本是3000元，而需求价格是30元，继续生产，在生产函数意义上能够成立，在市场经济中不可能存在。亏损，终究会让企业难以为继。

市场经济中的供给是为他人而生产，是要满足付费者的需求，不是生产者“不惜一切代价”运用新古典经济学的生产函数将产量扩大到极致的自娱自乐。

1947年，Stigler首次提出了全要素生产率（Total Factor Productivity，TFP）的概念。所谓全要素生产率，指全部生产要素（包括资本、劳动）投入量不变时生产量增加的部分，也被称为技术进步率，是马-凯经济学增长理论中用来衡量纯技术进步在生产中的作用的指标。

但是，全部要素的生产率无法从总产量中直接计算出来，只能间接计算。结合柯布-道格拉斯生产函数，索洛提出：

$\Delta Y = \Delta a + \alpha\Delta K +（1-\alpha）\Delta L$

式中：

ΔY是经济增长率；

Δa是全要素生产率增长率（即索洛剩余，也称技术进步贡献率）；

ΔK是资本增长率，参数α是资本在经济增长中所占的份额；

ΔL是劳动力数量增长率。

则，全要素生产率增长率（即索洛剩余，也称技术进步贡献率）为：

$\Delta a = \Delta Y - \alpha\Delta K -（1-\alpha）\Delta L$

索洛将美国经济增长归功于劳动、资本之外的剩余（residual），来自技术进步，故称为索洛剩余（Solow residual）。

简单举例。

例1：在生产中投入劳动、资本等生产要素（包括人力、厂房、机器设备、存货、土地等）共计100万美元，最终销售产值为150万美元。这150万美元产值由两部分贡献构成，其中100万美元是投入的100万美元的生产要素带来的，索洛剩余50万美元则是全要素生产率的贡献。

10.2.5.2　总量经济与生产函数

在费雪方程式拓展$GDP = MV = PT = LE$中，投入MV（总需求，也是俗语“花费”）购买的PT由劳动、资本、技术构成时，即

$GDP = MV = P_lT_l + P_kT_k + P_tT_t = LE$

其中，

P_lT_l是购买的劳动，P_l是平均工资，T_l是员工数量。

P_kT_k是购买的资本，P_k是平均利率，T_k是借入数量。

P_tT_t是购买的技术，P_t是平均技术单价，T_t是技术数量。

T_l是员工数量，与就业人数 L 不同。T_l获得的是平均工资 P_l。L 指全体就业者，L 获得的经济报酬是 E，E 既包括劳动收益（工资），还包括技术收益、资本收益等。

$GDP = MV = P_lT_l + P_kT_k + P_tT_t = LE$ 与马－凯经济学生产函数 $Y = F$（L，K，A）的区别是，生产函数 $Y = F$（L，K，A）中，投入品是物质单位的劳动 L、资本 K 和技术 A，而在 $MV = P_lT_l + P_kT_k + P_tT_t$中，投入品 MV 是货币单位的投资，是货币，是钞票，是货币量 M 乘以投入次数 V（也就是货币流通速度）。

货币经济时代，技术 T_t无法像生产函数中的技术 A 那样“投入”到货币经济中。你无法将“乾坤大挪移技术”T_t直接投入经济中。只有当投资人愿意拿出货币 M 用价格 P_t购买、入股你的技术 T_t时，$M = P_t \times T_t$，你的技术 $P_t \times T_t$才能够成为分工经济的一部分。

2016年全球企业研发投入排行榜
（World Top 2500 R&D investors）

欧盟委员会2016年12月发布

企业研发投入排名	总部	研发费用（亿欧元）	所属行业
1.大众	德国	136.12	汽车及零部件
2.三星电子	韩国	125.28	电子、电气设备
3.英特尔	美国	111.40	科技：硬件和设备
4.Alphabet(谷歌)	美国	110.54	软件、计算机服务
5.微软	美国	110.11	软件、计算机服务
6.诺华	瑞士	90.02	制药和生物技术
7.罗氏	瑞士	86.40	制药和生物技术
8.华为	中国	83.58	科技：硬件和设备
9.强生	美国	83.09	制药和生物技术
10.丰田汽车	日本	80.47	汽车及零部件
11.苹果	美国	74.10	科技：硬件和设备

图 10－7　货币经济时代，技术投入不是“技术”投入，是货币投入

图 10－7 为欧盟发布的“2016 全球企业研发投入排行榜”（其中，华为的研发费用为 83.58 亿欧元）。这 11 家企业的技术投入是货币，恰恰不是“技术”。在货币经济时代，技术，是产出品，是商品，不可能是投入品。

10.2.5.3　索洛剩余，源于增量货币吸纳新就业的分工报酬递增

上面的“总量经济与生产函数”并没有解决“索洛剩余”问题，即经济增量从何而来？更实质的问题则是，报酬递增的源泉从何而来？

在 $GDP = MV = PT = LE$ 中，或者在图 10－8 中，没有增量（减量）打破平衡，$GDP = MV = PT = LE$ 将永远不变。货币经济学困惑的问题是，报酬递增是投入带来的，还是经济过程（生产过程）带来的？

需求 MV 是经济增长的推动力。若没有货币增量 m 的加入，没有金融市场的介入去影响货币流通速度 V，需求 MV 终将受限于总收入 LE。如图 10－9 所示，所谓“索洛剩余”来源于增量货币 m 配合，以及吸纳新就业 l 实现的经济增长、报酬递增。

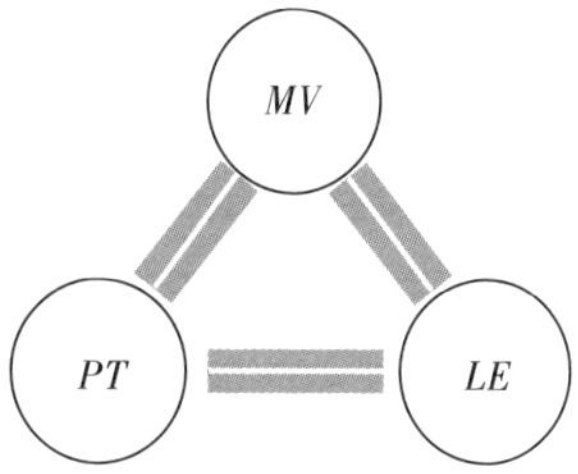

图 10－8　所谓均衡

其中，生产函数 $Y=F(L, K, A)$ 中的 Y 转为交易量 T。需求决定供给，苹果手机的年生产能力是 10 亿部，年需求量是 1 亿部，T 等于需求决定的 1 亿部，不等于生产函数（古典供给）决定的 10 亿部。T 的最大值受限于生产函数，$T \leq Y=F(L, K, A)$。

如图 10－9 所示，分工带来了效率，而工资、利息、租金等分工成本是预先以契约确定，企业家在组织分工中创造

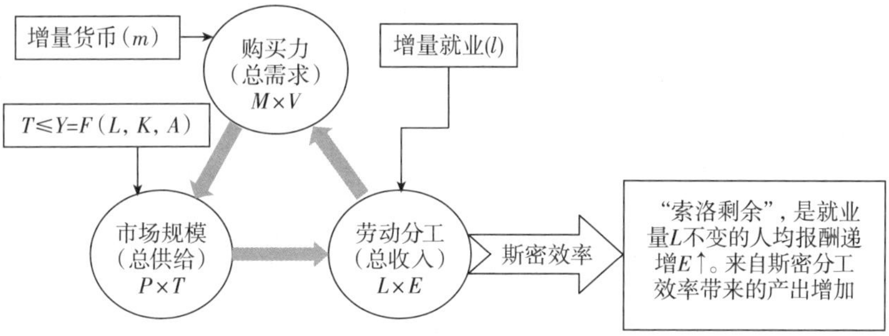

图 10－9　索洛剩余，源于增量货币 m 配合，吸纳新就业 l 的分工报酬递增，来自斯密分工效率带来的供给增加

的商品和服务销售总值大于工资、利息、租金等分工成本时（$PT>LE$，此时 LE 中不包括企业家收益），企业家享受利润，也存在所谓的"索洛剩余"。如果销售总值小于分工成本（$PT<LE$，此时 LE 中不包括企业家收益），企业家承担亏损，还有"索洛剩余"吗？

前面的例 1 表示还存在所谓的索洛剩余。下面看例 2：

例 2：如果在生产中投入劳动、资本等生产要素（包括人力、厂房、机器设备、存货、土地等）共计 200 万美元，最终销售产值只有 50 万美元。这 50 万美元不足以弥补投入的 200 万美元生产要素，那么，索洛剩余（全要素生产率）何来？为什么例 2 较例 1 多投入 100 万美元反而没有索洛剩余（全要素生产率）？

无论是普通技术，还是尖端技术，一定是分工的结果。分工带来效率，也是报酬递增的源泉。技术进步、技术创新、经济增量，是分工效率的结果，不是"索洛剩余"。

马－凯经济学的血液里流淌的都是货币外生的古典经济学基因。学生要完成一道马－凯经济学作业题时，已经被动接受了一个虚构的高雅前提；为了证明自己的智商不低，学生会拼命按照虚构的前提进行思考，并且得到"正确"答案；老师再给学生一个个满分，学生就开始摇头晃脑、成就满满了。例如一本经济学教科书里的一道作业题：

例 3：如果全部生产要素投入增长率为 4%，经济增长率为 10%，求索洛剩余。

答案：6%。

实际上，索洛剩余是基于新古典生产函数，而实物单位的新古典生产函数不可能进行总量经济分析（见 13.1.3，不存在古典总需求曲线 AD）。若干《经济学原理》教科书中的索洛剩余都是偷换掉实物单位，使用货币单位（见例 1、例 2、例 3）。但是，货币单位的经济总量与基于新古典生产函数的索洛剩余根本不是一个范畴。

10.2.6 价格、工资的弹性与刚性

古典经济学认为，商品价格、工资都是有弹性的。

总需求不足时，厂商可以降价增加商品需求，经济将恢复均衡。工作机会不足导致失业时，失业者可以降低工资要求去获得自己的工作，经济也将恢复均衡。即总需求下降了，可以通过工资和商品价格的双重下降恢复古典均衡。

对古典经济学的这个观点，凯恩斯强烈反对，“这种解释之最粗陋形态，简直等于说：货币工资减低时，需求不受影响。对于这种分析，我根本不同意”。[①]

凯恩斯目睹了 1929—1933 年大萧条的惨状，用失态的语言给古典经济学作了注解。

不同的商品价格水平包容了不同的分工水平，包容了不同的经济产出。当任何一种商品或服务的价格下降为 0 时，该商品、服务的经济产出也一定为 0。

不同的工资水平包容了不同的分工效率。当任何一个就业者的工资下降为 0 时，该就业者必然退出劳动分工，回到自给自足状态，他与其他人之间的分工效率也同时降为 0。

如同一个身高 180 厘米的成年人每天最低消耗 2100 卡的热量，当每日能量供给降低 2/3 到 700 卡时，凯恩斯认为要补充能量，否则这个人有生命危险。而古典经济学认为，此人的身高是有弹性的，当这个人的身高也降低 2/3 后，他 60 厘米的新身高可以建立与 700 卡热量相适应的新平衡。

需求 MV 决定供给 PT，费雪方程式拓展 $MV = PT = LE$ 支持凯恩斯的上述观点，否定古典经济学的上述观点。

需求 MV 不变时，价格 P 上升将导致交易量 T 下降，人均报酬 E 上升将导致就业量 L 下降。

需求 MV 上升时，PT 必然上升，商品交易量 T、价格 P 则区分不同情况呈现总体上升趋势；LE 必然上升，就业量 L、人均报酬 E 则区分不同情况呈现总体上升趋势。

需求 MV 下降时，如图 10－10 所示，可以通过下降商品价格 P、人均收入 E 来恢复古典均衡。但是，因为总需求 MV 下降，经济总量在萎缩，降低商品价格 P、就业量 L、人均收入 E，将降低总收入 LE。支出谨慎，则货币流通速度 V 下降，总需求 MV 会继续下降，总需求不足会更严重。

---

① 凯恩斯. 就业、利息和货币通论[M]. 北京：商务印书馆，1988：219.

货币政策对总需求 MV 的影响，体现在要么是影响货币量 M，要么是影响货币流通速度 V。货币政策导致商品或服务价格 P 下降，意味着隐含于商品或服务价格中的分工被打破。商品或服务的价格，涉及人力资本的工资以及一系列的分工成本，很难下降，即价格、工资是有刚性的，大面积商品价格、工资的下降一定意味着失业和萧条。

市场经济的本质特征之一是价格、工资由市场决定。这似乎回到了古典经济学的老路，否定了凯恩斯的价格刚性、工资刚性思想。

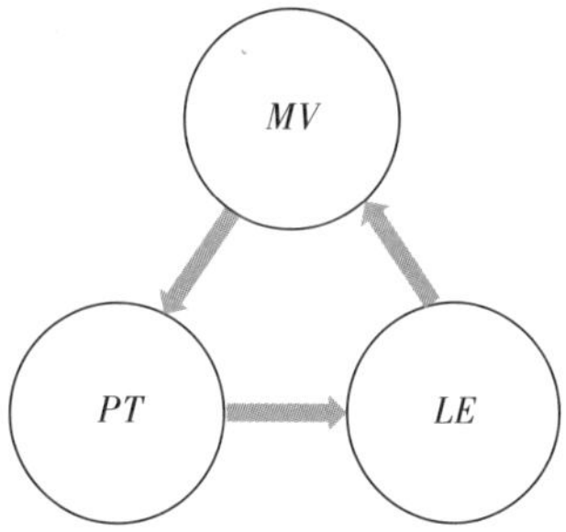

图 10－10　需求 MV 下降时，通过下降价格 P、人均收入 E 来恢复古典均衡，必然带来经济萧条

实际上没有。

价格下降的市场调整，指的是商品之间的相对价格，不是一般价格水平。

工资下降的市场调整，指的是人与人之间的工资，或者企业之间的工资，不是全社会平均工资水平。

价格刚性，指的是一般价格水平（$MV=PT=LE$ 中的 P）不可下降，不是指商品之间的相对价格不可下降。即 PT 由 $P_1T_1+P_2T_2$ 构成时，$MV=P_1T_1+P_2T_2=LE$ 中的 P_1 或 P_2 可以下降，但 P_1、P_2 不可同时下降。

工资刚性，是指全社会平均收入水平（$MV=PT=LE$ 中的 E）不可下降，不是指具体人与人之间的收入不可下降。即 LE 由 $L_1E_1+L_2E_2$ 构成时，$MV=PT=L_1E_1+L_2E_2$ 中的 E_1 或 E_2 可以下降，但 E_1、E_2 不可同时下降。

一般价格水平下降，全社会平均工资水平、平均收入下降，多伴随着经济衰退、经济萧条。货币政策的任务就是防止一般价格水平下降，防止全社会平均工资水平、平均收入下降。

新兴产业的高工资让你羡慕，那是在诱惑你加入；夕阳产业的低工资让你入不敷出，那是在督促你离开。即使不是宏观环境的原因，当一个企业或一个产业面临衰退、破产时，降低工资与减少对人力资本的需求是企业调整、产业调整途径之一，也有利于人力资源的更优配置。适度通货膨胀率则有利于这种调整。

工资上升率＝货币工资上升率－通货膨胀率

（1）货币工资上升 3%、通货膨胀率为 3.7% 时，工资上升率是 －0.7%，已经在下降。衰退行业、企业对工资和就业的调整可以在一个“货币工资上升”的平和状态下实现。

（2）货币工资上升 3%、通货膨胀率为 0 时，工资上升率等于货币工资上升率，即 3%。

（3）货币工资上升 3%、通货膨胀率为 －3.7% 时（通货紧缩），工资上升率则是 6.7%。衰退行业、企业必须将货币工资直接下降 3.7% 以上才有可能实现对工资和就业的调整。而直接降低货币工资的个人感受、社会感受都很差。

10.2.7 费雪效应与吉布森悖论

10.2.7.1 费雪效应

费雪提出，利率与价格变化率有关，与价格水平无关，实际利率往往是不变的，名义利率与通胀率进行一对一调整，即费雪效应：

名义利率 = 实际利率 + 通货膨胀率

凯恩斯认为，利率，是货币供求决定的。各国中央银行的行为表明，利率，是中央银行决定的。这里的费雪效应似乎在说，利率，是由通货膨胀率决定的。

随机性的通货膨胀是多种因素作用的结果，通货膨胀不可预期，费雪效应也就不能成立。各国数据都表明，名义利率与通胀之间的关系纯属巧合时才会偶尔支持费雪效应。

费雪假定实际利率“不变”，但实际利率是用名义利率、通货膨胀率这两个实际数据计算出来的，不可能“不变”：实际利率 = 名义利率 − 通货膨胀率。

费雪效应，是改写实际利率计算式得来的。

先有名义利率，后有实际利率。名义利率未定时，实际利率不可能被计算出来。那么，费雪效应不可能用不存在的实际利率去得到名义利率。

在数学上，费雪效应该是真理，但是实际利率不可能帮助费雪效应算算术。在经济学上，费雪效应存在因果颠倒问题。

而且，实际利率是由名义利率、通货膨胀率共同决定的。名义利率、通货膨胀率都在变化，费雪假定的“实际利率往往是不变的”根本不可能成立。

现代货币政策的任务，就是在通货膨胀率既定时，例如上月 CPI 为 1.5% 时，通过调整名义利率去改变实际利率，继而影响总需求。

10.2.7.2 吉布森悖论

在凯恩斯那里，利率是货币供求决定的。因此，凯恩斯将“利率与价格水平同方向变动”现象称为“吉布森悖论”。①

首先必须明确，价格水平变动，是通货膨胀率（价格变化率）变动的不同计算方式。

若 i 表示名义利率，r 表示实际利率，p 表示通货膨胀率，费雪效应则认为：$i = r + p$。也就是说，“吉布森悖论”与费雪效应一脉相承，即“实际利率不变”时，名义利率和价格水平同方向变动。

在信用货币条件下，中央银行决定的基础利率决定着货币供给量，也间接决定着市

① 凯恩斯. 货币论（下卷）[M]. 北京：商务印书馆，1986：171.

场利率。

在金本位条件下，通货膨胀率高，是黄金在贬值，意味着黄金能购买的商品数量在减少。要使得自己的资产总值不受损失，持币者（持有黄金者）要么减少持币增加持有非货币资本品，要么提高名义利率。在金本位时代，人们对黄金的长期信心不会动摇，提高名义利率就成为持币者的主要行为。实际利率 = 名义利率 - 通货膨胀率（$r = i - p$）。通货膨胀率上升时，提高名义利率是要维持黄金的实际利率，也就是维持黄金收益率的稳定。

在没有中央银行的金本位时代，一般物价水平升高，名义利率也升高；反之亦然。这与吉布森悖论的观点一致。

在金本位时代，利率是由黄金货币的供求情况决定的，经济的繁荣与萧条取决于黄金供给，取决于"新金山""旧金山"的发现、开采、冶炼。实际利率为负值，意味着名义利率将上升。

在信用货币时代，黄金从货币沦落为金属，成为非货币资产的组成部分。利率是由中央银行决定的，利率是消除萧条、稳定繁荣的工具。与金本位时代"实际利率为负值意味着名义利率将上升"不同，在信用货币时代，中央银行在某一通货膨胀率水平下决定的名义利率是负实际利率的原因。实际利率为负值是在鼓励投资、消费，意味着非货币资产值得投资。当然，金属黄金也值得投资，黄金价格将上涨。

10.2.8 凯恩斯主义、货币主义的政策之争

凯恩斯主义、货币主义心仪的政策工具，分别是财政政策、货币量。

与凯恩斯主义、货币主义不同，本书的货币政策工具是基础利率，是用基础利率控制通货膨胀率、货币量和货币流通速度，继而控制总需求。

在逻辑上，本书与凯恩斯主义、货币主义相反。

基于古典需求理论的凯恩斯主义、货币主义都认为，价格上升，总需求下降。而本书的逻辑是，通货膨胀率高、价格水平上升，总需求上升甚至需求过旺；通货膨胀率低、价格水平下降，总需求下降甚至需求不足。

凯恩斯主义、货币主义都认可，总需求是经济波动的原因，应该从需求管理上控制经济波动，消除萧条，引导繁荣。

影响总需求 MV 的，是货币量 M 和货币流通速度 V。

凯恩斯主义相信，V 在长期和短期内都会变动。进入凯恩斯陷阱时，货币流通速度 V 下降，增加货币量 M 难以提高总需求 MV。政府财政借来社会资金进行支出，此时，M 没有增加，但是 V 增加了，总需求 MV 因此上升。

货币主义持不同观点。货币主义的 V，在短期可能变动，在长期是稳定的。V 相对稳定，M 变动则是总需求 MV 变动的主要原因。货币增量 m 是 V 相对稳定条件下提高总

需求 MV 的主要途径。

如图 10－11 所示，凯恩斯主义与货币主义对货币流通速度 V 的不同认知，导致双方经济政策强调不同因素。对构成总需求 MV 两个因素 M 和 V 的不同强调，是货币主义政策与凯恩斯主义政策的不同着重点。

凯恩斯主义与货币主义，都有偏颇。

货币政策，不仅有公开市场业务之类的控制货币量 M 的政策，还有可以同时控制货币量 M 和货币流通速度 V 的利率政策。

中央银行的货币政策，不是政府的宏观经济政策。政府的宏观经济政策，多是指政府的财政收支政策，诸如扩大政府负债、扩大政府支出、减税等。各国法律都规定，政府不可直接向中央银行借债，中央银行只能在二级市场（公开市场）买卖政府债券。扩大政府负债、扩大政府支出、减税等，都无关于货币总量 M。

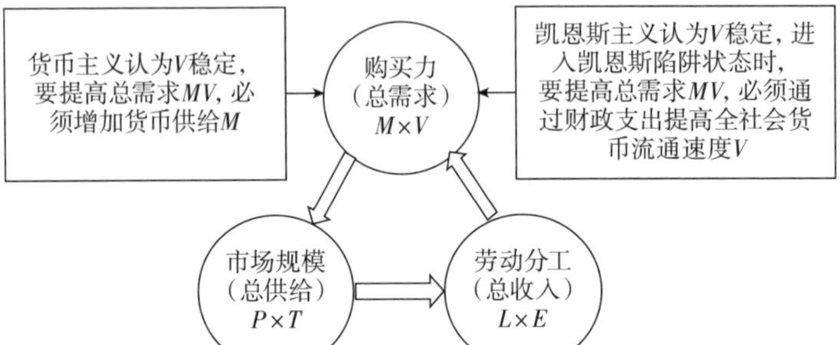

图 10－11　凯恩斯主义政策、货币主义政策，是自己认定前提条件的必然结果

政府增加向公众借债没有增加货币量 M，也没有提升货币流通速度 V，不会直接影响总需求 MV。只有政府把公众不愿支出、不敢支出的货币以国债形式借过来用于政府支出时，如修路架桥，才会提高货币流通速度 V，扩大总需求 MV。

减税，未必能够促进总需求。政府减税减少了政府收入，增加了公民收入，同样无关货币总量 M（这里是 M0）。在经济萧条、通货紧缩时期，公众对未来缺少安全感，会把增加的收入储蓄起来。M2 增加，货币流通速度 V（这里是 M0 的流通速度）不升反降，总需求 MV 不会上升，甚至会继续下降。

有效需求，是指有支付能力的需求。有效需求不足的经济萧条，在费雪方程式拓展 $MV = PT = LE$ 中表现为 $MV < LE$。货币总量 M 不变时，有效需求不足导致经济萧条是因为总收入 LE 的一部分被搁置成为沉淀货币，没有用于消费也没有用于投资，货币流通速度 V 下降导致总需求 MV 下降，所以 $MV < LE$。

"货币流通速度 V 相对稳定时，增量货币 M 不足，将导致经济衰退"与"有效需求不足，将导致经济萧条"不同。前者更需要货币政策解决问题；后者可以通过货币政策解决，也可以通过财政支出解决。

"有效需求不足，将导致经济萧条"可能是通货紧缩的经济环境影响消费、投资行为所致，如果不考虑政府债台高筑的后果，财政政策可以短期解决全社会有效需求不足，即通过所谓“财政支出刺激需求政策”，绕过凯恩斯陷阱。

“如果能借到天量货币去支出，还不用考虑债台高筑的后果，任何人都可以解决全社会的有效需求不足问题”，包括正在看这句话的读者，更不用说一个组织、一个政府了。

需求 MV 决定供给 PT。在主动性和被动性上，是货币购买商品，而不是商品购买货币。在 $MV=PT=LE$ 中，没有增量货币政策的外加干预，需求 MV 终将受限于总收入 LE，即：

$MV<LE$ 时，有效需求不足，经济衰退。

$MV=LE$ 时，经济不再增长。

$MV>LE$ 时，经济增长。

基于凯恩斯政策的政府财政支出，扩大了需求，但多是无效率的，这种无效率也是产生“滞胀”的原因。

自己花自己的钱，性价比最高。政府花钱的性价比远不如私人企业。应对政府需求，高价低质的供给是必然结果，而这些结果最终会反映为通货膨胀、无效供给。政府官员在财政支出中挣钱、受贿也是防不胜防。另外，无度地扩大税收，企业基于拉弗曲线的反应是歇业，供给会减少。这些问题组合在一起，“滞胀”就成为大规模、持续实施财政支出政策的宿命。

从自然经济转向市场经济、城市经济的初期，资金缺乏，资金成本高，私人企业难以进行大规模、大项目投资。凯恩斯主义的政府借债、大举投资，只要不是用于消费，形成的资产（公路、铁路、机场、街道等）有很大的升值空间，同时促进了经济发展。因此，在经济发展的某些阶段，凯恩斯主义的财政政策是有意义的。历史还表明，凯恩斯主义导致滞胀时，来一次彻底的降税，也能逆转滞胀，并消除滞胀带来的不良后果。

但是，对于大规模负债的凯恩斯支出政策，进，需要魄力解决问题，退，需要能力善后。

参考文献

[1]彭信威. 中国货币史[M]. 上海:上海人民出版社,1958.

[2]张家骧,万安培,邹进文. 中国货币思想史[M]. 武汉:湖北人民出版社,2001.

[3]汪圣铎. 两宋货币史[M]. 北京:社会科学文献出版社,2003.

[4]黄仁宇. 中国大历史[M]. 北京:生活·读书·新知三联书店,1997.

[5]班固. 汉书·食货志[M]. 北京:中华书局,1985.

[6]陈寅恪. 邓广铭《宋史职官志考正》序[Z].

[7]纪昀,等. 四库全书·宋史[Z].

[8]刘昫,等. 旧唐书·食货上[M]. 北京:中华书局,1975.

[9]龙应台. 亲爱的安德烈[M]. 北京:人民文学出版社,2008.

[10]吕不韦. 吕氏春秋[M]. 北京:中华书局,2011.

[11]孟子(战国). 十三经注疏[M]. 北京:中华书局,1980.

[12]钱钟书. 围城[M]. 北京:人民文学出版社,1980.

[13]司马光. 资治通鉴[M]. 北京:中华书局,2004.

[14]宋祁,欧阳修,范镇,吕夏卿,等. 新唐书·食货志[Z].

[15]姚百慧. 中法建交与台法交涉——基于台湾档案的考察[J]. 中共党史研究,2016(1).

[16]张端义. 贵耳集[M]. 北京:中华书局,1958.

[17]张方平. 乐全集.

[18]章如愚. 群书考索.

[19]竺可桢. 竺可桢日记[M]. 北京:人民出版社,1984.

[20]弗里德曼. 资本主义与自由[M]. 北京:商务印书馆,2000.

[21]弗里德曼. 自由选择[M]. 北京:商务印书馆,1982.

[22]弗里德曼. 论通货膨胀[M]. 北京:中国社会科学出版社,1982.

[23]弗里德曼. 价格理论[M]. 北京:华夏出版社,2011.

[24]弗里德曼,施瓦茨. 美国货币史 1867—1960[M]. 北京:北京大学出版社,2021.

[25]哈耶克. 通向奴役的道路[M]. 北京:商务印书馆,1962.

[26]凯恩斯. 预言与劝说[M]. 南京:江苏人民出版社,1997.

[27]凯恩斯.货币论[M].北京:商务印书馆,2013.

[28]凯恩斯.就业、利息和货币通论[M].北京:商务印书馆,1999.

[29]科斯.商品市场和思想市场[N].东方早报·上海经济评论,2013-09-10.

[30]科斯,阿尔钦,诺斯.财产权利与制度变迁[M].上海:上海人民出版社,1996.

[31]勒帕日.美国新自由主义经济学[M].北京:北京大学出版社,1985.

[32]马克思,恩格斯.马克思恩格斯全集[M].北京:人民出版社,1976.

[33]马歇尔.经济学原理[M].北京:商务印书馆,2019.

[34]马歇尔.货币、信用与商业[M].北京:商务印书馆,1986.

[35]曼昆.宏观经济学(第四版)[M].北京:中国人民大学出版社,2000.

[36]曼昆.宏观经济学(第七版)[M].北京:中国人民大学出版社,2013.

[37]梅耶,杜森贝里,阿利伯.货币、银行与经济[M].上海:上海三联书店,1994.

[38]蒙代尔.一般货币与宏观经济理论[A]//蒙代尔经济学文集.北京:中国金融出版社,2003.

[39]米塞斯.经济学的认识论问题[M].北京:经济科学出版社,2001.

[40]诺斯,托马斯.西方世界的兴起[M].北京:华夏出版社,2017.

[41]诺斯.国家经济角色的昨天、今天与明天[A]//斯蒂格利茨.政府为什么干预经济[M].北京:中国物资出版社,1998.

[42]萨缪尔森.经济学[M].北京:商务印书馆,1986.

[43]斯蒂格利茨.经济学(第二版)[M].北京:中国人民大学出版社,1997.

[44]斯密.国民财富的性质和原因研究[M].北京:商务印书馆,2010.

[45]斯密.道德情操论[M].北京:中央编译出版社,2008.

[46]索洛,泰勒,等.通货膨胀、失业与货币政策[M].北京:中国人民大学出版社,2004.

[47]泰勒.斯坦福极简经济学[M].长沙:湖南人民出版社,2015.

[48]休谟.人性论[M].北京:中国社会科学出版社,2016.

[49]Charles W. Cobb and Paul H. Douglas. A theory of production[J]. The American Economic Review, 1928:139-165.

[50]Fisher I. The purchase power of money[M]. New York: Macmillan,1911.

[51]Fisher I. Debt deflation theory of great depressions[J]. Econometrica,1993, 1(3): 337-357.

[52]Friedman M. Inflation and unemployment: Nobel lecture[J]. Journal of Political Economy, 1977(85):451-472.

[53]Friedman M. He has set a standard[N]. The Wall Street Journal,2006-01-31.

[54]Friedman M. The optimum quantity of money and other essays[M]. Chicago: Aldine

Publishing Co. , 1969.

[55]Friedrich A. Hayek Denationalization of money, 2nd Edition[M]. London: The Institute for Economic Affairs, 1978.

[56]Leonard E. Read. I, Pencil[M]. Freeman,1958.

[57]Lucas R. Expectations and the neutrality of money[J]. Journal of Economic Theory, 1978,4 (2): 103 -124.

[58]Lucas R. Some international evidence on output - inflation tradeoffs[J]. The American Economic Review,1973,63(3):326 -334.

[59]Mancur Lloyd Olson, Jr. Dictatorship, democracy, and development[J]. American Political Science Review,1993, 87 (3): 567 -576.

[60]Mankiw N. G. Principles of economics,the fifth edition[M]. South - Western Cengage Learning,2009.

[61]Mankiw N. G. Principles of economics,6th Revised edition[M]. South - Western, Division of Thomson Learning,2002.

[62]Marshall A. Principles of economics[M]. London: Macmillan,1920.

[63]Mises L. V. The ultimate foundation of economic science[M]. Van Nostrand, New York,1962.

[64]Okun A. Potential GNP, its measurement and significance[Z]. American Statistical Association, Proceedings of the Business and Economics Section, 1962.

[65]Olivier Blanchard. Giovanni Dell'Ariccia, and Paolo Mauro[Z]. Rethinking Monetary Policy, IMF Staff Position Note. February12,2010,SPN/10/03.

[66]Phillips, A. W. H. The relation between unemployment and the rate of change of money wage rates in the United Kingdom, 1861 -1957[J]. Economica,1958(25):283 -299.

[67] Pigou A. C. The classical stationary state [J]. Economic Journal, 1943 (53): 343 -351.

[68]R. H. Coase. The nature of the firm[J]. Economica,1937, 4 (16): 386 -405.

[69]R. H. Coase. The problem of social cost[J]. Journal of Law and Economics,1960,3 (10):1 -44.

[70]Ronald Ian McKinnon. The order of economic liberalization: Financial control in the transition to a market economy[M]. Johns Hopkins University Press,1993.

[71]Samuelson P. A. Interaction between the multiplier analysis and the principle of acceleration[J]. Review of Economics Statistics,1939(21): 75 -78.

[72]Samuelson P. A. ,Solow R. M. Analytical aspects of anti - inflation policy[J]. American Economic Review,1960,50 (2):177 -194.

[73] Solow R. M. A contribution to the theory of economic growth[J]. Quarterly Journal of Economics ,1956, 70(1):65 -94.

[74] Solow R. M. , Taylor J. B. Inflation, unemployment, and monetary policy[M]. MIT Press,1999.

[75] Stigler G. J. The division of labor is limited by the extent of the market[J]. JPE, 1951,59(3):185 -193.

[76] Taylor, John B. Discretion versus policy rules in practice[J]. Carnegie - Rochester Conference Series on Public Policy ,1993(39): 195 -214.

[77] Vasco Cúrdia. How much could negative rates have helped the recovery? [J]. FRBSF Economic Letter, 2019(4).

[78] Wicksell K. Interest and prices [M]. English Translation New York : Sentry Press,1898.

[79] Young A. A. Increasing returns and economic progress[J]. The Economic Journal, 1928,38(152):527 -542.

后　记

一

此书，是写给市场经济的。无问西东。

此书是写给经济理论研究者和经济政策的制定者的，也是写给金融投资者和普通大众的。

2020 年人们在书店看到的新古典综合经济学著作，即马歇尔理论与凯恩斯理论的综合。

二

有意义的学习和训练，是要在面对问题、机会时，有不假思索的想象力和正确的直觉。

不同的环境，关注的兴趣、内容也会不同。

工作在偏僻乡村，会有很多闲暇时间。拖鞋，短裤，一顶破草帽，在竹林里砍根竹子做钓鱼竿，拴上线，安个钩，挖条蚯蚓做诱饵，在池塘边等鱼上当。

在政府机关、企业工作的很长一段时间里，远离了货币理论，就会“不知有汉，无论魏晋”。

北京，是全球名流放下身段的秀场。在一个偶然的场所，听了一位国际著名经济学家也是世界顶级名校经济学教授的一番高论。在众人鼓掌致意的时候，我的实际感受是，这个全球著名经济学家、名校经济学博士，却是经济学的门外汉，对经济学一窍不通。

他是马歇尔－凯恩斯经济学的好学生。但是，马歇尔－凯恩斯经济学的主要内容是错的。如价值论、边际分析、企业理论、供求理论、价格理论、货币理论、货币政策等。被视为真理的供求理论，是不考虑货币因素的货币外生理论；而考虑货币因素后，供求理论同样不成立。

三

因缘际会，在政府机关、企业工作 20 多年后，年过不惑第一次担任教职。第一次在教室讲课，开的第一门课是给研究生讲的“高级微观经济学”，用的是全球流行的美国教材。在课堂上说的第一句话是“我讲这门课非常不合适。因为我认为，新古典经济学是虚构的，而‘高级微观’，应该是幻觉水平的虚构”。

四

我们这一代人很幸运。看了很多，做了很多，也改变了很多。

一是经济理论。学生时代，马克思的《资本论》与《西方经济学》都是必修课，思维在两种不同的理论体系之间跳跃，走火入魔会精神分裂，抽象思辨则彻夜不眠。1987 年读研究生时，给我们讲了一学年两个学期《资本论》的田光教授是中国《资本论》研究会的第一任秘书长，对《资本论》的研究深刻、独到。

二是国内实践。目睹了“文革”结束、改革开放、“中国奇迹”出现的过程。1976 年秋天，在豫南一所门窗残破不全的山村学校，多数学生因为家里拿不出一学期的 2 元学费而忐忑不安。一名村干部来了，说“毛主席去世了”，然后喊了一句“我们可怎么活啊”就开始号啕，引致师生哭声一片。对于村野少年而言，世界末日莫过于此。

三是国际参照。1990 年，日本的 GDP 是中国的 7.9 倍；20 年后的 2010 年，中国的 GDP 是日本的 1.1 倍；到 2017 年，中国的 GDP 已经是日本的 2.5 倍。1990—2013 年的 20 多年里，中国人均年工资增长 24 倍。同期，日本人均工资不升反降，该国 2013 年的人均工资是 1990 年以来的最低。①

失落，也比比皆是。中国人儿时就会背诵“姑苏城外寒山寺”，当你找到跟前，看到的却是姑苏“城内”寒山寺，而且是被高楼、汽车包围的寒山寺时，你能深切感受到，我们已经失去了很多。超凡脱俗、出家当和尚之心立即荡然无存。

五

研究生毕业后，在政府的计划经济部门工作了 10 年。离开的时候，中国的各级“计划经济委员会”全部改名为“发展改革委员会”。

主要有两种社会资源配置体制，市场经济，或计划经济。始于 1978 年的中国经济改革取得了巨大成功，有很多文献探讨成功的诀窍，明确产权、恢复市场经济，加上相对宽松的货币政策，就是秘诀。

市场，不是一个孤立存在。没有清晰的权利界定和产权界定，市场不可能发挥作用。同时，错误的货币政策则带来了一次又一次的金融危机、经济萧条。

六

第一次怀疑新古典经济学是 1988 年。当时，物价猛涨，年 CIP 高达 18.8%。按照教科书所说，价格上升需求会下降，结果却相反，价格猛涨，需求也猛升，人们把百货公司的商品抢购一空。自那以后，近 20 年的职业生涯与学术无关。从 2015 年到 2020 年，历时 6 年完成这部著作，26 年过去，恍若昨日。

写制度经济学部分，想到狗与狼的不同进化，会浮想联翩。演绎货币理论，始终不敢懈怠于货币价格的相对性。写到通货膨胀率目标，会想到 1929—1933 年的大萧条，想到地球的大部分被冰雪覆盖的冰河时代。尽管过程残酷，损失惨重，冰河时代让幸存人类的适应能力大幅度提高。大萧条，则让人们对人为的经济灾难有了深刻认识。

---

① 2013 年日本劳动力月平均工资 1.8 万，为 1990 年来最低水平[EB/OL]. http://news.163.com/14/0219/10/9LELK78V00014JB6.html.

古典经济学在建立货币理论时，黄金是货币的基础。而今天，黄金是被货币买卖的商品。此货币，已非彼货币。全世界都知道，今天的美元利率是由美联储决定的。但是，美国的教科书上还是凯恩斯观点：货币供求决定利率。

本书的首要任务，是重建货币理论。最初，是想完善新古典货币理论，结果是一次又一次无功而返，几近崩溃。一方面，古典价格理论不可能决定出负价格，古典利率理论、凯恩斯利率理论也不可能决定出负利率。另一方面，2009 年之后瑞士、丹麦、欧元区、日本等相继实施负利率，至 2016 年，负利率货币区 GDP 占全球 GDP 的 24%。最终意识到，"古典的面纱"货币经济理论与今天的信用货币经济理论的进化路径与结果均不相同，将二者进行融合，如同安排猴子与人类之间的婚姻，虽然同宗，但早已不是同类了。

重建货币性质、货币职能、利率决定、通货膨胀与通货紧缩、货币政策工具等理论之后，反而一切问题都能顺理成章。回顾古典经济学、凯恩斯、弗里德曼、哈耶克等货币理论，很感慨于马克思曾经引用的格莱斯顿一句话："被恋爱愚弄的人，甚至还没有因钻研货币本质而受愚弄的人多。"①

作为应用，本书系统解释了三个经济事件：同时发生于 1990—2010 年的"中国奇迹""日本病"，以及发生于 1929—1933 年的"美国大萧条"。也见证了 2020 年新冠肺炎疫情诱发全球经济危机的全过程。

"新冠病毒经济危机"导致很多人否定全球化，这是错的。这次事件只是在提醒我们，全球化，需要信息透明，需要有效控制病毒的传播。

七

人类生存方式的多样性与生物的多样性一样重要。人与人之间互相享受的，是人与人之间的不同。不同的智商，不同的体力，不同的能力，不同的财富，不同的权力，不同的思维方式……不同，是差异，是选择的基础，也是市场的基础。

同样是阿炳的《二泉映月》，北京西直门地下通道里街头艺人的倾诉，与国家大剧院里一级演奏家的表演，让人感受迥异。

流浪，是自由，也是权力。或许，当人们像羡慕富可敌国一样去羡慕一无所有的时候，这个世界，才会是一个平和的、不再浮躁的世界。

幸福，是一种感觉，与财富无关。我们能看到贫穷家庭里灿烂的笑容，也能看到超级富豪从高楼一跃而下的头条新闻。

八

人类社会的分工经济还有很大的增长空间。分工耗尽，是全球经济发展的极致。期待地球经济永远增长是不可能的，就像不可期待一个少年永远长高一样。

---

① 马克思. 政治经济学批判[M]. 北京：人民出版社，1976：48.

在竞争社会，人们对权、名、利的追逐，是社会活力所在，也是社会动力的荷尔蒙，焦虑、紧张也因之而生。狮子、羚羊不知道明天的早餐在哪里，人们却想安排30年后的未来。作为高等动物，智商最高的人类是所有动物中自杀率最高的，这是一个天大的讽刺。

人，是最宝贵的，每个人都是宇宙的唯一。给生活困难者提供救济是各国政府公共服务的一部分。政府的救济能力是转移支付，被救济者需要对纳税人心怀感恩之心；对于合法创造就业机会的企业家，需要给予充分的社会尊重。

生命的目的不是忙碌，也不是重复工具可替代的工作。创新与创造需要无压力的悠闲去发挥想象力。各国应该减少法定工作时间，增加就业机会。每周上班4天，每天工作5小时，甚至更少。

太阳升起了，看上去与昨日一模一样。但是，昨日，不会再来。

九

本书的最初构想，是煮酒论英雄，书名《货币相对论》。就过期老酒，把新古典经济学观点、流派拿出来评头论足一番。

写到后来，新古典经济学原理面目全非，马－凯经济学迎刃解体，理论经济学顺理成章，《货币经济的逻辑》算是其中的一个应用。

本书解决了马－凯经济学几乎全部的矛盾、悖论、隐谜。尽管如此，对于被马－凯经济学彻底洗脑的人来说，本书应该是“满纸荒唐言”。

写书过程中痛苦的事情，是不知为何而战。往事，像是不真实的幻觉，千万里追寻过去，物是人非，前事无踪，似乎在证明，的确是幻觉。大脑不管用的时候，就北上蒙古高原，寻找游牧文明与农耕文明对阵与混战的金戈铁马，若隐若现的土长城遗迹，大漠孤烟，长河落日。傍晚，在草原大排档来一份手抓羊肉、一瓶啤酒，遥望星空，心已茫然。

书写完了，解脱了。

没有路，就不需要车。怀念山村里漫不经心的日子，一杯清茶，坐观云起，仰等雨落。

阮加，于北京交通大学经济管理学院

初稿于2017年12月

二稿于2018年8月

三稿于2019年8月

定稿于2021年1月